流程行业无线通信技术及应用

方原柏　编著

化学工业出版社

·北京·

图书在版编目(CIP)数据

流程行业无线通信技术及应用/方原柏编著. —北京：
化学工业出版社，2014.12
ISBN 978-7-122-22019-6

Ⅰ.①流… Ⅱ.①方… Ⅲ.①无线电通信-通信技术-应用-工业企业管理-生产管理　Ⅳ.①F406.2

中国版本图书馆 CIP 数据核字（2014）第 233236 号

责任编辑：宋　辉　　　　　　　　　　装帧设计：张　辉
责任校对：吴　静

出版发行：化学工业出版社（北京市东城区青年湖南街13号　邮政编码100011）
印　　刷：北京永鑫印刷有限责任公司
装　　订：三河市宇新装订厂
710mm×1000mm　1/16　印张22½　字数404千字　2015年2月北京第1版第1次印刷

购书咨询：010-64518888（传真：010-64519686）　售后服务：010-64518899
网　　址：http://www.cip.com.cn
凡购买本书，如有缺损质量问题，本社销售中心负责调换。

定　　价：78.00元　　　　　　　　　　　　　　　　版权所有　违者必究

序

　　自动化控制系统测量和控制信号的传送经历了多次技术创新,从多类别信号到统一信号,从气动电动模拟信号到数字信号,从一对一导线到灵活拓扑的现场总线,再从有线到无线。每次技术创新都带来控制系统底层构架的全面变革,仪表设备开始向网络化、数字化、智能化方向发展。随着工业无线技术的发展,它为传统的 DCS、PLC、FCS 等自动化控制系统提供了一个高性价比信号传送方式的选择方案。

　　工业无线技术由于其低成本、高灵活等特点,自 21 世纪初兴起就得到了美、德、日等很多先进工业国家的高度关注,我国与这些国家几乎同时起步,开展了流程行业中工业无线技术的研究与应用,突破了抗干扰、高可靠、高实时、高安全和低功耗等技术难题,开发了包括无线适配器、路由器、网关、变送器、手抄器等一系列工业无线产品。因此,无论是从流程行业无线技术的基础研究、标准制定,还是无线产品的开发和实际应用,我国与先进工业国家的差距并不大。我国自主研发的工业无线网络技术 WIA-PA、WirelessHART 与 ISA-100.11a 一起,成为流程行业无线技术的三大国际标准。

　　本书作者长期在设计单位工作,有丰富的研究和实际应用经验。本书的出版旨在向众多工业无线产品的开发者和使用者介绍有关流程行业主流无线技术的起源发展、系统构成、技术特点等基础知识,并结合具体应用实例说明无线工业控制系统设计、安装、调试的具体方法。本书力求实用,基础部分简明扼要,重点是用户关切的如何设计、选用、安装以及使用流程行业无线系统。

这本书为从事无线产品开发或工程应用的读者提供了很好的参考。

机械工业仪器仪表综合技术经济研究所所长

前言

流程行业生产过程测量和控制技术信号传送方式的发展历程是从复杂到简洁，从繁多到单一再到"无"，所以，无线通信技术正以一股不可阻挡的潮流进入传统的工业通信领域。在统一信号之前，过程测量传感器的输出信号曾长期存在多类别信号，如电阻值（热电阻）、mV值（热电偶、霍尔压力传感器）、脉冲值等。统一信号则为气动信号20~100kPa，电动信号4~20mA。随后发展为智能数字信号、现场总线信号，现在又见到了无线信号。

作为无需布线的通信方式，流程行业无线通信技术近年来越来越被人们所青睐，相对于有线系统，它可以节省电缆，简化安装，降低维护时间和停工时间，增加了系统的可用性，提高了工厂效率，并因此提高了生产力。它面向仪器仪表、设备与控制系统之间的信息交换，是对现有通信技术在流程行业应用方向上的功能扩展和提升。作为工业自动化领域前沿热点技术，流程行业无线技术引领了工业自动化系统未来的发展方向。它的问世将引发传统工业测控有线模式的变革，引领工业自动化系统向着低成本、高可靠性、高灵活性的方向发展。因此，它是继现场总线、工业以太网之后，工业控制领域的又一个热点技术，是降低工业测控系统成本、提高工业测控系统应用范围的革命性技术，也是未来几年工业自动化产品新的增长点。

一项新技术问世，人们会有各种各样的疑问，这是非常自然的，更何况这一项新技术对以往技术几乎是颠覆性的。我们现在使用的测量传感器、变送器的输出信号始终是以看得见、摸得着的有线方式传送，出了问题，查线虽然很麻烦，但毕竟有东西摆在那里，细心一点，故障还是容易查出来的。自流程行业无线通信技术的标准及相应的产品推出之后，亦经历了从饱受争议到逐渐被认可的过程，很多用户已经由开始时"无线可靠吗？""无线安全吗？"的质疑态度，转变为"尝试一下吧！"的试试看态度，再转变为"还不错嘛！"的认可态度。

要深入了解流程行业无线通信技术，可以多接触一些有关流程行业无线通信技术概貌和实际应用的资料，到已经使用了工业无线通信技术的单位考察。但实际做到这一点目前还有些困难，特别是对生产一线的工人和技术人员来说更是这样。作者近年来在深入了解学习流程行业无线通信技术基础知识的同时，也想为众多在生产过程中应用无线技术的一线读者提供一份有关流程行业无线技术的基础知识、各类无线国际标准的起源和发展、系统构成、特点、系统设计、现场安装、现场调试投运以及具体应用实例的技术参考资料。因为读者对象确定了，所以本书力求实用，基础理论部分简明扼要，重点在于用户关切的如何设计、选用、安装以及使用好流程行业无线系统。

本书在编写过程中得到流程行业无线通信生产厂商技术专家的支持和帮助，他们为我提供了详尽的技术资料，解答了我提出的很多技术问题。在这里特别要感谢横河电机（中国）公司的危文金先生、霍尼韦尔（中国）公司的江天生先生、艾默生过程控制公司的白秀琪女士、沈阳中科博微技术公司赵宏先生等。

流程行业无线通信技术是一门崭新的技术，发展很快，书中如有疏漏，恳请行业的专家和读者能批评指正。

编著者

目 录

第1篇 流程行业无线通信技术理论基础和基本知识 /001

第1章 流程行业通信技术的发展回顾 /003

1.1 流程行业通信技术发展历程 ………………………………………… 003
1.2 无线通信的发展历程 …………………………………………………… 004
1.3 流程行业无线通信的特点 ……………………………………………… 005
1.4 流程行业无线通信的要求 ……………………………………………… 007
  1.4.1 使用无线技术的一般条件 ……………………………………… 007
  1.4.2 使用无线技术的特殊条件 ……………………………………… 008

第2章 流程行业无线通信技术理论基础 /012

2.1 电磁波谱 …………………………………………………………………… 012
2.2 波的传播 …………………………………………………………………… 012
  2.2.1 自由空间传播 …………………………………………………… 013
  2.2.2 实时传播 ………………………………………………………… 014
  2.2.3 在实际环境中的传播 …………………………………………… 016
  2.2.4 环境变化 ………………………………………………………… 020
2.3 通信系统模型 ……………………………………………………………… 021
2.4 频段 ………………………………………………………………………… 022

第3章 流程行业无线通信技术基本知识 /023

3.1 调制 ………………………………………………………………………… 023
  3.1.1 跳频扩频 FHSS …………………………………………………… 024
  3.1.2 直接序列扩频 DSSS ……………………………………………… 024

3.2 天线 …………………………………………………………… 026
　　3.2.1 全向天线 …………………………………………… 026
　　3.2.2 定向天线 …………………………………………… 028
　　3.2.3 天线特性 …………………………………………… 028
　　3.2.4 天线增益 …………………………………………… 029
3.3 能源供应 ………………………………………………… 030
3.4 信号加密 ………………………………………………… 032
　　3.4.1 WEP/WPA ……………………………………………… 032
　　3.4.2 WPA2/AES ……………………………………………… 033
　　3.4.3 加密的特殊操作模式 ………………………………… 035

第4章 流程行业无线通信标准 /036

4.1 ISM 频段 ………………………………………………… 036
　　4.1.1 多路复用技术 ………………………………………… 036
　　4.1.2 频段的分割 …………………………………………… 036
　　4.1.3 800～900MHz ………………………………………… 037
　　4.1.4 2.4GHz ……………………………………………… 037
4.2 全球标准 ………………………………………………… 038
　　4.2.1 IEEE802.11(WLAN) …………………………………… 038
　　4.2.2 IEEE802.15.1(WPAN/蓝牙) …………………………… 039
　　4.2.3 IEEE802.15.4(低速率 WPAN/ZigBee) ………………… 040
　　4.2.4 比较 …………………………………………………… 040
　　4.2.5 共存 …………………………………………………… 041
　　4.2.6 结论 …………………………………………………… 042
4.3 网络拓扑 ………………………………………………… 043
　　4.3.1 星形拓扑结构 ………………………………………… 043
　　4.3.2 网状拓扑结构 ………………………………………… 044
　　4.3.3 星形网状混合拓扑结构 ……………………………… 045

第5章 流程行业无线网络应用的分类和设备类型 /047

5.1 流程行业无线网络应用的分类 ………………………… 047
5.2 工业无线网络的设备类型 ………………………………… 048
　　5.2.1 现场设备 ……………………………………………… 049

5.2.2 路由设备 …………………………………………………………… 050
5.2.3 适配器 ……………………………………………………………… 051
5.2.4 中继器 ……………………………………………………………… 054
5.2.5 手持设备 …………………………………………………………… 054
5.2.6 接入点 ……………………………………………………………… 055
5.2.7 网关 ………………………………………………………………… 057
5.2.8 网络管理器 ………………………………………………………… 058
5.2.9 安全管理器 ………………………………………………………… 058

第2篇　WirelessHART 标准　/061

第6章　WirelessHART 标准的起源和发展　/063

6.1 HART 标准 ……………………………………………………………… 063
　6.1.1 两线制变送器 ……………………………………………………… 063
　6.1.2 HART 协议 ………………………………………………………… 063
　6.1.3 HART 协议的特点 ………………………………………………… 064
　6.1.4 HART 协议技术规范 ……………………………………………… 064
　6.1.5 HART 协议网络模式 ……………………………………………… 065
6.2 WirelessHART 标准的目标和技术路线 ……………………………… 065
　6.2.1 WirelessHART 的目标 …………………………………………… 066
　6.2.2 WirelessHART 技术路线的选择 ………………………………… 067
6.3 WirelessHART 的发展历程 …………………………………………… 067

第7章　WirelessHART 的系统构成　/069

7.1 艾默生过程管理公司流程行业无线网络系统发展历史 …… 069
7.2 无线现场设备 ……………………………………………………………… 071
　7.2.1 艾默生过程管理公司的无线现场设备 …………………………… 071
　7.2.2 其他公司的无线现场设备 ………………………………………… 072
7.3 适配器 ……………………………………………………………………… 072
　7.3.1 艾默生过程管理公司的无线适配器 ……………………………… 072
　7.3.2 其他公司的无线适配器 …………………………………………… 074
7.4 智能无线网关 ……………………………………………………………… 075
　7.4.1 艾默生过程管理公司的智能无线网关 …………………………… 075

  7.4.2 其他公司的智能无线网关 …………………………………… 076
7.5 无线 I/O 卡、远程链路和接入点 ……………………………………… 076
  7.5.1 艾默生过程管理公司的无线 I/O 卡、远程链路和接入点 … 076
  7.5.2 菲尼克斯公司的 WLAN 接入点 ……………………………… 077

第 8 章 WirelessHART 的特点 /079

8.1 先进性 ………………………………………………………………… 079
8.2 成熟性 ………………………………………………………………… 080
8.3 可靠性 ………………………………………………………………… 081
8.4 安全性 ………………………………………………………………… 083
8.5 简便性 ………………………………………………………………… 083

第 9 章 WirelessHART 系统设计 /085

9.1 WirelessHART 无线网络方案选择 …………………………………… 085
  9.1.1 信号传送方案选择 …………………………………………… 085
  9.1.2 成本估算 ……………………………………………………… 086
  9.1.3 提高系统可用性的考虑 ……………………………………… 086
9.2 WirelessHART 无线网络现场调查 …………………………………… 087
  9.2.1 定义网络操作区域 …………………………………………… 088
  9.2.2 操作区域其他无线网络的部署 ……………………………… 089
  9.2.3 操作区域按障碍物分类 ……………………………………… 091
9.3 WirelessHART 无线网络设计 ………………………………………… 092
  9.3.1 WirelessHART 监测网络设计规则 …………………………… 093
  9.3.2 WirelessHART 监测网络设计规则的突破 …………………… 096
  9.3.3 WirelessHART 控制网络设计规则 …………………………… 097
  9.3.4 强化网络的措施 ……………………………………………… 098
9.4 WirelessHART 无线网络设计计算 …………………………………… 101
  9.4.1 概述 …………………………………………………………… 101
  9.4.2 无线现场设备的刷新率选择 ………………………………… 102
  9.4.3 WirelessHART 无线现场设备台数统计 ……………………… 102
  9.4.4 无线网关数量的计算 ………………………………………… 103
9.5 WirelessHART 无线现场网络集成 …………………………………… 107
  9.5.1 概述 …………………………………………………………… 107

9.5.2 通过以太网集成 …… 108
9.5.3 通过RS485总线(串行)集成 …… 109
9.5.4 通过DeltaV控制系统的本地节点集成 …… 110
9.5.5 通过无线现场数据回传集成 …… 111
9.6 工程图纸设计 …… 114
9.6.1 总体说明 …… 114
9.6.2 艾默生过程管理公司的图形符号 …… 114
9.6.3 倍加福公司的图形符号 …… 115
9.6.4 E+H公司的图形符号 …… 115

第10章 WirelessHART无线网络的现场安装 /118

10.1 概述 …… 118
10.2 安装网关 …… 118
10.3 安装无线现场设备 …… 122
10.3.1 无线现场变送器的安装 …… 122
10.3.2 适配器的安装 …… 123
10.3.3 中继器的安装 …… 125
10.4 天线安装的相对位置 …… 126
10.5 分步实施的现场安装 …… 127

第11章 WirelessHART无线网络的现场调试及投运 /128

11.1 现场调试及投运步骤 …… 128
11.1.1 网关 …… 128
11.1.2 WirelessHART无线现场设备 …… 128
11.1.3 WirelessHART设备的调试投运 …… 129
11.1.4 将仪表加入网络 …… 130
11.1.5 应用集成 …… 131
11.2 AMS无线SNAP-ON应用软件 …… 131
11.2.1 使用方法 …… 131
11.2.2 功能 …… 131
11.3 现场设置及投运 …… 133
11.3.1 无线系统内部连接 …… 133
11.3.2 无线网关组态配置 …… 134

11.3.3 无线现场仪表组态配置 …… 134
11.3.4 无线系统与有线控制系统的集成 …… 135

第 12 章　WirelessHART 无线网络的应用 /137

12.1 江西卡博特蓝星化工公司 …… 138
12.2 中石油塔西南化肥厂 …… 139
12.3 中海油友谊号平台输油船 …… 139
12.4 华能上海石洞口第一电厂 …… 140
12.5 电科院电厂性能测试 …… 141
12.6 云南驰宏锌锗公司会泽冶炼厂 …… 142
12.7 南海北部湾海上石油平台 …… 144
12.8 英国 Croda 公司 …… 145
12.9 哥伦比亚 Pacific Rubiales 石油公司 …… 146
12.10 川西北气矿梓潼采气作业区 …… 148

第 3 篇　ISA100.11a 标准 /151

第 13 章　ISA100.11a 标准的起源和发展 /153

13.1 ISA 简介 …… 153
13.2 ISA100 简介 …… 154
13.3 ISA100.11a 简介 …… 155
13.4 ISA100.11a 工作组 …… 155
13.5 ISA100.11a 标准概要 …… 157
　13.5.1 ISA100.11a 的目标 …… 157
　13.5.2 ISA100.11a 的关键技术 …… 157
　13.5.3 ISA100.11a 无线网络架构的主要组件 …… 158
　13.5.4 ISA100.11a 产品 …… 159

第 14 章　OneWireless 的系统构成 /160

14.1 霍尼韦尔流程行业无线网络系统发展历史 …… 160
14.2 OneWireless 无线网络设备 …… 161
　14.2.1 无线现场设备 …… 161

14.2.2　适配器 …………………………………………………… 162
　　14.2.3　无线手持设备 …………………………………………… 163
　　14.2.4　OneWireless 无线主干网络设备 ………………………… 164
　　14.2.5　大型多功能网络要求的辅助组件 ………………………… 168
14.3　各种类型 ISA100.11a 无线现场设备网络规划 ………………… 169
　　14.3.1　小型 ISA100.11a 无线现场设备网络规划 ……………… 169
　　14.3.2　中型 ISA100.11a 无线现场设备网络规划 ……………… 170
　　14.3.3　中型 ISA100.11a 和 IEEE802.11a/b/g 网络规划 ……… 170
　　14.3.4　OneWireless 网络连接到工厂控制网络规划 …………… 172
　　14.3.5　带 Cisco 节点的 ISA100.11a 无线现场设备网络规划 … 172

第 15 章　OneWireless 工业无线网络的特点　/175

15.1　一个无线网络架构支持整个工厂的应用 ………………………… 175
　　15.1.1　无线变送器 ………………………………………………… 175
　　15.1.2　无线视频 …………………………………………………… 176
　　15.1.3　移动工作站 ………………………………………………… 177
　　15.1.4　无线巡检 …………………………………………………… 178
　　15.1.5　振动监测 …………………………………………………… 178
　　15.1.6　人员设备即时定位 ………………………………………… 179
　　15.1.7　就地显示仪表的读数传送 ………………………………… 180
　　15.1.8　HART 设备无线数据采集 ………………………………… 180
　　15.1.9　其他以太网设备的无线转接 ……………………………… 181
15.2　一个无线管理平台支持多种通信协议 …………………………… 181
15.3　与控制系统完全一体化的数据集成 ……………………………… 182
15.4　无线变送器电池寿命长 …………………………………………… 183
15.5　无线变送器可选择快速刷新率及无线网络通信时间
　　　滞后非常短 ………………………………………………………… 184
15.6　通信距离较长 ……………………………………………………… 184

第 16 章　OneWireless 系统设计　/185

16.1　OneWireless 无线网络方案选择 ………………………………… 185
16.2　OneWireless 无线网络的组件及其选择 ………………………… 185
16.3　OneWireless 无线网络现场调查 ………………………………… 188

  16.3.1　现场调查的目的 …………………………………………… 188
  16.3.2　现场调查的内容 …………………………………………… 188
 16.4　OneWireless 无线网络设计 ………………………………………… 193
  16.4.1　OneWireless 无线网络拓扑 ……………………………… 193
  16.4.2　OneWireless Mesh 网络的配置 ………………………… 194
  16.4.3　Mesh 跳限制 ……………………………………………… 196
  16.4.4　OneWireless 网络的子网或域 …………………………… 197
  16.4.5　OneWireless 通信 ………………………………………… 197
  16.4.6　交换机 ……………………………………………………… 198
  16.4.7　无线防火墙配置 …………………………………………… 198
  16.4.8　NTP 设置的类型 ………………………………………… 199
  16.4.9　接入点覆盖区域 …………………………………………… 199
  16.4.10　无线节点的最大通信距离 ……………………………… 199
 16.5　OneWireless 无线网络规模 ………………………………………… 199

第 17 章　OneWireless 无线网络的现场安装　/200

 17.1　概述 …………………………………………………………………… 200
 17.2　安装多功能节点及接入设备 ………………………………………… 201
  17.2.1　赋予网关功能的多功能节点及接入设备 ………………… 201
  17.2.2　不作为网关的多功能节点及接入设备 …………………… 201
 17.3　安装无线现场设备 …………………………………………………… 204
  17.3.1　连接电池 …………………………………………………… 204
  17.3.2　选点并安装设备 …………………………………………… 204
  17.3.3　安装天线 …………………………………………………… 205

第 18 章　OneWireless 无线网络的现场测试及投运　/207

 18.1　现场测试 ……………………………………………………………… 207
  18.1.1　炼油厂罐区概况 …………………………………………… 207
  18.1.2　现场测试数据 ……………………………………………… 207
 18.2　贵州盘县电厂无线网络运行及测试 ………………………………… 210
  18.2.1　测试现场概况 ……………………………………………… 211
  18.2.2　现场安装、投运及测试程序 ……………………………… 212
  18.2.3　测试结论 …………………………………………………… 213

18.3　OneWireless 无线网络的投运 …………………………………………… 213

第19章　OneWireless 无线网络的应用　/215

19.1　中石化镇海炼化 8 公里乙烯运输管线 ……………………………… 215
19.2　中石油西固油库 ………………………………………………………… 216
19.3　华东电力试验研究院 …………………………………………………… 218
19.4　中石油大连石化 ………………………………………………………… 218
19.5　中联煤层气山西沁县气田 ……………………………………………… 219
19.6　申能上海临港燃气电厂 ………………………………………………… 221
19.7　中石化武汉 800kt/a 乙烯罐区 ………………………………………… 222
　　　19.7.1　无线仪表系统概况 …………………………………………… 222
　　　19.7.2　无线解决方案 ………………………………………………… 222
　　　19.7.3　无线仪表系统的工程实施 …………………………………… 224
　　　19.7.4　应用效果 ……………………………………………………… 225
19.8　美国加州威明顿 Valero Energy 炼油厂 ……………………………… 225

第20章　横河电机的 ISA100.11a 无线网络系统　/227

20.1　概述 ……………………………………………………………………… 227
20.2　系统构成 ………………………………………………………………… 227
　　　20.2.1　无线现场设备 ………………………………………………… 227
　　　20.2.2　适配器 ………………………………………………………… 228
　　　20.2.3　无线现场网络设备 …………………………………………… 229
20.3　系统设计 ………………………………………………………………… 233
　　　20.3.1　横河无线系统方案 …………………………………………… 233
　　　20.3.2　横河无线系统与主机系统的集成 …………………………… 238
　　　20.3.3　现场调查 ……………………………………………………… 244
20.4　现场安装 ………………………………………………………………… 247
　　　20.4.1　安装无线现场设备 …………………………………………… 247
　　　20.4.2　安装 YFGW710 现场无线一体型网关 ……………………… 249
　　　20.4.3　安装 YFGW510 无线接入点 ………………………………… 249
20.5　现场调试和投运 ………………………………………………………… 250
　　　20.5.1　启动现场无线系统 …………………………………………… 250
　　　20.5.2　显示器监控画面及操作 ……………………………………… 251

20.5.3　无线通信质量的评价指标及具体应用 …………………… 255
20.6　横河电机 ISA100.11a 无线网络的应用 …………………… 260
　　20.6.1　造纸厂 …………………………………………………… 260
　　20.6.2　回转窑温度测量 ………………………………………… 260
　　20.6.3　化工厂罐区温度监控 …………………………………… 261
　　20.6.4　采盐卤水提取井流量监控 ……………………………… 262

第4篇　WIA-PA 标准 /263

第21章　WIA-PA 标准概述 /265

21.1　WIA-PA 标准的起源和发展 ………………………………… 265
　　21.1.1　中国工业无线联盟 ………………………………………… 265
　　21.1.2　WIA-PA 的目标 …………………………………………… 265
　　21.1.3　WIA-PA 网络技术规范 …………………………………… 265
21.2　WIA-PA 的系统构成 …………………………………………… 266
　　21.2.1　现场无线设备 ……………………………………………… 267
　　21.2.2　适配器 ……………………………………………………… 270
　　21.2.3　智能无线网关 ……………………………………………… 270
21.3　WIA-PA 网络的特点 …………………………………………… 273
　　21.3.1　支持多种拓扑结构 ………………………………………… 273
　　21.3.2　采用集中式与分布式结合的系统管理方式 ……………… 274
　　21.3.3　支持报文的聚合和解聚 …………………………………… 275
　　21.3.4　通信可靠 …………………………………………………… 275
　　21.3.5　超低功率 …………………………………………………… 276
　　21.3.6　兼容无线 HART 标准和多种协议 ………………………… 276
　　21.3.7　价格优势 …………………………………………………… 277

第22章　WIA-PA 系统设计及现场调试和投运 /278

22.1　WIA-PA 系统设计 ……………………………………………… 278
　　22.1.1　单台 WIA-PA 无线网关连接的无线现场设备台数 ……… 278
　　22.1.2　多台 WIA-PA 无线网关的应用 …………………………… 279
　　22.1.3　无线 HART 适配器的天线选型 …………………………… 279
　　22.1.4　多跳信号传输的最大跳数 ………………………………… 280

22.2 WIA-PA 现场调试和投运 …………………………………………… 280
　　22.2.1 无线现场设备安装位置选择 ………………………………… 280
　　22.2.2 WIA-PA 网络管理软件 ………………………………………… 280
　　22.2.3 力达宁化工公司的现场投运 ………………………………… 282
　　22.2.4 抚顺石化热电厂的现场投运 ………………………………… 283
　　22.2.5 新疆油田公司采油二厂的现场投运 ………………………… 285

第23章　WIA-PA 的开发解决方案和应用　/287

23.1 WIA-PA 的开发解决方案 …………………………………………… 287
　　23.1.1 自行开发全套无线产品 ……………………………………… 287
　　23.1.2 通过通用接口与无线模块集成 ……………………………… 287
　　23.1.3 OEM 定制开发 ………………………………………………… 288
23.2 WIA-PA 的应用 ……………………………………………………… 289
　　23.2.1 鞍钢冷轧厂连续退火生产线 ………………………………… 289
　　23.2.2 中石油抚顺石化热电厂 ……………………………………… 290
　　23.2.3 江苏灌云力达宁化工公司 …………………………………… 291
　　23.2.4 大港油田沧州第三采油厂 …………………………………… 292
　　23.2.5 太阳能光伏发电站 …………………………………………… 293
　　23.2.6 印尼望加锡临海罐区 ………………………………………… 294

第5篇　流程行业无线通信技术展望　/297

第24章　流程行业无线通信技术热点分析　/299

24.1 网络 …………………………………………………………………… 299
24.2 路由 …………………………………………………………………… 300
24.3 刷新率 ………………………………………………………………… 301
24.4 电池寿命 ……………………………………………………………… 301
24.5 传输距离 ……………………………………………………………… 302
24.6 变送器种类 …………………………………………………………… 302
24.7 安全 …………………………………………………………………… 303
24.8 PID 控制 ……………………………………………………………… 304
24.9 费用 …………………………………………………………………… 305
24.10 流程行业无线技术选型思路 ………………………………………… 307

第25章 其他无线技术的应用 /309

25.1 ZigBee 技术 ……………………………………………………… 309
25.1.1 ZigBee 概述 …………………………………………………… 309
25.1.2 ZigBee 特点 …………………………………………………… 310
25.1.3 ZigBee 应用 …………………………………………………… 311
25.2 Trusted Wireless 技术 ……………………………………………… 312
25.2.1 任务 …………………………………………………………… 312
25.2.2 无线通信 ……………………………………………………… 312
25.2.3 数据传输 ……………………………………………………… 313
25.2.4 结构 …………………………………………………………… 314
25.2.5 建立连接 ……………………………………………………… 315
25.2.6 安全 …………………………………………………………… 316
25.2.7 工业应用装置 ………………………………………………… 316
25.2.8 现场应用 ……………………………………………………… 316
25.3 EPA 无线技术 ……………………………………………………… 317
25.3.1 EPA 标准 ……………………………………………………… 317
25.3.2 EPA 技术网络拓扑结构 ……………………………………… 318
25.3.3 EPA 无线技术设备类型和网络类型 ………………………… 319

第26章 流程行业无线通信技术展望 /320

26.1 扩大应用范围 ……………………………………………………… 320
26.2 扩展到控制领域 …………………………………………………… 321
26.3 多种通信技术标准的融合 ………………………………………… 321
26.4 系统架构的创新 …………………………………………………… 324
26.5 引入新的频段 ……………………………………………………… 325
26.6 引入无线行业领军厂家的技术和产品 …………………………… 325
26.7 建立各种流程行业无线通信标准测试实验室 …………………… 326
26.8 WIA-PA 的前景广阔 ……………………………………………… 326

附录 名词解释 …………………………………………………………… 328
参考文献 …………………………………………………………………… 337

第1篇

流程行业无线通信技术理论基础和基本知识

第1章 流程行业通信技术的发展回顾

1.1 流程行业通信技术发展历程

早期的无线技术只是单纯的通信手段,以解决长距离数据传输为目的,多为点对点通信,作为有线技术的补充。而到了本世纪初,无线技术以解决低成本的信息获取为目的,实现大规模网络化,力图推动工业测控方式的变革。

我们可以回顾一下工业生产过程测量和控制技术的信号传送,其信号传送的方式经历了图 1-1 所示的发展过程,这可以概括为:

由多类别信号到统一信号;

由气动信号到电动信号;

由模拟信号到智能数字信号;

由一对一传送到总线;

由有线到无线。

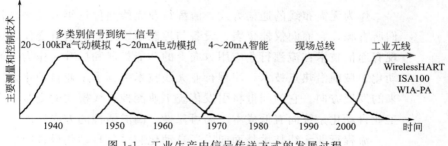

图 1-1 工业生产中信号传送方式的发展过程

在统一信号之前过程测量传感器的输出信号曾长期存在多类别信号,如电阻值(热电阻)、mV 值(热电偶、霍尔压力传感器)、脉冲值等。统一信号则为气动信号 20~100kPa,电动信号 4~20mA。

1.2 无线通信的发展历程

无线通信的发展历史可以追溯到19世纪80年代德国物理学家赫兹以及意大利科学家马可尼所做的基础性实验和研究工作。1876年赫兹用实验证实了电磁波的存在，马可尼首先实现了在英格兰海峡海上轮船之间进行约50km远距离无线电通信。在过去的几十年里，无线移动通信技术取得了突破性进展，移动电话系统的发明，为生活的各个方面都带来了极其重大的改变和影响。如今，无线通信在人们的生活中已经无处不在，从收音机、电视广播站、无线电、卫星传输，到无线局域网应用中的手机，甚至在家庭中，无线通信都得到了越来越广泛地使用。

无线技术对于过程工业中的某些领域来说并不是新事物，例如带GSM/GPRS模块的远程测控终端将监控的数据以短信息方式，通过电信部门提供的短信业务定时将数据传送到控制中心，再如无线数传电台通过无线电波来传送监测数据都利用了无线技术。近年来，随着各种短距离无线技术的快速发展，无线技术开始应用到流程行业，工业无线技术开始成为流程行业的热点，新产品新技术层出不穷，WLAN（Wireless Local Area Network，无线局域网）、ZigBee、蓝牙、RFID、无线传感器网络等各种无线技术和概念逐渐在工控界升温，工程师与厂家探讨无线的优缺点和各种应用的可能性。流程行业无线技术逐渐成为继现场总线和工业以太网技术之后的又一次重大的技术革新。

作为无需布线的通信方式，流程行业无线通信近年来越来越被人们所青睐，它面向仪器仪表、设备与控制系统之间的信息交换，是对现有通信技术在流程行业应用方向上的功能扩展和提升。作为工业自动化领域前沿热点技术，流程行业无线技术引领了工业自动化系统未来的发展方向。它的问世将引发传统工业测控有线模式的变革，引领工业自动化系统向着低成本、高可靠性、高灵活性的方向发展。

流程行业无线技术是面向工厂自动化和过程自动化设备间信息交互的无线通信技术。相对于有线系统，工业无线传输系统节省了电缆，简化了安装，大大降低了维护时间和停工时间，增加了系统的可用性，提高了工厂效率，并因此提高了生产力。

早期的无线通信技术，例如一些点对点的通信，只能说是个别的解决方案，而要成为一个成熟的、能得到广泛应用的无线通信技术，还需要通过制定标准并在随后成为国际通用标准才能达到这一目的。因此，作为无线通信技术发展的里程碑，国际电工委员会 IEC 先后在 2010 年 4 月、2011 年 9 月、2011 年 10 月正式批准 WirelessHART、ISA100.11a 和 WIA-PA 为工业无线通信领域的国际标准。

1.3 流程行业无线通信的特点

流程行业中的数据通信直接面向生产与控制过程，肩负着生产运行一线流程行业信息传输的特殊任务。它通常应满足传输的实时性与确定性、网络的可靠性与安全性、设备的可互操作性、网络投用的环境适应性等特殊要求。因此，流程行业中的数据无线通信具有如下特点：

① 流程行业中数据通信传输的原始信息主要是模拟量和开关量，经过无线现场设备的转化，以数字量的方式传输；

② 流程行业中数据的用途 75% 以上为数据采集，包括状态（温度、压力、流量、物位、成份、一般设备启停等）监视、事件顺序记录、预测维护参数等，对数据刷新速度要求不高；

③ 流程行业中数据传送距离一般为数十米至数百米，由于数据传送量大，总的传送距离非常大。比如对一个监控系统来说，小规模的数据点数为数十点至一两百点，中规模的数据点数为数百点至一两千点，大规模的数据点数为数千点至一两万点，超大规模的数据点数为数万点甚至数十万点。这样大的数据传送量如果采用有线传输，所消耗的电缆、桥架数量和所花费的安装工时数都是非常巨大的；

④ 流程行业中数据存在一定的可变性，可能随时增减监测的参数或改动监测的内容；

⑤ 流程行业中数据传输路径上可能会遇到一些障碍物，如设备、管道、道路、铁路、河流、建筑物等；

⑥ 流程行业中数据通信的过程环境较为恶劣，如高温、低温、高粉尘、潮湿、振动、腐蚀、电磁干扰等；

⑦ 流程行业中数据通信的信息流向具有明显的方向性。例如，测量信息由变送器向控制器传送，控制信息由控制器向执行机构传送，过程监控与突发信息由现场仪表向控制系统传送，程序下载由工程师站向现场仪表传送等；

⑧ 流程行业中数据通信的测量控制信息传送有一定的顺序性，例如，测量信息首先需要传送到控制器，然后控制器进行控制运算，发出的控制信息传送给执行机构，从而控制相关阀门、设备的动作，涉及报警的信息首先需要传送到控制器，控制器经过判别后，超限的信息传送到声光报警系统或显示面板；

⑨ 流程行业中数据通信主要用于各种大中型企业的生产控制与管理过程中，即使有少量的信息失密，或者遭到病毒破坏都有可能导致经济损失，因此，必须特别重视流程行业中数据的保密性、完整性、鉴别性及信息来源和去向的可靠性；

⑩ 流程行业中的现场设备来自多家公司，须解决相互兼容问题、可互操作性问题；

⑪ 流程行业中数据通信有一部分来自移动或旋转的设备，使信息的传输非常困难；

⑫ 流程行业中数据通信的设备中有一部分属于临时设置，通常只在一段时间内需要这些信息，过后这些设备不得不拆卸，可能从此不再安装，也可能移到它处再重新安装。

无线技术为临时安装提供了额外的优越性，例如那些需要频繁变动和改进的应用。在对距离非常远或者难以访问的单独设备的应用中，无线技术也具有一定的优势，表1-1列出了目前工业无线通信技术应用的主要需求及其相对有线技术的优势。

表 1-1 工业无线通信技术应用的主要需求及其优势

序号	对无线通信技术的主要需求	无线通信技术的优势
1	测点分散，被铁路、河流、建筑物分割	无需敷设桥架、电缆和接线
2	危险区域	没有电缆和接线，减少火花产生的可能，提供本安型、隔爆型无线现场设备
3	工厂安全、排放、泄漏、火灾	无线视频、无线开关量变送器等集中监控
4	罐区储罐分散，无集中监控设备	无线雷达液位计等可集中监控
5	监视行进中轨道机车轴承的温度、装运化学品槽车的温度、旋转设备上的测温点	无线温度变送器
6	运转设备性能诊断	无线振动变送器
7	大量的手动阀、就地指示表无法集中显示	无线阀门回讯器、无线限位开关、无线读表器等集中监控
8	现场移动作业的需要	有移动工作站、手持巡检设备
9	系统布置要求更简洁、安全	无接线箱柜、无安全栅、不需I/O卡
10	改造项目时间紧迫	无须接线，节省安装费用，减少安装时间

无线技术的关键优点如下:
① 传输介质不受机械磨损的影响;
② 设备可自由运动,具有可移动性;
③ 大型的无线通信覆盖范围可以灵活地集成不同位置的设备;
④ 远距离或者困难区域的连接,例如跨过道路或者铁路的通信;
⑤ 新设备或者临时设备可以自由接入;
⑥ 减少设计、安装、维护工作量;
⑦ 降低工程项目总投资。

1.4 流程行业无线通信的要求

1.4.1 使用无线技术的一般条件

在工业自动化中对通信技术的要求与办公室通信技术有所不同,在办公室通信时如果一个数据包丢失,它可再次发送。再次发送可能使通信变慢,这对传送 Excel 或 Word 文件通常不是关键,除非数据包丢失经常发生,几乎所有的包必须连续重新发送,这才可能导致严重的问题。如果工厂是由无线通信系统控制,一些数据包丢失,这可能会导致过程中断,这是不可接受的。所以采用无线通信的主要的要求是:
① 延时短,数据必须在规定的时间内传送;
② 无差错,发送和接收的数据必须是相同的;
③ 确定性,数据必须按可预见的时间表传送。

为了评估应用于流程行业自动化单一的通信技术,我们可以比较 BER (Bit Error Rate,误码率),误码率用统计学决定损坏了多少位,见表1-2。

表1-2 针对不同通信技术的误码率

介质	误码率(BER)	介质	误码率(BER)
无线链路	10^{-3}	局部分隔应用的同轴电缆	10^{-9}
非屏蔽的电话电缆	10^{-4}	光纤电缆传输	10^{-12}
屏蔽双绞线电话电缆	10^{-5}		

如果误码率达到 10^{-4}，对于工业自动化通信系统这是不可接受的。10^{-4} 的误码率意味着每 10000 位 1 次传输不正确，并破坏整个报文。通常情况下，损坏的报文在接收器不纠正，但将再次请求重发。当一份报文长度为 128 字节（1024 位）时，这将意味着必须每 10 份报文重发 1 次，这将造成总线上通信路径额外的负载。

顺利安装（屏蔽双绞线电缆，终端电阻）时，工业自动化通信系统的误码率可降低到优于 10^{-9}，结果是电报重发为每百万分之一。这将意味着如果每 100ms 发送了一份报文，每天将重发 1 次报文，这是可以接受的。

正如所看到的，无线链路比非屏蔽的电话电缆差 10 倍。这就意味着，几乎每份报文必须重发。然而通过调制技术，无线系统中的误码率可以提高到大约 10^{-5}。而根据上面的例子，这意味着 100 份报文必须重发 1 次。但是，这不包括对于某些应用，特别是具有非常高的延迟和可靠性要求的无线解决方案应用。表 1-3 显示了当每 100ms 发送一份报文（128 字节/1024 位）时，BER 对报文重发间隔时间的影响。

表 1-3　误码率和损坏报文的重发间隔时间

误码率（BER）	10^{-4}	10^{-5}	10^{-9}
损坏的报文	1/10	1/100	1/1000000
损坏报文的重发间隔时间	1s	10s	24h

1.4.2　使用无线技术的特殊条件

除了使用无线技术的一般条件外，应用于工厂自动化和过程自动化领域还有不同的详细条件。

（1）工厂自动化

工厂自动化的具体应用场合主要是自动化生产线、产品装配线、物流输送线及大型机床对散装物品铣削、切割、冲压、焊接、紧固等加工，其中有一些是依靠机器和组装工具或具有有限半径的机器人手臂来完成快速移动的。

用于工厂自动化的传感器中有很多是简单的接近开关，条件切换可以以一位 bit 编码，由于移动是有限的，是在一个小范围内发送和接收。一般范围小于 10m，在无线通信中范围移动的重要性是第二优先级的。

由于在应用中快速移动，条件切换必须迅速地发送；目前有一种常见的 10ms 的时间片的时间帧，ZigBee 通信几乎能满足这一要求。ZigBee 单跳数据的最大延迟时间是 10ms，但对于数控（NC）机械的快速运动控制要求 1ms，对于这一点，必须制定一个特殊的解决方案。另外，快速的数据传输需要高功率，使其难以发展电池供电的传感器。

此外，移动形成一个不断变化的环境，这可能会增加数据包的丢失。为了缓解这一问题，发射端和接收端必须考虑通信距离这一点。

用于工厂自动化的另一种应用是无线控制无人运输车辆。延迟时间并没有特别要求，但可能有更多的位置和速度数据，通信距离也大得多，因为要覆盖车辆移动的范围。

（2）过程自动化

过程自动化的主要特点是物料配料、加热、冷却、搅拌、混合和化学反应，很少有部件移动，大部分设备如槽罐、泵、阀门、管道、反应器等都是不移动的。

大多数情况下，过程检测值，像温度、压力、流量和物位的模拟值应该可以由 2~4 个字节表示。由于这些值的变化相对缓慢，对这些应用来说，1s 甚至更长的数据采样间隔时间都可以被视为实时，这可以用无线技术来满足。通过一个星形网络或网状网络，信号传送可以在一个给定的时间内完成。但是，过程自动化设施的距离要大得多，所以通信距离是一个非常重要的因素。过程自动化设施要求的通信距离可以从 100m 到几公里。在最佳条件下，900MHz 的系统通信距离可达 1km，2.4GHz 的系统通信距离可达 200~600m。

为了覆盖大型车间甚至是工厂范围等应用场合，可利用网状网络或安装多个接入点构成骨干网络。

过程自动化设施的环境很少发生变化，在大多数情况下是静态的。通过小心地选择发射端和接收端设备的位置，增加中继器以及利用网状网络，可以满足通信范围要求。

鉴于过程自动化测量与控制的特殊性，在测量与控制过程中数据通信具有如下要求：

① 可靠性高　过程自动化控制必须连续运行，任何中断和故障都可能造成停产，甚至引起设备损坏或人身事故。因此，测量与控制中的数据通信必须具备很高的可靠性，有的要求过程信息和操作指令

实现零丢包率。

测量与控制中数据通信的可靠性通常包含以下几个方面内容：

a. 可用性好，网络自身不易发生故障，因此要求网络设备质量高、平均故障间隔时间长、尽量防止故障发生；

b. 容错能力强，网络系统局部单元出现故障，不影响整个系统的正常工作，例如，现场设备或网络局部链路出现故障，能在很短的时间内重新建立新的网络链路；

c. 可冗余配置，提高网络容错能力的一个常用措施是在网络中增加适当的冗余单元，以保证当某个单元发生故障时能够由冗余单元接替其工作，原单元恢复后再恢复出错前的状态；

d. 可维护性高，故障发生后能及时发现并及时处理，通过维修使网络及时恢复，这是考虑当网络系统万一出现故障时，系统不但要能够采取安全性措施（如及时报警、输出锁定、工作模式切换等），而且要具有很强的自诊断能力、故障定位能力，且能迅速排除故障。

② 快速准确的响应能力　测量与控制中数据通信系统是与工业现场测量控制设备相连接的一类特殊通信网络，数据传输的及时性与系统响应的实时性是控制系统最基本的要求。在过程自动化控制中需要及时地传输现场过程信息和操作指令，不但要完成非实时信息的通信，而且还要求支持实时信息的通信。这就不仅要求测量与控制中数据通信传输速度快，而且还要求响应迅速及时，即响应的实时性、确定性要好。实时性表现为对内部和外部事件能够及时地响应；确定性表现为对内部和外部事件能够在规定的时刻准时响应，并做出相应的处理，不丢失信息，不延误操作。测量与控制中需要处理的事件一般分为两类：一类是定时事件，如数据的定时采集，运算控制等；另一类是随机事件，如事故、报警等。对于定时事件，系统设置时钟，保证定时处理。对于随机事件，系统设置中断，并根据故障的轻重缓急预先分配中断级别，一旦事故发生，保证优先处理紧急故障。

③ 良好的环境适应能力　测量与控制中数据通信应具有良好的环境适应性，即使在恶劣环境下也要保证数据传输的完整性、可靠性。由于工业生产现场环境与一般商业环境不同，例如，温度与湿度变化范围大、空气污浊、粉尘污染大、振动、电磁干扰大，并常常伴随有腐蚀性、毒性气体等。因此，要求测量与控制中的数据通信设备必须具有机械环境适应性（如耐振动、耐冲击）、气候环境适应性（工作温度要求为 $-40\sim 85℃$，至少为 $-20\sim 70℃$）、耐腐蚀、防尘、

防水、电磁环境适应性等要求。要达到这些指标，测量与控制中数据通信设备需要经过严格的设计和测试。

④ 要求严格的数据安全性　测量与控制网络中的内部资源与数据通信必须有足够的安全性，以保障系统正常运行，或在受到攻击时能够迅速地发现，并采取相应的安全措施，使系统的损失减到最小，同时要求在发生故障后能够迅速恢复。

第2章 流程行业无线通信技术理论基础

2.1 电磁波谱

无线技术是基于电磁波传播和接收的技术,电磁波是在空间传播的交变电磁场,无线电波、红外线、可见光、紫外线、X光、γ射线都是电磁波,它们的区别仅在于频率或波长的差别。为了对各种电磁波有全面的了解,人们按照波长或频率的顺序把这些电磁波排列起来,这就是电磁波谱。

无线电波像光一样,都是电磁波谱的一部分,只是电磁波的类型不同,光和无线电波之间的唯一差别是波振荡的波长或频率不同(见图2-1)。无线电波的频率范围从10kHz到3000GHz,又进一步细分为不同频带。

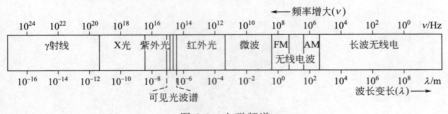

图 2-1 电磁频谱

2.2 波的传播

无线电波通过天线辐射出的功率是全方位的,虽然并非各个方向上辐射出的功率都是完全相等的,但也可以看作是球形传播。这相当于一个灯泡,不仅仅只向一个方向投射光,而是向几乎所有的方向投射。

球形传播有一个重要的特性：随与源距离 r 的增加而信号强度减小。图 2-2 表示了信号强度与距离的相关性。

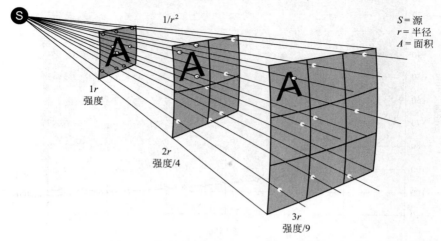

图 2-2　信号强度与距离的平方成反比定律

其结果是，随着距离的增加，信号强度以函数 $1/r^2$ 减小。当距离为两倍时，信号强度是 $1/4$，三倍距离时信号强度仅有 $1/9$。

2.2.1　自由空间传播

当无线电波无障碍地向所有方向自由传播时，定义为自由空间传播，这是理想传播条件。电波在自由空间传播时，无线电波的损耗只与传播距离和电波频率有关系，其能量既不会被障碍物吸收，也不会产生反射或散射。在这里，自由的空间被认为是大气，包括大气中存在雨、雾、雪、灰尘和烟雾。对于局域网，这些因素没有相关的负面影响。例如在雨、雪或浓雾环境时，2.4GHz 的信号只产生 0.02dB/km 的衰减，对于无线电波在网络中的传播来说，这样的影响可以忽略不计。在实际无线环境中，无线信号只要在第一菲涅耳区不受阻挡，就可以认为是在自由空间传播。

随着传播距离的增加，无线信号强度将减弱。假设使用一个全向天线，发射端具有确定的发送功率，当无线电波从天线发送出来时，接收天线接收到的信号强度会随着发射端和接收端距离的增长而减弱，这就给出了一个自由空间传播模型，它可以用来预测发射端和接收端间在视准线无障碍路径传播情况下的接收信号强度。图 2-3 表示了当天线发送出来的是 2.4GHz 的信号时，距离天线 175m 处的路径损失为 −85dBm。当天线发送出来的是 900MHz 的信号时，距离天

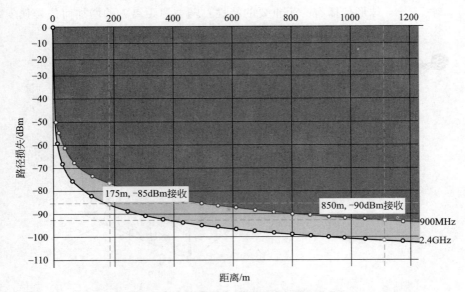

图 2-3　理论自由空间传播时距离与接收信号强度的关系

线 850m 处的路径损失为 -90dBm。

2.2.2　实时传播

在实际的通信环境中很少发生自由空间传播，相反，大量的从天线发射输出的信号受障碍物的影响被反射、衍射和散射，我们将其称为信号的衰减。

(1) 分贝

衰减是介质中信号输出的损失程度，增益的定义与之相反，衰减与增益的单位是分贝 (dB)。分贝值是一个表征相对值的量，表明了两个值之间的对数关系，分贝值越小，衰减或增益就越小。这样通过对单个的衰减/增益值进行简单的加法运算就可以确定输出链接的衰减/增益值。

分贝本身无单位，只表示了两个数字之间的相互关系（见表 2-1）。

表 2-1　分贝及其换算系数

分贝/dB	-20	-10	-6	0	6	10	20
换算系数	0.01	0.1	0.5	1	2	10	100

单独的分贝是没有意义的，应该加入比较的物理值。例如，dBm 比较的是 mW，dBW 比较的是瓦特 Watt，dBV 比较的是 V。计算用

分贝表示,可以很容易地计算放大和衰减,因为乘法可转换成简单的加法和减法。此外,当多次乘除时,由于 dB 是比值的对数,所以数字不至于太大或太小。

例如,如果发射端的发射功率是 8dBm,天线增益 2dBi,路径损失 85dB,则接收端接收到 −75dBm(8+2−85=−75)。10dBm 的损失表示是原始输入功率的 1/10,而 20dBm 的损失表示是原始输入功率的 1/100。换句话说,10dBi 的增益为原来输入功率的 10 倍,20dBi 的增益为原来输入功率的 100 倍。

表 2-2 列出了典型障碍物(环境或材料)的衰减值,我们可以看到,表中一些因素会对无线电波的实际衰减产生相当大的影响,例如,墙壁、树林、混凝土、玻璃窗的衰减值都比较大。

表 2-2 环境或材料的衰减值

环境或材料	2.4GHz 频段	环境或材料	2.4GHz 频段
雨、雪、雾	0.02dB/km	混凝土天花板	20~40dB
薄墙	2~5dB	2~4m 的竹篱/矮树丛	10~15dB
砖墙	6~12dB	双面玻璃窗	25~35dB
混凝土墙	10~20dB	30~50m 密集的森林	30~50dB

(2) 路径损耗指数

路径损耗指数可以用来描述无线电波信号在空间中传播时的能量随距离变化的损失程度,是反映接收端信号强弱的重要参数。表 2-3 显示,在某些环境中有很多构筑物和材料的路径损耗很大。

表 2-3 不同环境的路径损耗指数

环　境	路径损耗指数	环　境	路径损耗指数
自由空间	2	有障碍的建筑物内	4~6
城市环境	2.7~3.5	有障碍的工厂内	2~3
有障碍的城市环境	3~5		

图 2-4 显示路径损失指数为 3.7 的有障碍的城市环境中实际传播与理论自由空间传播的差异。比较在 2.4GHz 理论自由空间传播和有障碍城市环境下实际传播可以看出,理论自由空间传播 2.4GHz 的信号时,距离天线 175m 处的路径损失为 −85dBm;而在有障碍的城市

环境下实际传播（路径损耗指数为 3.7）2.4GHz 的信号时，
−85dBm 的灵敏度的接收端距离缩短为 14m。当传播 900MHz 的信号时，−90dBm 的灵敏度的接收端的距离从 850m 缩短为 180m。

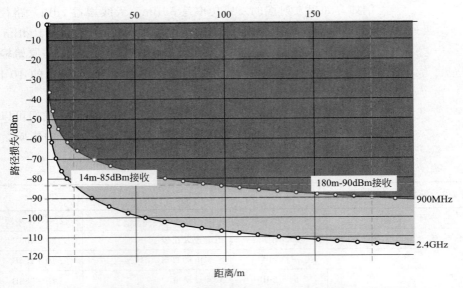

图 2-4　在有障碍的城市环境中传播时距离与接收信号强度（路径损耗指数为 3.7）

2.2.3　在实际环境中的传播

(1) 穿透障碍

无线电波与光线在线性传播这一点基本上是相同的。光线能非常好地穿透玻璃或其他透明材料，也可以部分穿透薄的纸张，但它完全被砖墙封闭；它能够非常轻微弯曲绕过障碍物的边缘，在障碍物后面形成一个半阴影；在一些抛光金属或镜子的表面光被全反射，而其他材料的表面仅部分反射。

无线电波是类似的，但又有差别。无线电波有可能穿透某种材料，但无线电波的强度被衰减，产生贯穿损耗；砖墙不一定是绝对的障碍物；无线电波也可以弯曲，容易绕过障碍物；无线电波总是在金属表面反射。常用的 2.4GHz 频段的波长短，绕射能力差，不容易绕过障碍物，一般要求视准线无障碍路径传播。

(2) 反射

当无线电波遇到比波长大得多的物体时，就会发生反射，反射常发生在地面、建筑物、墙壁和金属表面。在工业环境中，金属表面对无线电波总是起反射的效果，金属障碍物，包括钢筋混凝土墙实际上是不能穿透的。

反射有另一种效果，根据无线电波撞击障碍反射的角度，无线电波可以由表面反射，然后以迂回的方式到达某个区域。

（3）衍射

在无线电波传播路径上可能有一些障碍物，其边缘尖锐、表面不规则或有凸起，当无线电波受到障碍物的表面阻挡时将发生衍射，由阻挡表面产生的电磁波散布于空间中，甚至在阻挡物的背面。即使发射端和接收端之间没有视准线无障碍路径，无线电波仍能环绕障碍物产生波的弯曲。

（4）散射

当无线电波撞击一个与波长相比算小的障碍物且数量众多时，信号被分成多路弱信号在各个方向上传播（如图2-5所示），产生散射。

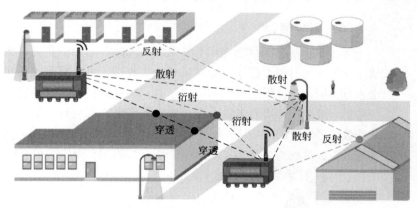

图2-5　无线电波的散射、反射、衍射、穿透

（5）干扰

所有的反射、衍射和散射的结果是生成新的波，它们相互作用：放大或抵消。

图2-5显示了这一原则，但在生产现场，所有的反射、衍射和散射的相互作用，生成的模式表明有信号强度良好的区域，也有信号强度不好的区域，这就是所谓的干扰。其结果有可能如图2-6所示产生正叠加波，放大信号形成良性干扰；也有可能如图2-7所示产生负叠加波，抵消信号形成恶性干扰。

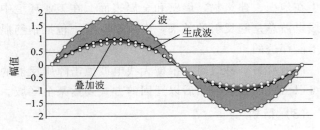

图 2-6　正叠加波，良性干扰

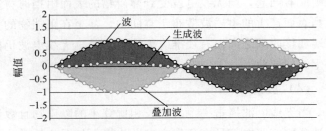

图 2-7　负叠加波，恶性干扰

(6) 多径衰落

如果发射端与接收端之间不是视准线无障碍路径的传播，无线电波通过反射、散射和衍射等传播路径到达接收端，由于接受端会接收到多个来自不同方向且到达时间不同（延时）的相同信号，这种特性称为多径传播，经多径传播的无线电波在接收天线处进行矢量叠加产生一个合成接收信号（见图2-8下部），原始信号受到干扰，使接收端上信号减弱甚至消失，这称为多径衰落，其后果可能造成信号不能正确识别。

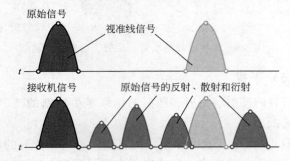

图 2-8　接收的原始信号和它的反射、散射和衍射信号

(7) 菲涅尔区

前面介绍了视准线无障碍路径可以支持可靠的连接，但并非总是

这样。为了使这种连接可靠和稳定，必须考虑菲涅尔区（Fresnel zone）。理论和实践都已证明，可以把电波传播所经历的空间区域分成重要的空间区域（菲涅尔区）和非重要的空间区域，前者是指对传播到接收端的能量起主要作用的那部分空间，而后者则是指其余的空间区域，它对电波传播的影响不明显。因此，只要前一种区域符合自由空间的条件，就可以认为电波是在自由空间内传播了。

所谓的菲涅尔区是在发射端和接受端的天线间连一条直线，以这条直线为轴心，以 R 为半径的一个类似管道的区域内，没有障碍物的阻挡，在两根天线之间形成的一个旋转椭球体。实际使用过程中，只有第一菲涅尔区是很重要的，因为大部分的能量在这里传递。因此，第一菲涅尔区的空间内应无障碍物，当菲涅尔区有障碍物存在且覆盖一半的截面时，要加高达 6dB 的衰减。所以在现场设置无线设备时懂得这一点很重要：仅在发射端和接收机的天线间设置视准线无障碍路径是不够的，在视准线路径的周围必须有足够的空间。而在工程上常常把第一菲涅尔区当作对电波传播起主要作用的空间区域，只要它不被阻挡，就可获得近似自由空间传播的条件，图 2-9 显示了菲

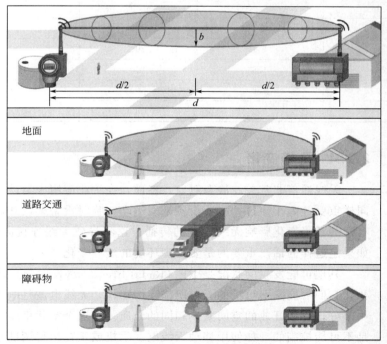

图 2-9　菲涅尔区和可能的干扰

涅尔区和可能存在的干扰。

在图 2-10 中的图（a）表示无障碍物阻挡的菲涅尔区，而图（b）表示部分菲涅尔区被障碍物阻挡。对于一个可靠的通信路径来说，至少要有 60% 菲涅尔区不被阻挡。

(a) 无障碍物阻挡的菲涅尔区　　　　(b) 部分菲涅尔区被障碍物阻挡

图 2-10　菲涅尔区与障碍物

图 2-9 最上面的图中标出的 b 为第一菲涅尔区的中心半径，在表 2-4 中给出 2.4GHz 第一菲涅尔区的中心半径 b 值与 d 值（发射端和接收端天线间的距离）之间的对应关系。

表 2-4　第一菲涅尔区的中心半径 b 值与 d 值之间的对应关系

d/m	b/m(2.4GHz)	d/m	b/m(2.4GHz)
5	0.8	100	3.5
10	1.1	200	5
20	1.6	300	6.1
30	1.9	500	7.9
50	2.5	1000	11.2

2.2.4　环境变化

无线通信非常关注静态对象，然而，在工业应用中运动的物体也同样重要：卡车穿过、移动设备来回运动、临时设备架设和拆除，所有这些环境变化影响无线电波的传播。这将导致无线连接断断续续，如果是这样的话，重要的是要处理环境的这些变化。

其他可能发生的状况是 RF（Radio Frequency，射频）环境的变化，它们可能是不可控的。像所描述的那样，无线电波是电磁频谱的一部分，并在开放的空间共享相同的介质。在这个空间里发生了什么是不可能控制的，如使用移动无线电、手机或正在运行调试和维护的 WLAN 笔记本电脑，以及高瞬变的变频器，操作高辐射能量的焊接机、微波炉等都能混杂在 2.4 GHz 频段，甚至天气也可以影响性能，湿气在天线上冷凝可降低其性能，所有这些可以影响通信的条件是连续变化的。

2.3 通信系统模型

主要包括消息、信号、调制解调、信道四部分：消息是指所需要通信的内容；而信号则用来承载通信的内容，主要分为模拟和数字信号两类，可大致与流程行业的连续和离散分别对应；调制就是对信号源信息进行处理加到载波上，使其变为适合于信道传输形式的过程；信道是指通信的通道，是信号传输的媒介，也即无线的"频段"。模拟通信系统和数字通信系统通信主要流程分别如图 2-11 和图 2-12 所示。

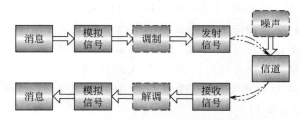

图 2-11 模拟通信系统主要流程

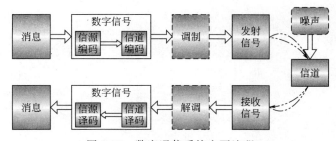

图 2-12 数字通信系统主要流程

由图 2-12 可知，数字通信具有更高的系统容量，容易采用数字差错控制技术和数字加密，便于集成化，所以通信系统是由模拟通信向数字通信过渡。

其实，不管是数字信号还是模拟信号，它们仅仅是我们表示消息的形式而已。往往它们之间需要相互转换。比如，本来消息先被表示成模拟信号，为便于传输，我们又把模拟信号表示成数字信号，此时，模拟信号相当于消息，变成数字信号经过一些数字手段处理后，最后又变成模拟信号，因为不管怎样，最后发射出去的都是模拟电磁信号。数中有模，模中有数，而彼此的转化也即我们常说的数-模转换（Digital-to-Analog，D/A）和模-数转换（Analog-to-Digital，A/D）。

2.4　频段

无线频段是指无线通信频率中的一小段电磁频谱。为了能并行使用多个无线资源，通常在无线传输接入中采用多路复用技术，由于电磁波可以无干扰地叠加，因此只要使用不同的频段便可以不受限制地并行使用。频段的分割和使用受国家控制，一般来说世界各国均保留了一些无线频段，以用于工业、科学研究和医学方面的应用，此称ISM（Industrial Scientific Medical）频段。应用这些频段无需许可证，只需要遵守一定的发射功率（一般低于1W），不要对其他频段造成干扰即可。ISM频段在各国的规定并不统一，而2.4GHz为各国共同的ISM频段，因此无线局域网（IEEE802.11b/g）、蓝牙、ZigBee和流程行业无线通信的国际标准的无线网络，均工作在2.4GHz频段上。

第3章
流程行业无线通信技术基本知识

3.1 调制

无线电波本身没有信息，信息被加载到无线电波上的过程被称为调制。它是对无线电波进行的一种特性化处理，该处理通过一个调制函数改变载波信号的某些特征。其中模拟调制主要包括调幅（AM）、调频（FM）和调相（PM），而数字信号对应分别是振幅键控（ASK）、频率键控（FSK）和相位键控（PSK）。

图3-1介绍了AM调幅技术，载波是指被调制以传输信号的波形，一般为正弦波，调制是把低频信号叠加到高频信号的载波上，信号源发出的信号波通过调制后叫做调制波。

一般来说，信号源的信息（也称为信源）含有直流分量和频率较低的频率分量，称为基带信号。基带信号往往不能作为传输信号，因此必须把基带信号转变为一个相对基带频率而言频率非常高的信号以适合于信道传输，这个信号叫做已调信号，而基带信号叫做调制信号。调制是通过改变高频载波即消息的载体信号的幅度、相位或者频率，使其随着基带信号幅度的变化而变化来实现的；而解调则是将基带信号从载波中提取出来以便预定的接收者（也称为信宿）处理和理解的过程。

由于数字电子技术和信息技术的发展，已经开发出来更有效的数字调制方法，其中扩展频谱（Spread Spectrum）技术是一种常用的无线通信技术，简称扩频技术。扩频技术主要分为跳频扩频FHSS和直接序列扩频DSSS两种方式，此两种方式是在第二次世界大战中军队所使用的技术，其目的是希望在恶劣的战争环境中，依然能保持通信信号的稳定性和保密性，下面将进行详细介绍。

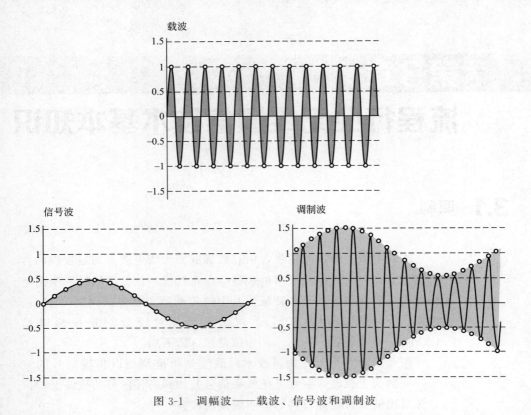

图 3-1 调幅波——载波、信号波和调制波

3.1.1 跳频扩频 FHSS

使用跳频扩频（Frequency Hopping Spread Spectrum），单个数据包不是在固定载波频率上传输信息，而是在整个频带中以准随机方式分布选择。FHSS 跳频方法是通过在短时间间隔内改变无线信道（见图 3-2），根据定义的频率跳动表（该表为发射端和接收端都已知）来选择信道，以保护信息不受窄带信号干扰。

3.1.2 直接序列扩频 DSSS

直接序列扩频（Direct Sequence Spread Spectrum）利用高速率的扩频序列在发射端扩展信号的频谱（见图 3-3），而在接收端用相同的扩频码序列进行解扩，把展开的扩频信号还原成原来的信号。

在直接序列扩频中，信息被乘以一个称为扩展密钥的序列数字，扩展密钥有比信息本身更高的带宽。因此，传输必须要更高的带宽，

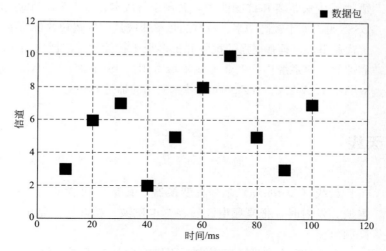

图 3-2 跳频扩频

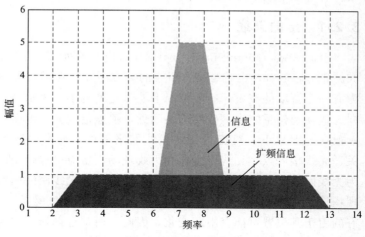

图 3-3 直接序列扩频

而能量可减少。

低能量减少了其他无线系统的干扰影响，信息在面对背景噪声时"模糊"。因此，它很难被未经授权的接收端检测到，当接收端带有相同的扩展密钥用于解码时，它才能被检索到。

通常，无线局域网络在性能和通信质量上的差异，主要取决于所采用的是 FHSS 还是 DSSS 以及所采用的调变方式。FHSS 不强求某种特定的调变方式，且大部分都是使用某些不同形式的高斯频移键控 GFSK 的调变方式，这种采用内在架构的非线性功率放大器，但牺牲了传输距离和抗噪能力，常用于低成本、需快速移动的应用中；而DSSS是将原来较高功率、较窄的频率变成具有较宽频的低功率频率，其传输速率快，具有很强的抗噪和抗多径干扰能力，广泛应用于要求高可靠性的通信系统中。工业无线领域常用的ISA100.11a、WirelessHART、WIA-PA、WLAN和ZigBee等技术使用的都是DSSS。

3.2 天线

天线（Antenna）是一种变换器，其基本功能是发射和接收无线电波。发射时，把高频电流转换为电磁波；接收时，把电磁波转换为高频电流。

天线具有方向性，其对空间不同方向具有不同的辐射或接收能力。按照信号发射或接收的方向，大致可以分为全向天线和定向天线。

3.2.1 全向天线

全向天线（Omni-directional Antenna）在水平方向图上表现为360°都均匀辐射，也就是平常所说的无方向性，在垂直方向图上表现为有一定宽度的波束，一般情况下波瓣宽度越小，表示增益越大。全向天线在通信系统中一般应用距离近，覆盖范围大，价格便宜。增益一般在9dB以下。对流程行业无线网络来说，通常情况下，无线网关、无线接入点、无线路由器和无线现场设备应当选择全向天线，因为无线网关、无线接入点、无线路由器需要为无线网络内所有的无线现场设备提供无线连接，而无线现场设备有的本身就是一个路由器，有的由于其位置可能会不断变化，因此，通常也选择全向天线。

最常用的全向天线是偶极天线，其辐射模式如图3-4所示面包圈形状。

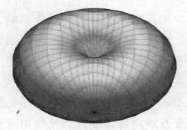

图3-4　无扰动偶极天线的辐射模式

对全向偶极天线，如果天线指向正上方，信号的最大功率是在水平面上；水平面往上或往下39°，信号的功率下降到50%；而在天线的正上方或正下方，几乎没有任何信号（见图3-5）。

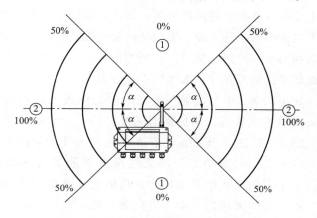

图3-5 无线电波的传播（α约为39°）
①：竖直天线上方和下方无信号；②：横向信号最强

这仅适用于天线放置在一个自由的空间，在发射端附近没有任何障碍，尤其是没有金属结构；在靠近天线的附近有金属物体时，辐射方向图明显变化。根据无线电波的波长、到金属物体表面的距离和金属物体的大小，图形改变如图3-6所示。

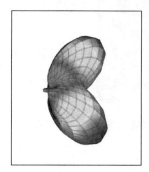 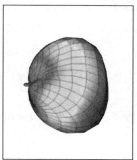 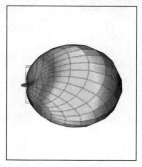

图3-6 与反射面距离不同的偶极天线辐射模式

这说明如果想让信号往各个方向传播，天线定位需要远离金属物体。当距离大于200~300mm，金属物体的影响变得较弱，开始恢复到面包圈形状的辐射模式，这就是为什么无线设备安装时要离开建筑物、金属设备一定距离（如0.5~1m）的原因。

3.2.2 定向天线

定向天线（Directional Antenna）是指在某一个或某几个特定方向上发射及接收电磁波特别强，而在其他的方向上发射及接收电磁波为零或极小的一种天线。采用定向发射天线的目的是增加辐射功率的有效利用率，提升通信距离，增加保密性；采用定向接收天线的主要目的是增强信号强度、增加抗干扰能力。

利用图 3-6 中与反射面距离不同的偶极天线辐射模式的这种效应，可以用来获得定向传播的无线电信号，它使信号集中在一个方向。图 3-7 描述了当无线设备 A 的定向天线发射出无线信号时，位于定向天线信号集中方向的无线设备 B 能非常好地接收到无线信号，位于定向天线信号非集中方向的无线设备 D 不能接收到无线信号，位于定向天线信号集中方向和非集中方向之间的无线设备 C 接收到无线信号的情况也处于两者之间，只能说可接收到无线信号，但信号不太好。对流程行业无线网络来说，个别距离无线接入点、无线路由器较远的无线现场设备，也可采用定向天线接入无线网络。

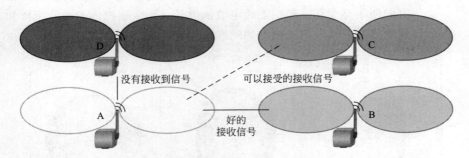

图 3-7 无线现场设备的接收质量取决于辐射模式和与定向发射天线的相对位置

3.2.3 天线特性

全向天线是沿所有方向等功率向外辐射的空中的一个点，其实际辐射模式是以天线为中心的一个球体，但辐射模式常常被描绘成三维模式的一个二维剖面。

图 3-8 显示的二维天线辐射图是两个极端：图（a）是向四面八方辐射的全向天线，图（b）是几乎只向一个方向辐射的定向天线。

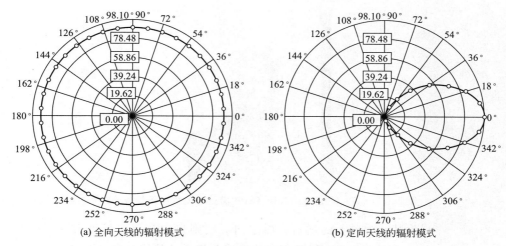

(a) 全向天线的辐射模式 (b) 定向天线的辐射模式

图 3-8 二维天线辐射图

3.2.4 天线增益

天线增益（Antenna Gain）是天线定向性的度量，是用来衡量天线朝一个特定方向收发信号的能力。天线增益是指在输入功率相等的条件下，实际天线与理想的辐射单元在空间同一点处所产生信号的功率密度之比。它定量地描述一个天线对输入功率集中辐射的程度，天线增益以 dBi 表示，如图 3-9、图 3-10 所示分别为不同增益的无线设备一体化天线和外接天线。

图 3-9 2dBi（左）和 4dBi（右）增益的无线设备一体化天线

天线增益并不意味着天线放大输入，只是辐射方向上更加狭窄，在某些方向上的辐射较为集中，故能量都集中到某些方向上去了，体

图 3-10　8dBi（左）和 14dBi（右）增益的无线设备外接天线

现为某些方向上的增益。而定向天线则集中全部能量投入到一个方向，从而提高了在聚焦方向的性能并降低了其他方向的性能。

3.3　能源供应

　　所有无线设备必须用电能供电，这可能有几个选项：电网供电、中型电池供电、可充电电池供电、太阳能供电、小型电池供电。

　　电网供电这是无线装置经常使用的一个方法，尤其是在办公室和家庭，连接电网供电不是很难；中型电池供电是指采用较大的电池供电，电池的能量可以补充或人工更换方便；可充电电池供电是指可以经常充电的电池；太阳能供电是代表新能源的一种电池，可将太阳能转换成电能向无线装置供电；无线设备平均功耗小（1mW），如采用高能量密度亚硫酰氯锂电池作为小型电池，通常情况下可以用 1~10 年。测试显示，亚硫酰氯锂电池的储电量可以达到同样尺寸碱性电池或者可充电锂离子电池的 3~5 倍，所以目前的应用是以高能量密度亚硫酰氯锂电池为主。

　　无线基础设施由电网供电，最明显的优势是能量几乎是无限的。当无线设备、需电源供电的路由器和网络中的中继器靠近主电源时，利用电网供电的电源有突出的优点。

　　然而，这种电源选项不适合移动设备或无线现场变送器等测量装置，因为电缆必须连接到这些设备上，这就不是真正的"无线"。

　　必须指出的是，如果测量结果比较重要，应考虑电网和具体供电回路的可靠性。部分电源可能属低优先级，没有配 UPS 电源或备用电源，否则保险丝熔断将断开无线装置的电源，可靠性就太差了。所以对网关和其他网络设备采用电网供电时，其供电电源应来自 UPS 不间断电源。

电池指盛有电解质溶液和金属电极以产生电流的杯、槽或其他容器或复合容器的部分空间。图 3-11 显示了不同电池类型的功率密度和能量密度。铅蓄电池（例如，汽车起动蓄电池）的能量密度和功率密度最低，锂电池最高。

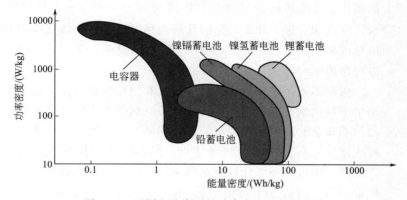

图 3-11　不同电池类型的功率密度和能量密度

家庭和办公室的笔记本电脑或手机等大量的无线设备都采用锂离子电池驱动。即使电池有高容量，仍然需要每周一次（笔记本电脑）甚至每天（手机）充电。锂电池可以得到较高容量，更适合于设备长时间的自主工作。

在一定环境中产生电能的其他形式能源方法的统称能量收集，目前比较现实的例子是采集阳光能量的太阳能电池。但太阳能电池仅能在有日照的白天提供能量，它不是一个永久电源，还必须有一个能量储存机构储存和在有需要时提供能量（见表 3-1）。

表 3-1　不同无线设备类型的能量来源

设备类型	能量来源
现场设备	小型电池供电
适配器	HART 设备供电、小型电池供电、电网供电
路由器	小型电池供电、中型电池供电、电网供电
手持设备	可充电电池供电
网关、网络管理器、安全管理器	电网供电、中型电池供电

3.4 信号加密

加密（encryption），是以某种特殊的算法改变原有的信息数据，使得未授权的用户即使获得了已加密的信息，但因不知解密的方法，仍然无法了解信息的内容。

有线通信因不接受来自外部的访问，信息受到保护；而与有线通信相比，无线通信是通过共享媒体的开放空间传送，信息可能被截获、改变和干扰。开放的空间任何人都可进入，不加密保护不能防止信息被截获。所以，无线通信所传输的信息都需要通过各种安全技术进行保护。

加密不是一个新的概念。电脑没有使用时就有古典加密方法，如整个字符或字符集是由其他方式代替。这些方法很容易破译，是过时的和非安全的，例如按规定的偏移移动字母，更换原始文本的每个字符成新的文本。英文有 26 个字母，黑客经过少于 25 次的尝试后就可以破译。还可以用统计检查某些字母，例如，在英语中，"e"字符是最常用的，当改变字符串中的"p"是最常见的字符时，可以假定，这就是原始文本中的"e"，而这就是破译的代码。图 3-12 表示的是通过移动 3 个字符的移位密码。

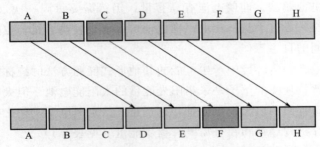

图 3-12 通过移动 3 个字符的移位密码

对无线通信来说，存在两种主要的加密方法：WEP/WPA 和 WPA2/AES。

3.4.1 WEP/WPA

WEP（Wired Equivalent Privacy，有线等效私密）是 IEEE802.11 最初提出的基于 RC4 的 RSA 数据加密技术。

WEP 是 WLAN 的原始算法，这是在数据流和一个伪随机、实时生成流之间简单的 XOR 运算结果，称为密钥流。

在上面的源编码过程中，数据流是与 XOR 密钥流相结合，结果生成在密码文本中。目标解码的工作原理相同：使用相同的密钥字符串，通过 XOR 结合的密码文本，在清晰的文本中再次生成数据流（见表 3-2）。

表 3-2　WEP 加密的概念

源		目标	
数据流	..010110001..	密码文本	..101111011..
密钥流	..111001010..	密钥流	..111001010..
XOR＝密码文本	..101111011..	XOR＝数据流	..010110001..

为了允许在接收端侧的对信息进行解密，密钥流在源和目标位置必须是相同的。因此，该算法必须是可预测的和在通信的两端是相同的，该算法被称为 RC4。在第一密钥基础上产生连续的密钥，当然，生成密钥的算法必须是秘密，以使加密有效。由于这些弱点，今天的 WEP 是不安全的，收听信息一分钟，分析揭示密钥只需几秒钟。

WPA（Wi-Fi Protected Access，Wi-Fi 网络安全接入），是一种保护无线网络 Wi-Fi 安全的系统，非常类似 WEP。但 WPA 有一些额外的功能，如动态密钥，预共享密钥（用户认证），和消息完整性检查（MIC）。

3.4.2　WPA2/AES

WPA 之后又有了 WPA2 标准，WPA2 采用一个完全不同的机制，支持 AES 加密算法。

AES（Advanced Encryption Standard，高级加密标准），又称 Rijndael 加密法，是美国联邦政府采用的一种区块加密标准，已经成为对称密钥加密中最流行的算法之一。AES 以 128 位、196 位或 256 位比特的块加密信息，根据所使用的密钥的长度，AES 被称为 AES-128，AES-196，AES-256。AES 重复一组操作几次来加密一个 128 位的块，这些重复的数字比密钥长度更重要。总体而言，一次额外的循环可以使代码安全 10 倍。数据加密的基本过程就是对原来为明文的文件或数据按某种算法进行处理，使其成为不可读的一段代码，通常称为"密文"，而只能在输入相应的密钥之后才能显示出本来内容,通过这样的途径来达到保护数据不被非法人窃取、阅读的目的。该过程的逆过程为解密,即将该编码信息转化为其原来数据的过程。

AES 是目前已知的最有效和最安全的加密算法,它是由美国政府对加密绝密文件认证的。

AES 加密过程如图 3-13 所示,它是在一个 4×4 的字节矩阵上运作,其初值就是一个明文区块(矩阵中一个元素大小就是明文区块中的一个 Byte)。加密时,各轮 AES 加密循环(除最后一轮外)均包含 4 个步骤:

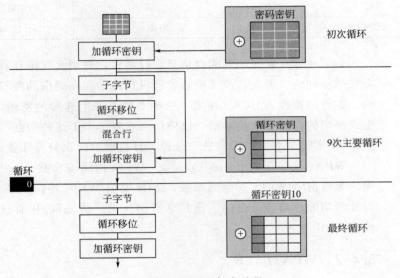

图 3-13　AES 加密过程

① Add Round Key(加循环密钥),矩阵中的每一个字节都与该次回合密钥作 XOR 运算,每个子密钥由密钥生成方案产生;

② Sub Bytes(子字节),通过一个非线性的替换函数,用查找表的方式把每个字节替换成对应的字节;

③ Shift Rows(循环移位),将矩阵中的每个横列进行循环式移位;

④ Mix Columns(混合行),为了充分混合矩阵中各个直行的操作,这个步骤使用线性转换来混合每列的四个字节。

最后一个加密循环中省略 Mix Columns 步骤,而以另一个 Add Round Key 取代。

3.4.3 加密的特殊操作模式

AES 总是加密成 128 位数据块的消息，但大多数信息更长。当然，每 128 位使用相同的密钥加密。这种工作模式被称为"ECB 模式"（电子代码簿），但这种模式不是很安全的，一遍又一遍使用相同的密钥，可能留下数据足迹。为了避免这种情况，AES 和其他块加密算法使用特殊的运行模式。

（1）计数器模式

计数器模式将块加密变成一个流加密。它通过"计数器"连续值加密的方法产生下一个密钥流块。计数器可以是产生一个序列的任意函数，虽然实际的计数器是最简单的和最流行的，但可保证很长一段时间不重复。

（2）密码块链接（CBC）模式

CBC 的运作模式是由 IBM 于 1976 年开发的。在密码块链接（CBC）模式中，每个纯文本块加密之前与前述的加密块进行异或 XOR。通过这种方式，每个加密块依赖于所有纯文本块处理到该点为止。此外，使每个消息是唯一的，必须在第一个块中使用初始化矢量。

变化的这种模式被称为 CBC-MAC，这也产生信息鉴别编码。此代码被添加到加密的信息，并在接收侧用来判断该信息是否已被改变。

（3）Counter-Mode/CBC-MAC（CCM）调制

CCM 综合了计数器模式和 CBC-MAC 模式。计数器模式部分采用信息加密，而 CBC-MAC 的部分工程采用数据集成和鉴别。

第4章
流程行业无线通信标准

4.1 ISM 频段

4.1.1 多路复用技术

为了能并行使用多个无线资源,通常在无线传输接入中采用多路复用技术,由于电磁波可以无干扰地叠加,因此只要使用不同的频段便可以不受限制地并行使用。多路复用技术(Multiplexing,又称"多工")是指两个或两个以上用户共享公用信道的一种机制,通过多路复用技术,多个终端能共享一条高速信道,从而达到节省信道资源的目的。我们平时上网最常用的电话线就采取了多路复用技术,所以你在上网的时候,家人也可以打电话了。

多路复用最常用的两个设备是多路复用器和多路分配器,多路复用器是在发射端根据约定规则把多个低带宽信号复合成一个高带宽信号,多路分配器根据约定规则再把高带宽信号分解为多个低带宽信号。在实际的工程应用里,多路复用器和分路器通常作为一个设备被一起生产和安装。当发送数据的时候,这个设备就作为多路复用器;在接收数据的时候,这个设备就作为分路器,故这两种设备常被统称为多路器(MUX)。

常见的多路复用技术包括频分多路复用(FDM)、时分多路复用(TDM)、波分多路复用(WDM)和码分多路复用(CDMA),其中时分多路复用又包括同步时分复用和统计时分复用。

4.1.2 频段的分割

频段的分割和使用受国家控制,一般来说世界各国均保留了一些无线频段。ISM(Industrial Scientific Medical)频段,是由国际通信联盟无线电通信局 ITU-R（ITU Radiocommunication Sector）定义的。此频段主要是开放给工业、科学、医学三个主要机构使用，属于 Free License，无需授权许可，只需要遵守一定的发射功率（一般低于1W），并且不要对其他频段造成干扰即可。

如图 4-1 所示，频段分配在各国的规定并不统一。如在美国 ISM 有三个频段：902～928MHz、2.400～2.4835GHz、5.725～5.850GHz，而在欧洲 900MHz 的频段则有部分用于 GSM 通信，但 2.4GHz 频段为各国共同的 ISM 频段。因此无线局域网、蓝牙、ZigBee 等无线网络，均可工作在 2.4GHz 频段上。

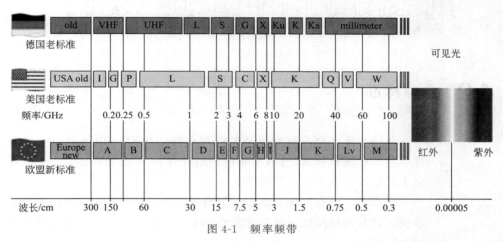

图 4-1　频率频带

两个主要的 ISM 频带是 800～900MHz 和 2.4GHz。

4.1.3　800～900MHz

在 800～900MHz 之间进一步划分范围更小的子频带，在每个国家略有不同，因此，没有全球通用的标准化产品。此外，这种无线应用必须仔细检查，以验证它是否符合本地法规。

4.1.4　2.4GHz

2.4GHz（2.400～2.4835GHz）频段是唯一的全球免费许可频段，这使得它是完美的全球标准，它可用于几乎任何地方，区分只是允许发送功率（1mW、10mW 或 100mW）。在该频段下工作可以获得更大的使用范围和更强的抗干扰能力，目前广泛应用于家用及商用领域。例如，蓝牙和 WLAN 工作在这个频率范围内，它让你几乎在世界任何地方使用笔记本电脑或蓝牙设备。图 4-2 为 IEEE802.15.4 在 2.4GHz 频带中指定的 16 个信道，每个信道的带宽是 2MHz，信道间隔为 3MHz。但因为一些国家不允许使用信道 26，所以像 WirelessHART 也不支持使用信道 26，只使用另外的 15 个信道。

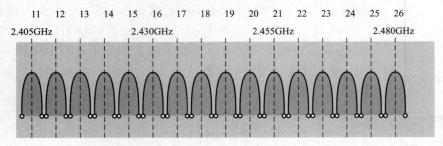

图 4-2　IEEE802.15.4 在 2.4GHz 频带中指定的 16 个信道

4.2　全球标准

通信标准已经发展到设备的互操作性，IEEE（电气和电子工程师学会）已发布标准，LAN 通信的组处理标准是 IEEE802，在此基础上，已经开发了几个子标准。

基本上，所有的标准都定义了物理层（提供传送数据通路并传输数据）和数据链路层（包括逻辑链路控制 LLC 子层和媒体访问控制 MAC 子层）。

4.2.1　IEEE802.11（WLAN）

IEEE802.11 和扩展，所指定的字符（如 802.11g）描述了一个本地无线通信电波标准。这是众所周知和广泛使用的无线局域网（Wireless Local Area Network，WLAN）的基本标准。

无线局域网的名称，来自定位在某个区域以无线网络覆盖可节省布线的应用。人们可以看到，WLAN 接入点安装在公共场所，如机场、公共建筑、当地的商店，整个机场或机场的某些区域提供了无线基础设施并可用于访问互联网。要启用此功能，对于以较高的数据传输速率增加发送功率和范围来说，WLAN 是最优的。

WLAN 使用第 3.1.2 节中介绍的 DSSS，WLAN 信号的带宽是 22MHz，共划分成 14 个信道。由于在 IEEE802.11b/g 中两个中心频率之间的距离指定为 5MHz，WLAN 信道 1 的中心频率为

2.412GHz，频谱为 2.401～2.423GHz。通道 2 使用的中心频率为 2.417GHz，频谱为 2.406～2.428GHz。由于这两种频谱重叠，这样可以保障通信带宽的同时防止所有通道同时使用。图 4-3 为 IEEE 802.11 在 2.4GHz 频带中指定的信道。

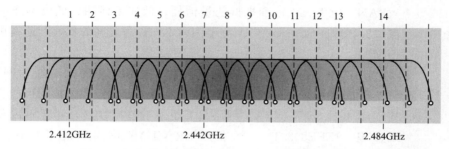

图 4-3　根据 IEEE802.11 在 2.4GHz 频带中指定的信道

4.2.2　IEEE802.15.1（WPAN/蓝牙）

IEEE802.15 是无线个域网（Wireless Personal Area Network，WPAN）的基础。在这里，范围小于无线局域网，通常仅有数米，第一个子标准 IEEE802.15.1 被称为蓝牙技术，其创始人为爱立信公司。例如，一部手机使用蓝牙耳机只有一两米的范围。手机可以装在口袋里，并通过无线蓝牙耳机进行操作。

蓝牙数据传输速率相对较高，面向中等速率的应用。此外，蓝牙功耗远比 WLAN 低，以便适用于个人移动通信产品使用，截至目前最新版本为蓝牙 4.0。

如图 4-4 所示，蓝牙或 IEEE802.15.1 采用 FHSS（跳频扩频）来保证抗干扰的鲁棒性；它将频带划分为 79 个信道，每个信道宽度为 1MHz，信道之间的改变可高达每秒 1600 次。

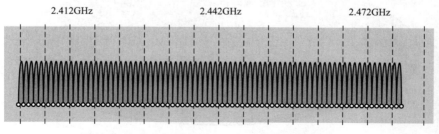

图 4-4　IEEE802.15.1 在 2.4GHz 频带中指定的信道

4.2.3 IEEE802.15.4（低速率 WPAN/ZigBee）

IEEE802.15.4 是 IEEE802.15 的另一个子标准，针对低速无线个人区域网络（low-rate wireless personal area network，LR-WPAN）应用。该标准把低能量消耗、低速率传输、低成本作为重点目标，旨在为个人或者家庭范围内不同设备之间的低速互连提供统一标准。

LR-WPAN 网络是一种结构简单、成本低廉的无线通信网络，它使得在低电能和低吞吐量的应用环境中使用无线连接成为可能。与 WLAN 相比，LR-WPAN 网络只需很少的基础设施，甚至不需要基础设施。IEEE802.15.4 标准为 LR-WPAN 网络制定了物理层和 MAC 子层协议。在 868/915MHz、2.4GHz 的 ISM 频段上，数据传输速率最高可达 250Kbps。由于 LR-WPAN 网络的特征与传感器网络有很多相似之处，很多研究机构把它作为传感器的通信标准。

ZigBee 是基于 IEEE802.15.4 标准的一项新兴短距离无线通信技术，面向的应用领域是低速率无线个域网，典型特征是近距离、低功耗、低成本、低传输速率，主要适用于自动控制以及远程控制领域，目的是为了满足小型廉价设备的无线联网和控制。如楼宇自动化解决方案的实施，这里的信息是非常有限的，仅有开关或温度设定必须传输，以开关灯光或改变所需的温度。事实上，温度可以很容易地进行 2 字节的编码，这些操作元件的电池能持续使用 10 年。

4.2.4 比较

一般来说，如图 4-5 所示，无线网络可以分组为 WPAN（无线个域网）、WLAN（无线局域网）、WMAN（Wireless Metropolitan

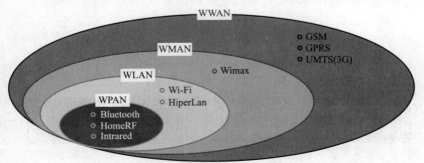

图 4-5　WPAN、WLAN、WMAN、WWAN 标准

Area Network，无线城域网）和 WWAN（Wireless Wide Area Network，无线广域网）。

正如他们的名字一样，这些解决方案在范围和数据传输速率方面的属性对于个域网、局域网、城域网、广域网都是最优的。

数据速率和范围的属性如图 4-6 所示。

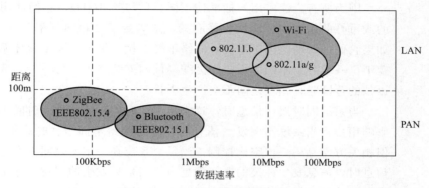

图 4-6　无线标准的范围和数据速率

4.2.5　共存

在一个真实的环境中，存在不同的无线通信，并行并且共享相同的传输介质和开放的空间，因此，它们可能相互影响。当单一的数据包发生碰撞并摧毁或改变对方时，可确认存在这一影响。当时间、频率、位置三个方面结合时，这种情况发生（见图 4-7）。

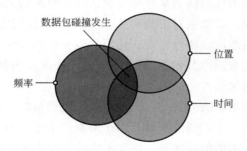

图 4-7　时间、频率和位置重叠造成共存问题

或者换句话说：当两个系统同时以同一频率在同一地点发送数据包时，数据包可能发生碰撞并摧毁对方。

对用户直接产生影响的是两个条件：位置和频率。

当两个网络彼此接近时，它们的范围重叠，这满足了"位置"的条件。范围主要是由发送功率和环境确定的。当它们使用不同的频带（例如，2.4GHz 和 900MHz）或它们使用不同频带的信道（例如，使用根据 IEEE802.11 的信道 1 和信道 6）时，网络不会彼此干扰。通过频带中的信道选择或将另一网络使用的信道列入黑名单，以确保所选信道在该区域内不重叠。

因为所有广泛应用的标准使用同一频段 2.4GHz，它们使用相同的或重叠的信道的可能性也是有的，这满足了"相同频率"的条件。如果它们的活动范围不重叠，网络不受干扰。例如，一个蓝牙系统覆盖工厂一端一个小的区域，而无线局域网安装在工厂另一端蓝牙区域以外的范围时，相互之间不会产生干扰。

当系统同时发送信息时，这满足了"时间"的条件。时间不直接影响用户，当系统需要发送消息时，两个网络不同步、时序不一致，但相关方面是用户占空比控制。当每个系统在一定的时间内发送越多信息时，信息发生冲突的概率就越高。当信息发生冲突时，通常是再次发送信息，但是当两个系统在一定的时间内发送和再次发送多次时，有可能使某些点通信过于繁忙，通信完全丢失。因此，重要的是检查每个系统的占空比并估算所有的系统的整体占空比是否过高。

当这三个方面中的至少有一个条件与其他两个脱钩时，共存才有保证。这些例子说明，正确的无线网络规划是必要的，而不先规划就急忙安装无线网络是必须避免的。

在实际生产现场，有时不同频率的通信系统的使用也会带来干扰，一个干扰的例子是宽带干扰。许多原来的无线系统发射功率都很高，例如，高功率对讲机的人员通信系统使用 800MHz 高频的发射功率，虽然该设备可以合法使用，但发射的宽带干扰可能扩展至几个 GHz。这会减小其他网络的信噪比，从而影响到 2.4GHz ISM 频段的无线网络。

简单的解决方案是在上述高功率对讲机的人员通信系统的所有设备上安装一个带通滤波器，用于限制产生干扰的无线设备只发射允许频谱范围内的射频能量。图 4-8 所示为安装带通滤波器之前和之后的宽带干扰对比。

4.2.6 结论

① 不同的无线标准具有不同的特性；

② 一般来说，通信速度和通信距离之间有一个权衡；

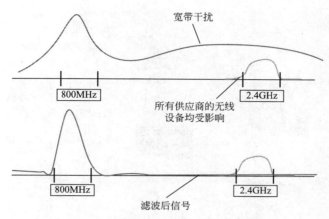

图 4-8 安装带通滤波器前后的宽带干扰对比

③ 随着数据传输更快，范围则较小，反之亦然。当然，调制其他参数可影响传输范围，如发射功率、天线或调制增益等；

④ 选择无线标准必须按应用程序从多个方面考虑，如电池的使用寿命、范围和数据速率；

⑤ 由于所有不同的属性和参数可以进行调整，没有任何一个无线系统可用于所有的应用，所以每一个应用需要适合自己的无线系统；

⑥ 在同一频带中设置不同的无线系统是可能的；

⑦ 应做一些特殊的关注和思考以确保适当的共存。

4.3 网络拓扑

由于无线网络可以包含两个以上参与者感兴趣的网络组织、网络的架构、包括星型（Star）、网状（Mesh）、星形网状（Star＋Mesh）混合拓扑结构。网络的拓扑结构适合于特定应用的网络设计，包括发送数据的多少、频度、传输距离、电池寿命、传感器节点的移动性和变化的程度。

4.3.1 星形拓扑结构

使用星形拓扑结构（见图 4-9），每个无线现场设备将数据直接发送到网关，从网关将数据发送到其他系统，星形网络提供了最快的

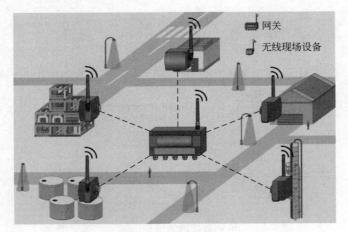

图 4-9 星形拓扑结构

数据采集速度。

一个星形拓扑结构是一个单跳系统,在该系统中,所有的无线现场设备节点是在被称为网关的直接通信范围内(通常为 30～500m)。星形结构所需的额外管理开销非常少且不需要中转数据,在各种不同的网络拓扑结构中其所消耗的总功率是最少的;但是在该拓扑结构下,每个节点可以发送信号的距离是有限的。这种拓扑结构适合安装在要求最低功耗且传送范围有限的场所。

4.3.2 网状拓扑结构

在网状拓扑结构中,存在多个充当路由器角色的设备,该设备既可由无线现场设备兼任也可是只单纯具备数据转发的路由设备,发送和接收来自其他现场设备或网关的数据。自我配置网络自动确定数据从现场设备到网关最佳的路径,而故障路由器所影响的周围数据将自动重新发送。

网状拓扑结构是多跳系统(见图 4-10),在这里,远端的无线现场设备数据通过中间路由器的多次中转后传送到网关。当确认某个节点故障后,网络本身会根据发送数据的要求重新寻找合适的路径进行传输。网状网络具有高故障容错,因为每个现场设备节点有多个路径,通过它可以向网关和其他节点获取数据。与星形拓扑结构相比,多跳技术支持更大的通信范围,但消耗更多的电能,这是网络高占空比的后果。现场设备节点必须始终"听"信息,或通过网格的规定路径作变化。根据节点数量的不同和它们之间的距离，当现场设备的数据通过多个节点中转到网关时，数据延时将变得非常高，故在实际工业无线网络应用中，网络将有关于最大跳数的建议。当网络所需覆盖的范围大、设备会移动或要求冗余通信路径时，可选择这种拓扑结构。

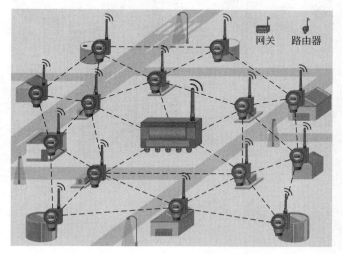

图 4-10　网状拓扑结构

4.3.3　星形网状混合拓扑结构

星形网状混合拓扑结构结合了星形和网状拓扑结构的优点，具有星形网络的速度和网状网络的自我修复能力。现场设备可以是任一端点或路由器，这取决于它们在系统中使用的地点。

星形网状混合拓扑结构（见图 4-11），结合星形网络的低功耗、简单的扩展通信范围和网状网络的自愈性能。星形网状混合组织中的星形拓扑结构将现场设备节点布置在路由器周围，反过来，将路由器布置在网状网络中，路由器用于扩大网络通信覆盖范围，并提供容错。由于无线现场设备节点可以与多个路由器进行通信，如果其中一个出现故障，或者如果无线链路受到干扰，网络本身重新配置路由路径。星形网状网络提供了最高程度的现场设备节点到网络的快速变化的机动性和灵活性。总体而言，对于超出 30～100m 的网络，它消耗最少的功率。这种拓扑结构提供了冗余路径，同时最大限度地减少电源消耗。

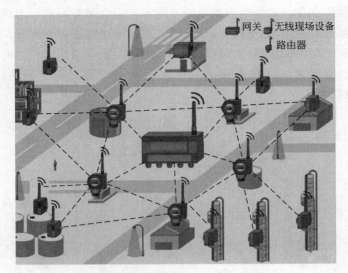

图 4-11　星形网状混合拓扑结构

第5章
流程行业无线网络应用的分类和设备类型

5.1 流程行业无线网络应用的分类

ISA（国际自动化学会）下属的 ISA100 工业无线标准化工作委员会和 NAMUR（德国测量与控制标准委员会）按照流程行业应用中的一般条件，已经分别确定 6 类应用（0～5）和 3 类（A、B、C）应用，根据对应用中安全性、可靠性和传输时延的不同要求，从不是非常重要的到绝对必要的逐类列出（见表 5-1）。

表 5-1 流程行业无线网络应用的分类

类别	ISA100	NAMUR	应用	说明	举例
安全	0	A	紧急动作	始终关键	安全连锁、紧急停车、火灾控制
控制	1	B	闭环调节控制	通常关键	执行机构控制、快速回路控制
控制	2	B	闭环监督控制	通常非关键	低速回路控制、多变量控制、优化
控制	3	B	开环控制	人工控制	人工报警、安全阀遥控、人工操作泵/阀门
监测	4	C	报警	短期操作结果	基于时间的维护、电池低压报警、事件跟踪
监测	5	C	记录和下载/上传	不产生直接的操作结果	历史数据采集、预防性维护、事件顺序报告（SOE）

目前流程行业无线应用主要集中在 ISA100 定义的 3～5 类，但其设计的最终目标是涵盖 1～5 类。根据英国石油公司的数据，1～5 类应用数量的比值大致为 1∶2∶4∶10∶10，即 3～5 类大致占 90% 的比例，可见其应用面是非常宽的。

对3~5类流程行业无线应用来说，传输等待时间不是关键问题，因为当信息丢失时，还有足够的时间来重发信息或通过网状网络重新路由；对于1~2类的应用，必须采取特殊的措施来达到时间要求、控制要求，并避免降低信息的有效性。

5.2 工业无线网络的设备类型

国际上目前引起业界广泛关注的工业无线网络通信标准主要有WirelessHART、ISA100.11a和WIA-PA。这些标准虽然各有特点，但从构成无线网络通信的设备类型（Device type）上讲，还是差别小而共同点更多。

一般来说，工业无线网络包括了以下设备类型（见图5-1）：

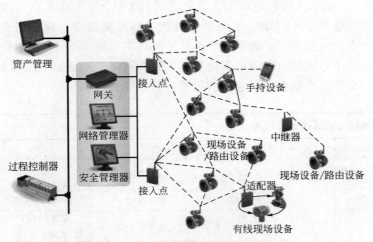

图5-1　工业无线网络的设备类型

① 现场设备：是连接到工业过程上用来测量或者控制工业过程，实现现场检测、数据处理、执行机构等的终端节点；

② 路由设备：是一种能为一个网络设备无线转发数据到另一个网络设备的设备，即提供路由器服务的设备，可以由支持路由功能的现场设备承担，也可以是独立的路由设备；

③ 适配器：将有线HART协议或其他协议的设备连接到无线网络的设备，使有线HART设备或其他协议的有线设备升级为无线现场设备；

④ 中继器：用于强化无线现场网络，如用于扩展无线网络通信范围或改善通信质量的设备；

⑤ 手持设备：操作人员现场移动时随身携带的可连接到无线网状网络的设备，用于网络设备的安装、维护和操作；

⑥ 接入点：是一种位于网关和工业无线网络之间的网络设备，接入点的一侧与工业无线网络相连，另外一侧是与网关的外部连接，如以太网、Wi-Fi网络或专用网络；

⑦ 网关：作为上位机与工业无线网络之间的桥梁设备，能用于两个不同网络间的协议转换，使两个或两个以上不同协议的网络看起来像同种协议的网络一样，并且还能实现命令和数据的格式转换；

⑧ 网络管理器：一种应用程序，负责整个网络的管理、调度和优化，如网络的形成、配置新网络设备、让新网络设备加入网络以及监测网络；

⑨ 安全管理器：一种应用程序，用于管理网络设备的安全资源和监控网络安全状态，如生成和管理工业无线网络所用到的密码信息，也负责生成、存储和管理各种密钥。

实际的工业无线网络设备往往同时具备几种设备类型的功能，比如现场设备可能具有路由设备功能，接入点具有网关功能，网关具有网络管理器、安全管理器的功能等。

对不同的工业无线网络标准，对不同公司的工业无线网络产品，或者说对某个具体应用，可能只有以上工业无线网络设备类型的一部分，如只有现场设备、适配器、网关或只有现场设备、接入点、网络管理器、安全管理器。

当我们对各种工业无线网络标准的设备类型作了一些初步了解和分析后，可以知道不同标准之间或同一标准不同架构产品之间的差异，从而能较为深入的理解不同标准、不同架构产品的特点。

5.2.1 现场设备

现场设备是变送器、执行机构等终端设备，即能够提供测量值或能够向执行器给出指令的设备。通常是生产厂家在原有有线现场设备的基础上进行一些优化改造（如低功耗改造）而成。变送器通常是用来测量温度、压力、流量、物位、成分、振动、腐蚀量等生产过程中涉及的参数，执行机构包括阀门之类的终端控制设备。

WirelessHART工业无线网络的现场设备要求首先是HART现

场设备，遵守 HART 现场设备的要求，支持所有 HART 通用命令、一些 HART 常规命令及针对 WirelessHART 设备定义的标准化的命令和程序。它包括各种无线压力、温度、分析、阀门位置、振动、开关量等参数的变送器。

ISA100.11a 工业无线网络中霍尼韦尔的 OneWireless 无线现场设备的品种有两类：一类支持 ISA100.11a 通信的无线变送器，另一类支持 802.11Wi-Fi 通信的无线设备。支持 ISA100.11a 的无线变送器包括：无线压力、温度、腐蚀量、开关量、模拟量、多输入组合、雷达、阀门回讯等变送器；支持 802.11Wi-Fi 的无线设备包括：无线设备振动（健康状态）监测变送器、无线读表器、无线视频、移动工作站、无线巡检等。

WIA-PA 工业无线网络的无线现场设备目前提供的无线设备有无线温度变送器、无线压力变送器、无线 I/O 设备（可接 AI/AO/DI 等类型信号）、无线称重变送器、无线 HART 适配器、无线核探测头变送器、无线油井示功仪、无线投入式液位计、无线红外测温变送器、无线温湿度变送器、无线油井注水阀门控制器、无线可燃有毒气体变送器等。

5.2.2 路由设备

路由设备是一种能为一个网络设备转发数据到另一个设备的网络设备（Router），它用于加强现场无线网络（通过添加额外通信路径）或扩展指定网状网络的覆盖区域。路由设备可以自寻找相邻的现场设备并形成工业无线现场设备网络，所以，路由设备的工作包含两个基本的动作：确定最佳路径和通过网络传输信息（即数据交换）。

WirelessHART 系统中的无线现场设备通常具有路由功能，距离无线网关较远或与无线网关之间有障碍物的无线现场设备可通过确定最佳路径由邻近的无线现场设备路由，将其信息传送到无线网关，这是路由功能最大的优点。解决方案的主要特征是现场仪表配置路由功能，即每台无线现场设备不仅测量自己的过程参数，同时还可以为其他仪表的通信进行路由。

WIA-PA 系统早期有专用的路由设备，而且是可以接受多台现场设备信号的路由设备。但据了解，目前路由功能均作为无线现场设备功能的一部分提供。

ISA100.11a 同样支持无线现场设备兼路由功能或专有路由设备。

霍尼韦尔的 OneWireless 的早期版本不支持路由功能，即无线现场设备不带路由功能，这就要求作为无线网关的多功能节点 Multinode 以及随后推出的现场设备接入点 FDAP 与所有无线现场设备之间没有障碍物，能直接通信。2010 年 6 月推出的版本 R200 中，无线现场设备通过组态可以执行或不执行路由功能。当组态为执行路由功能时，它与 WirelessHART、WIA-PA 系统在路由这一点上就没有区别；当组态为不执行路由功能时，现场设备接入点 FDAP 和多功能节点等接入点设备应直接与区域内所有无线现场设备通信，其优点是减少数据无线传输的跳数，加快数据刷新率，降低数据传输的不确定性时延及安全风险，提高可靠性，同时减少无线现场设备电池能量的消耗，延长电池的使用寿命。不支持路由功能的现场设备又被称为精简功能设备，支持路由功能的现场设备又被称为全功能设备。

无线现场设备可以带路由功能；路由设备也可以是专用的，它只完成路由功能；后面介绍的接入点、网关也可以作为路由器使用。表 5-2 是 3 种路由设备方案的比较。

表 5-2　3 种路由设备方案的比较

路由设备类型	特　　性	应用场合
无线现场设备	● 电池供电 ● 现场设备之间的距离受限	● 支持少量的下游现场设备路由 ● 充当路由器时消耗更多的电池电量 ● 较慢的刷新率、较低性能要求的中小规模网络优选
专用路由设备	● 线路供电（或电池供电） ● 与现场设备之间的距离受限	● 支持少量的下游现场设备路由 ● 强化网络性能，改善通信质量
接入点、网关	● 线路供电 ● 现场设备数量多 ● 现场设备与接入点、网关之间的距离较远	● 安装位置可调整，可支持直接与更多现场设备通信 ● 首选要求更快刷新率、更高性能、更大规模的网络

5.2.3　适配器

适配器（Adapter）可连接到有线 HART 设备上，可通过 4～20mA 回路和工业无线网络提供并行通信路径，适配器与两线制有线 HART 设备的接线示意图见图 5-2，适配器供电有 2 种方式：由有线 HART 设备供电［见图 5-2（a）］，外接 24VDC 供电［见图 5-2（b）］。

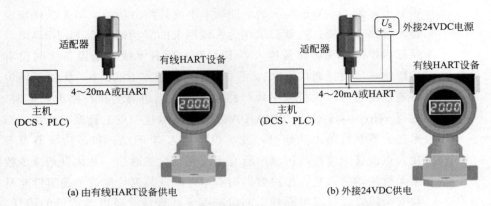

(a) 由有线HART设备供电　　　　(b) 外接24VDC供电

图 5-2　适配器与两线制有线 HART 设备的接线示意图

适配器主要有四个用法：

① 由于主机系统的限制，可能在 4～20mA 回路上无法检测到 HART 信号，不能进行 HART 诊断访问；

② 向本身没有无线功能的 HART 设备提供无线通信；

③ 设备信息可能没有直接进控制系统的入口，启用后可访问多个用户，在这种情况下的 4～20mA 信号发送到控制室，而无线 HART 信号用于维护人员或其他人员访问的参数和诊断数据；

④ 作为无线中继器。

已经在生产过程中使用的有线 HART 现场设备，或者某些检测参数已经有 HART 现场设备但还没有相对应的可用于工业无线网络的无线现场设备，那么可以采用适配器与 HART 现场设备相连（见图 5-3），然后通过工业无线网络进行通信。适配器支持与其相连的现场设备之间的 HART 通信，从 HART 设备上获得回路供电及 HART 信息，但它不影响 HART 设备原先的模拟信号传送。也就是

(a) WirelessHART适配器　　(b) OneWirelessHART信号的无线转接模块

图 5-3　安装在有线 HART 设备上的适配器

说，适配器允许现有的 4~20mA 信号与数字无线信号同时运行。通过适配器可将任何一个普通的 HART（可能要求 HART5.0 或以上版本）设备升级成准无线设备接入无线网络。适配器的简化版尺寸短小，可以直接通过螺纹接口拧在变送器本体上，看起来与有线 HART 现场设备一体化了，甚至可以将这个一体化的有线 HART 现场设备当作是准无线现场设备接入无线网络。

适配器通常由以下几部分组成：与有线 HART 现场设备连接的 FSK（频移键控）端口，工业无线网络协议栈和天线，对外的 FSK 端口。

图 5-3（a）所示为安装在有线 HART 现场设备上的 ABB 公司的 FieldKey NHU200 无线适配器；图 5-3（b）所示为霍尼韦尔的 One-Wireless HART 信号无线转接模块，它将有线 HART 现场设备转接到 ISA100.11a 工业无线网络，转接到 WIA-PA 工业无线网络的设备也有，它被称为 WIA 适配器。但目前各厂家提供的无线适配器略有不同，艾默生过程管理公司的无线适配器不带电源模块，需要外部供电或依靠有线 HART 现场设备供电；霍尼韦尔的适配器内部含电池，但只能给自身的无线通信模块供电而无法对变送器进行供电；横河电机公司的无线适配器通过自带的电池进行供电，除了给自身的无线模块进行供电外还可以直接向有线 HART 现场设备供电，对有线 HART 现场设备进行更为彻底的无线化改造。

一般 1 台适配器支持 1 台 HART 设备，菲尼克斯公司的 RAD-WHA 适配器支持最多 4 台 HART 设备；西门子公司 SITRANS AW200 WirelessHART 适配器在多线路模式下支持最多 4 台 HART 设备，SITRANS AW210 WirelessHART 适配器在多线路模式下支持最多 8 台 HART 设备。

对工业无线网络来说，适配器往往是一个最基础的产品，以 WirelessHART 产品为例，除了爱默生过程管理有较完整的各种无线现场设备类型之外，目前其他生产厂商推出的产品只有适配器、网关或者再加上压力、温度无线现场设备。比如 ABB 公司的 WirelessHART 产品仅有 FieldKey NHU200 无线适配器和网关，E+H 公司、菲尼克斯公司的 WirelessHART 产品也是仅有适配器和网关，P+F 公司的 WirelessHART 产品仅有适配器、网关、温度无线现场设备，西门子公司的 WirelessHART 产品仅有适配器、网关、温度无线现场设备、压力无线现场设备。

当需要将有线 HART 设备开发成高度集成的无线 HART 设备时，可在 HART 适配器的基础上作如下的改动：去除内部的 FSK 连接，将 HART 设备和适配器的电路整合成一块电路，将大部分软件（如堆栈）保留在适配器中。

截至目前为止，包括科氏质量流量计、涡街流量计、电磁流量计等类型的变送器还没有"原生"型的无线现场设备类产品，而需要借助适配器接入无线网络。有线 HART 变送器加配备电池供电的适配器，其电池寿命远不及"原生"的无线现场变送器，比如同为压力参数检测，存在无线压力变送器或有线压力变送器加适配器 2 个选型方案，而首选方案是无线压力变送器。

还有一些厂商推出连接其他标准的适配器，如横河电机 2014 年推出的适配器除支持有线 HART 协议外，还有支持 RS485 Modbus 标准的适配器，近期还将推出覆盖其他标准，如 FF、Profibus-PA 等现场总线的多协议无线适配器产品；中国中科博微公司的 RS485/232 无线透传模块是一款针对现有的 RS485/RS232 总线开发的适配器无线解决方案，可实现 RS485 总线和无线通信之间的透明传输。

5.2.4 中继器

中继器（Repeater）是通过增加额外的通信路径来加强无线现场网络的稳定性和通信范围的一种无线现场设备，也可称专用路由器。

对中继器没有特殊的要求，中继器设备的管理应像任何其他无线现场网络设备一样，受所有无线现场网络设备技术特性的制约。

在现有工业无线网络的产品系列中，还没有找到专用的中继器，替代的方案是采用有路由器功能的现场设备或适配器。采用有路由器功能的现场设备时，通常选用价格较低的类别，如爱默生过程管理公司的适配器、248 无线温度变送器、702 型无线开关量变送器；当采用无线现场设备作为中继器使用时，应将刷新率设置为最低，这样可以延长电池寿命。

5.2.5 手持设备

手持设备（Provisioning Device Handheld）是由工厂人员操作的便携式设备，例如加固的或防爆的个人数字助理（PDA），移动 PC 等。手持设备由无线操作者用来与无线网络连接，这些设备可以移动，当它移动到某个位置的时候，就会建立与本地网络的连接，并与一个或更多的网络设备通信；当通信结束时，它将断开与网络的连接。手持设备被用于网络设备的安装、维护和操作，它是一种口袋大小的计算设备，通常有一个小的显示屏幕、小型的键盘输入或触控输入，它通过网关来实现与工业无线网络设备的通信。对于工业无线网络而言，这类手持设备就像另一个上位机，操作人员在离开控制室之后仍能从工厂内的任何地点获得过程参数、维护数据、画面、报警、组态信息，并监测报警和事件。也可按照实时运行工况来执行操作，使用过程数据或设备数据进行故障排查、了解文档工作状态或者使用集成的条形码技术采集信息。

ISA100.11a 工业无线网络中，霍尼韦尔的 OneWireless 手持设备有 IntelaTrac PKS 无线手持巡检设备、移动工作站（见图 5-4）以及移动气体检测仪、现场巡检仪，无线巡检仪支持采集现场数据、安排巡检人员严格按照规定的线路及内容巡检，当发现现场异常工况时，可为关键设备提供最新的状态数据。移动工作站支持运行人员在现场（甚至在危险区域）使用，以无线的方式获取控制系统的实时视图。它有以下 3 种版本：无线接入 eServer 标准版——支持设备通过网络单独访问过程信息，查看工厂数据；无线接入 eServer 增强版——支持动态读取过程信息，只支持读取功能；无线接入工作站——基于手持设备的功能完善的 Experion 工作站，对于由专门操作人员和手持设备许可系统严格控制的各种操作变化，Experion 系统同样可以支持。

(a) IntelaTrac PKS无线手持巡检设备　　(b) 移动工作站

图 5-4　OneWireless 无线网络手持设备

艾默生过程管理公司则采用加固的或防爆的 PC 或 PDA 等手持设备供移动作业人员使用，以访问过程数据、排除故障或执行操作。

5.2.6　接入点

接入点（Access Point）是负责从无线现场设备网络接收数据包

并上传给网关或下发来自网关的数据,起无线现场设备与网关之间的桥梁作用。如果系统规模很小,网关可以直接连接为数不多的无线现场设备;当系统规模增大时,往往需要有多个接入点,接入点将众多的无线现场设备数据采集后送到网关,这种情况下可以提高网络的有效吞吐量和可靠性,特别适合于要求更快刷新率、更高性能的网络,所以接入点是一种位于网关和工业无线网络现场设备之间的一种网络设备。

接入点的一边与工业无线网络现场设备相连,另外一边是一个外部连接。这个外部连接可以是一个以太网、Wi-Fi 网络或一个专有网络。但接入点通常不直接与过程控制设备相连,而是通过一个工业无线网关和上位机或控制系统连接。

流程行业无线网络产品早期都只有网关,稍后有的增加了 Cisco AP 节点设备作为接入点,接入点又分为网格接入点(Mesh Access Point,MAP)和根接入点(Root Access Point,RAP)。网格接入点是 Mesh 网络的远程接入点,它作为无线现场设备网络和 Wi-Fi 网络的接入点,这是所有接入点的默认角色;根接入点具有到有线网络或服务器的光纤、有线以太网或电缆连接器连接,作为到有线网络的"根"或"网关"。我们还可以将接入点看作是网关的 I/O 模块,只不过可以在物理位置上与网关分开。

网格接入点用于采集无线现场设备的信息,多个网格接入点又以 Wi-Fi 无线方式将多个无线现场设备的信息传送到根接入点,根接入点与控制系统以有线 Modbus TCP/IP、OPC(OLE for Process Control,用于过程控制的 OLE)等方式连接。

现场设备数量不多的 ISA100.11a 中小型网络,且通常用于非关键、不需要快速更新率的监控系统,这类小型网络可以采用现场设备接入点(Field Device Access Point,FDAP)覆盖 ISA100.11a 网络,然后 FDAP 作为路由器将信息传送到作为网关的多功能节点(Multinode),也可以直接通过以太网交换机连接到无线管理平台 WDM,这样的系统可以不用网关。

霍尼韦尔的 OneWireless 工业无线网络可以有多种接入点选择。如选择现场设备接入点 FDAP,只能接受从 ISA100.11a 无线现场设备来的数据;如选择多功能节点 Multinode 作为接入点,除 ISA100.11a 无线现场设备来的数据外,还可作为 IEEE802.11a/b/g Wi-Fi 客户端基础设施的接入点,支持无线视频、移动工作站、振动监测等多种无线通信；如选择思科公司 Cisco1552S AP 作为接入点，又增加了 IEEE802.11a/n（Mesh 网络），且带宽加大、通信速度加快、通信距离加长。

当需要强化无线网络功能时，可选择路由器或接入点，但考虑到接入点能提高网络的吞吐量和实现网络冗余，选择一台接入点优于选择一台路由器。

接入点也可以看成为网关的 I/O 模块，只不过在物理位置上可以相互分开；当有多个子网时，多个接入点接入各个子网的无线现场设备的信息后，相互间构成骨干网，采用无线或有线通信的方式将信息传送到网关，但这里所采用的通信方式不是由该无线通信标准所授权的。

5.2.7 网关

网关（Gateway）是一种网络设备。它包含了至少一个上位机接口（如串行口或以太网口），并充当上位机和无线现场设备间通信的出入口。

网关将无线网络接入有线网络，实现异构网络之间的协议转换。通过连接以太网、串行口或其他现有控制装置通信网络，能在无线现场设备和主机之间通信，管理无线现场设备和网络安全。从概念上讲，网关是配线柜和接线箱的无线版本。

每个网络可以安装一个或多个网关，多个网关间可以相互冗余。

WirelessHART 工业无线网络 1420 智能无线网关（西门子公司有 IE/WSN-PA LINK 网关，E+H 公司有 Fieldgate SWG70 网关等）是现场无线网络和主机控制系统多种通信协议的接口，1420 智能无线网关接口类型有 Modbus、TCP/IP、OPC、以太网等。与 DeltaV 或 Ovation 的集成可以选择 Modbus 或 OPC 的方式，如果 DeltaV 是 10.3 以后的版本，智能无线网关可以像控制器一样直接挂在 DeltaV 的控制网络上。

ISA100.11a 工业无线网络中，霍尼韦尔 OneWireless 的多功能节点 Multinode 可以作为网关同 DCS、PLC 进行数据集成，两个 10/100Mbps 以太网通信口可以同时接在一个交换机上，用于控制系统的通信，多功能节点以 Modbus、TCP/IP、OPC 用于与控制系统的有线互联。在最新采用 Cisco Aironet 1552S AP 构建的 OneWireless 工业无线架构中，现场设备接入点 FDAP、多功能节点 Multinode、思科 Cisco 1552s AP 均称之为接入点，而无线管理平台 WDM 才称之为网关，它是单一的 ISA100.11a 无线现场设备网络中心管理组件，负责组态、调度和无线现场设备网络的安全。采用工业标准协议，如 HART、Modbus TCP、Modbus RTU、OPC，支持 ISA100.11a 的数据与现有的控制系统集成，WDM 主机的接口将现场设备数据连接到控制应用中。

WIA-PA 网关负责整个 WIA 网络的管理、调度和优化，设定和维护网络通信参数，统一为网络设备分配通信资源和路由，配置 WIA 网络的运行，调度 WIA 网络设备间的通信，监控并报告 WIA 网络的运行状态。支持一个或多个网格接入点和服务接入点，网格接入点提供连接其他网络的接口，如串口和以太网；服务接入点为上位机提供访问和管理 WIA 网络的接口，如 OPC、XML、HART。

5.2.8 网络管理器

网络管理器（Network Manager）负责工业无线网络的形成、配置新网络设备、让新网络设备加入网络、管理网络资源以及监测网络，还可以收集无线网络性能和诊断信息，当网络运行时，获取的这些信息用于观察和分析无线网络行为。如果发现了问题，可执行对无线网络重新配置。

5.2.9 安全管理器

安全管理器（Security Manager）生成并管理网络所用到的密码信息，也负责生成、存储和管理各种密钥。安全管理器和网络管理器应在彼此间建立连接，并维护这个连接以支持设备入网请求和建立会话，它们协同工作以保证网络免受外来威胁。

霍尼韦尔的 ISA100.11a 标准规定了设备的逻辑角色，一个逻辑角色是一个功能的选择。如果一个设备扮演某种逻辑角色，那么它必须能够实现标准规定的相应功能。ISA100.11a 标准规定了设备的逻辑角色包括：系统管理器、安全管理器、网关、骨干路由器、系统时钟源、配置、非路由设备、现场路由器。设备类型包括：现场设备和基础结构设备。一个 ISA100.11a 网络必须有至少一个系统管理器和一个安全管理器，可能有一个或多个网关；而一个物理设备可能承担多个逻辑角色，比如网关可同时承担系统管理器和安全管理器的逻辑角色，专用路由器同时承担了骨干路由器的逻辑角色，有的现场变送器承担现场非路由设备的逻辑角色，有的现场变送器承担现场路由设备的逻辑角色，掌上型电脑承担了非路由手持设备的逻辑角色。

　　工业无线网络包括了多种设备类型，但每一种设备类型往往还承担其他设备类型的功能，如现场设备可承担路由设备功能，适配器可承担路由设备功能、中继器功能。制造商通常选择将网络管理器、安全管理器功能集成到网关中，如艾默生过程管理公司的 WirelessHART1420 智能无线网关就包含了网络管理器、安全管理器的功能，霍尼韦尔的 OneWireless 工业无线网络的无线管理平台（WDM）也承担了网关、系统管理器以及安全管理器的角色；而横河公司的 YFGW410 无线网关同样集成了网关、系统管理器和安全管理器的功能。所以深入了解工业无线网络的设备类型，可以让我们在设计及生产现场调试时能灵活应用这些设备，真正用好工业无线网络。

第2篇

WirelessHART标准

第6章
WirelessHART标准的起源和发展

6.1 HART 标准

6.1.1 两线制变送器

流程行业上需要测量各类非电物理量,例如温度、压力、流量、物位、速度、角度等,而另外一些电物理量,例如电流、电压、功率、频率等也需要转换成标准模拟量电信号才能传输到几百米外的控制室或显示设备上,这种将物理量转换成电信号的设备称为变送器。位于现场的变送器与控制室或显示设备之间的联系仅用两根导线,这两根线既是电源线,又是信号线,所以称为两线制变送器。

6.1.2 HART 协议

HART(Highway Addressable Remote Transducer)可寻址远程传感器高速通道的开放通信协议,是美国罗斯蒙特(Rosemount,现为艾默生过程管理公司的子公司)公司于1986年推出的一种用于现场智能仪表和控制室设备之间的通信协议。它的特点是具有与现场总线类似的体系结构,具有总线式的数字通信但并不是真正的现场总线,它只是现场总线的雏形,是一项4~20mA 模拟信号与数字通信相兼容的标准,是从模拟控制系统向现场总线过渡的一块踏脚石。

HCF(HART Communication Foundation,HART 通信基金会)是一个国际性的、非盈利的会员制组织,它支持和促进 HART 通信协议标准和技术的广泛使用。其成员主要包括艾默生过程管理(Emerson)、ABB、GE、霍尼韦尔(Honeywell)、西门子

(Siemens) 等公司。

6.1.3 HART 协议的特点

在 HART 协议通信中主要的变量和控制信息由 4~20mA 传送，在需要的情况下，另外的测量、过程参数、设备组态、校准、诊断信息通过 HART 协议访问。作为一个开放性协议，经过二十多年的发展，该协议已成为全球智能仪表事实上的工业标准。其具有的特点是：

① 4~20mA 模拟信号与数字通信兼容；

② 所传输的信号是调制后的正弦信号叠加在 4~20mA 的模拟信号上。

HART 协议具有以下优点：

③ 双向通信：模拟量信号只能单向传送信息，如从现场设备传送到控制室（输入），或从控制室传送到现场设备（输出），而 HART 协议可以双向传送信息；

④ 多种类型信息：模拟量信号只能传送过程变量，而 HART 设备可以传送数十个标准信息项，如设备状态和诊断报警、过程变量和测量单位、回路电流和百分比范围、生产商和设备标签等，其他信息还包括主机以数字方式查询 HART 设备时回复的设置是否正确、运行是否正常，这样多种类型的信息有助于在故障导致重大事故前预测过程故障，以免除大多数日常维护工作；

⑤ 多变量仪表：数字通信模式下，一对电缆可以处理多个变量，如一个流量变送器可以处理差压、压力、温度 3 个传感器的输入。在一个报文中能处理 4 个过程变量，任一现场仪表中，HART 协议支持 256 个过程变量；

⑥ 互操作性：用户可采购不同供货商的 HART 产品在同一个系统协同工作，而不会受制于某个特定的供货商。

6.1.4 HART 协议技术规范

HART 协议采用基于 Bell202 标准的 FSK (Frequency Shift Keying，频移键控) 信号，在低频的 4~20mA 模拟信号上叠加幅度为 0.5mA 的音频数字信号进行双向数字通信，数据传输率为 1200bps (见图 6-1)。由于 FSK 信号的平均值为 0，不影响传送给控制系统模拟信号的大小，保证了与现有模拟系统的兼容性。

第6章 WirelessHART标准的起源和发展

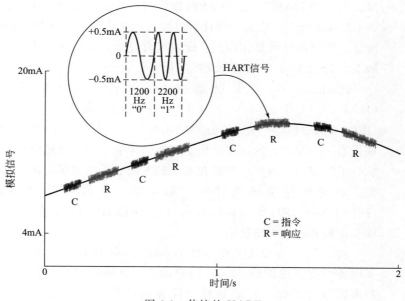

图 6-1 传统的 HART

通信介质一般使用现有的双绞电缆，但最好使用带屏蔽的直径大于 0.51mm 的双绞电缆。

6.1.5 HART 协议网络模式

HART 设备可以组态成 2 种网络模式：主从模式和成组通信模式。主从模式时，从设备可寻址范围是 0~15，非本安条件下从设备最多 15 台，本安条件下受线路电流能量限制，从设备最多 4 台。从设备地址为 0 时，为点对点模式，HART 智能变送器处于 4~20mA 模拟信号与数字通信相兼容的状态；从设备地址为 1~15 时，为多站模式，HART 智能变送器处于全数字通信状态。成组通信模式时，无需主设备发出请求，而从设备可以自动地连续发出数据。

6.2 WirelessHART 标准的目标和技术路线

自 20 世纪 80 年代以来，HART 版本已多次修改，每次都提供更多的功能，但都同样使用 4~20mA 环路作为其物理层。2007 年 9 月发布了 HART 的第 7 版，增加了无线网络作为可替换常规的物理层。当使用 HART7 定义的无线网络进行数据传输时，这就是所谓的 WirelessHART。它是一种针对过程自动化应用的无线网状网络通信协议，推出的目的是让用户在保持现有设备、工具和系统一致性的基础上，为 HART 协议增加无线功能。

经过 29 个国家投票表决，WirelessHART 通信规范（HART7.1）于 2008 年 9 月 19 日正式获得国际电工标准委员会（IEC）的认可，成为一种公共可用的规范（IEC/PAS 62591Ed.1）。这是第一个开放式的可互操作无线通信标准，用于满足流程行业对于实时工厂应用中可靠、稳定和安全的无线通信的需求。该标准是建立在已有的经过现场测试的国际标准上，其包括 HART 协议（IEC61158）、EDDL（IEC61804-3）、IEEE802.15.4 无线电以及跳频、扩频和网状网络技术。

对于 2009 年已安装在全球的 3000 万台 HART 设备（在智能仪表设备中所占比例达 75%）用户而言，WirelessHART 通信的使用和调试非常方便，它能与原有仪表和控制系统兼容，只要是基于 HART 的设备、工具、培训、应用软件和工作流程都可继续保留使用。

6.2.1　WirelessHART 的目标

与传统的很容易规定的 4~20mA 物理层不同，对 WirelessHART 的要求更复杂。首先，它的范围必须达到以下多个目标：
- 是一个开放的、可互操作的标准；
- 像有线 HART 一样容易使用；
- 现有的现场设备可接入无线；
- 使用相同的配置、维护、诊断工具和程序；
- 仅需要简单的培训；
- 全球可用；
- 不需要许可证；
- 使用商品化标准的无线芯片。

在一个全球化的世界里，3 个目标是最重要的：全球可用，不需要许可证，使用商品化标准的无线芯片。几乎全世界唯一不需要许可证的、不收取费用的可用频率为 2.4GHz ISM 频段。由于无线局域网 WLAN 和蓝牙使用该频段，市场上现有许多无线芯片可提供，这简化了最终产品的开发。

6.2.2 WirelessHART 技术路线的选择

有人可能会认为，WLAN 和蓝牙技术因频带相同，与 WirelessHART 为类似技术，然而，WLAN 吞吐量是非常大的且未考虑节省电能消耗，而蓝牙技术在低吞吐量和节省电能消耗方面是具有优势的。

在流程自动化装置上，传输测量数据的吞吐量不需要很高，相反，传感器将用电池供电，电池的使用寿命和节能是很重要的。因此，类似于蓝牙的技术可能是更好的选择。

WirelessHART 和蓝牙都支持时隙和信道跳跃。但蓝牙的目标是个人局域网（PAN），其范围通常设定在 10m。此外，蓝牙仅支持星形网络拓扑结构，并且一台主设备最多只能有 7 台从设备。这些局限性使蓝牙不适合在大型工业控制系统中使用。相反，WirelessHART 则直接支持网状网络，其拓扑结构可以是星形、链类或网状，因此具有更好的可扩展性。

无论是传送范围有限还是无线网络的可扩展性低都是不可接受的，必须改进，使之能在流程自动化中应用。

考虑了这些问题以后，决定选择采用 IEEE802.15.4 标准。这个标准允许低功率传感器节点工作在一个 Mesh 体系结构，传输测量数据的吞吐量小，是最适合的。

WirelessHART 标准采用一些现有的标准，如 HART 标准、IEEE802.15.4 标准、AES-128 加密标准，以及 DDL/EDDL 标准。有线 HART 能做到的，WirelessHART 标准都能做到并且可以做得更多。WirelessHART 标准是工作于 2.4GHz ISM 频段的安全网络技术，它结合了基于 IEEE802.15.4 的直接序列扩频技术与基于数据包的跳信道技术。

WirelessHART 技术路线选择时主要使用了 4 种通信技术：扁平 Mesh 网络；网络管理；时分多址（Time Division Multiple Access，TDMA）；跳频。它们互相关联以克服缺点，从而满足开发目标的要求。

6.3 WirelessHART 的发展历程

国际电工标准委员会（IEC）2008 年 9 月 19 日正式认可 WirelessHART 通信规范（HART7.1）为公共可用的规范（IEC/PAS

62591Ed.1）后，又于 2010 年 4 月 12 日全票表决通过 WirelessHART 成为工业过程测量和控制领域的首个无线国际标准（IEC62591Ed.1.0），也是全球第一个获得这一级别国际认证的工业无线通信技术。WirelessHART 能普遍应用源于广泛的用户基础，因为 HART 协议早已被用户接受，也因为 HART 设备已经大量使用。这一新标准由包括艾默生过程管理公司、ABB、E＋H、MACTek、P＋F 和西门子在内超过 200 家会员的大型过程控制厂商，在非营利机构 HART 通信基金会的框架下开发完成。2010 年 7 月 25 日欧洲标准化委员会（CEN）已经批准 WirelessHART 规范成为欧洲国家标准（EN62591），而在这之前，德国测量与控制标准委员会（NAMUR）提交的报告也表示其对 WirelessHART 技术能够符合无线传感器网络在过程工业中应用要求的肯定。

第7章
WirelessHART的系统构成

7.1 艾默生过程管理公司流程行业无线网络系统发展历史

早在 1969 年，美国阿波罗 11 号登月时，罗斯蒙特（Rosemount）公司就为阿波罗 11 号提供了无线温度变送器，而其现在是艾默生过程管理公司的一个主要子公司，目前 WirelessHART 智能无线网络系统产品就由该公司生产。

罗斯蒙特公司真正为流程行业无线网络系统的研究始于 1998 年，2006 年推出的智能无线解决方案是采用 900 MHz，这在北美也属于 ISM 频段，2007 年以后在欧洲和亚洲则推出 2.4 GHz 的解决方案。

2006 年，在英国石油（BP）公司位于华盛顿州的 Cherry Point 炼油厂煅烧设备上，为监控轴承和煅烧焦炭的温度，以预防风机和输送机出现故障，共安装了 15 台无线温度变送器（见图 7-1），这

图 7-1　炼油厂煅烧设备上监控用无线温度变送器的安装

被认为是世界上第一套工业无线网状网络,后来无线温度变送器的数量增加到 35 台,使用范围涵盖了油罐区和其他工艺设备。图 7-1 中现场使用的无线温度变送器外形明显与图 7-3 中的无线温度变送器不一样。

图 7-2 是 WirelessHART 早期系统构成示意图,各种类型的无线现场设备、带 WirelessHART 智能无线适配器的普通 HART 设备将信息传送到智能无线网关,智能无线网关再通过用户选用的通信协议(Modbus、TCP/IP、OPC 或以太网等)将现场设备的信息传送到数据采集系统或控制系统。

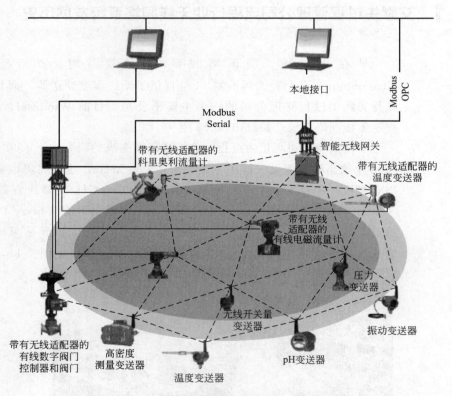

图 7-2　WirelessHART 早期系统构成示意图

由图 7-2 可见,WirelessHART 早期系统通常由以下设备构成:无线现场设备、WirelessHART 智能无线适配器、智能无线网关。根据 WirelessHART 无线网络的具体应用,还有可能增加以下设备类型:接入点、中继器、手持设备等。

7.2 无线现场设备

7.2.1 艾默生过程管理公司的无线现场设备

推出的无线现场设备的品种有：无线压力变送器、无线温度变送器、无线机械健康状态变送器、无线pH/ORP分析变送器、无线阀门位置变送器、无线开关量变送器、无线液位开关、无线声感变送器、无线导波雷达变送器。产品见图7-3。

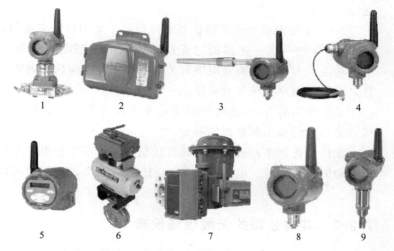

图7-3 艾默生过程管理公司的无线现场设备
1—无线压力（差压等）变送器；2—多点无线温度变送器；3—无线温度变送器；
4—无线机械健康状态变送器；5—无线pH/ORP分析变送器；6,7—无线位置变送器；
8—无线开关量变送器；9—无线液位开关

无线压力变送器和无线温度变送器包括3051S无线压力（差压等）变送器、848T无线温度变送器（4个独立可组态输入通道，支持TC、RTD、mV、Ω 和4~20mA输入）、648无线温度变送器（单点）和248无线温度变送器（单点，精度低于648无线温度变送器，无过程报警，无显示屏，无延长外部天线）。

无线分析变送器有6081-P无线pH/ORP分析变送器和6081-C电导率分析变送器。

无线阀门位置变送器有4320无线位置变送器和4310无线位置变

送器，4320无线位置变送器用于阀门开度的连续监视，4310无线位置变送器用于阀门的开/关状态监视。

CSI9420机械健康状态变送器为无线振动变送器，可对机械设备进行无线振动频谱分析。常用于电机、风机、泵、压缩机、变速箱等机械设备的不平衡、错位或连接松动、滚动轴承缺陷、齿轮缺陷、泵气穴现象等故障进行检测，用于机械设备状态监控并提供预测诊断信息，从而提高工厂运行的可靠性和安全性。

702型无线开关量变送器接受各种非电源式开关量信号输入，如以压力、流量和液位的上下限信号作为输入信号，可提供单通道、双通道2种选项。

2160无线振动音叉式液位开关可提供4个用户定义报警点。

708无线声感变送器通过无线监控系统将温度测量与声学"监听"功能融为一体，能够提供有关疏水器和泄压阀状况的即时连续信息，可帮助用户实现节能减排。

最新推出的3308无线导波雷达变送器可作为顶部安装式设备直接对液体进行液位和界面的测量。

无线变送器是通过射频天线传送信号的，其工作电源采用超长使用寿命的内置电池。电池寿命为1~10年，主要取决于传送数据的刷新率。

7.2.2 其他公司的无线现场设备

P+F公司的WirelessHART产品仅有无线温度变送器，西门子公司的WirelessHART产品仅有SITRANS TF280温度变送器（配Pt100热电阻）、SITRANS P280压力变送器，Softing工业自动化公司的温度变送器。

7.3 适配器

7.3.1 艾默生过程管理公司的无线适配器

WirelessHART THUM（英文名：大拇指）775适配器（见图7-4）可应用于HART5.0或以上版本的任何2线或4线制HART设备，实现测量和诊断信息的无线传输。其利用现有有线仪表的电源工作,本身未配电池。其右端是带螺纹接口的,可直接插入 HART 设备上的电气接口获得回路供电。

图 7-4 艾默生过程管理公司的 THUM775 适配器

通过该设备,用户可以方便、经济、有效地将任何一个 HART 设备转换为无线设备,以扩大应用范围,如储罐液位、雷达液位、超声波液位、流量、阀门、液体和气体分析、压力和温度的测量。例如,目前虽然无线分析变送器只有 pH 值和电导率两类参数的变送器,但由于 Rosemount Analytical 的水质分析仪均具有 HART 通信功能,所以,当他们选配了此适配器后,都可以升级成准无线设备接入无线网络,如酸/碱浓度、溶解氧、氯、臭氧、浊度等水质分析仪,可以最大限度地满足市政、水处理及工业领域各行业的应用需求。虽然该适配器从 HART 设备上获得回路供电及 HART 信息,但它不影响 HART 设备原先的模拟信号的传送。

THUM775 适配器还可以给 HART 设备增加以下功能:

① 获取先进诊断信息:THUM775 适配器通过 AMS Suite 访问先进的诊断信息,实现现场仪表的校验功能,如电磁流量计和科氏流量计的现场校验;

② 增强阀门能力:THUM775 适配器与 AMS ValveLink 软件结合,可以很容易地实现 Fisher® FIELDVUE 数字阀门控制器的新增功能,包括数字阀门控制器在线阀门测试、报警监控和阀门的位置趋势等功能;

③ 远程设备管理和健康监测:用户通过 THUM775 适配器和 AMS 设备管理组合,在控制室就可以不间断地监测现场 HART 设备并发现 HART 设备已出现的或潜在的故障,以优化维护计划,减少停机时间并减少人员在危险区的滞留时间。

据介绍,目前已安装使用的 HART 仪表有 3000 万台以上且种类繁多,但其中 85% 以上的 HART 仪表没有用到智能设备特有的状态信息和故障诊断信息,智能无线适配器给这样一些仪表增加了状态信息采集和故障诊断的功能,为其应用升级提供了一条新的途径。

7.3.2 其他公司的无线适配器

菲尼克斯公司 WirelessHART RAD-WHA-1/2NPT 适配器支持 1～4 台有线 HART 设备的连接或 1 台 4～20mA 非 HART 有线设备的连接；MACTek 公司 Bullet WirelessHART 适配器形象地称为"子弹头"（见图 7-5 左），Bullet 11010X-2000 支持 2 台 HART 设备的连接，Bullet11010X-8000 支持 8 台 HART 设备的连接；西门子公司 SITRANS AW200/AW210 WirelessHART 适配器分别支持 1 台 4～20mA 输入设备或 4 台/8 台 HART 设备的连接；E+H 公司 WirelessHART Adapter SWA70 支持 4 台 HART 设备的连接，其天线外置，可旋转寻找最佳方向，同时为分体式安装，能避开障碍物寻找最佳通信位置安装（见图 7-5 右）。而像图 7-4、图 7-5（左）这一类的适配器天线内置，方向固定，要寻找最佳通信位置安装则需改变有线 HART 设备的安装方向，应该说是很不方便的。

图 7-5　MACTek 公司的 Bullet 适配器（左）和 E+H 公司 SWA70 适配器（右）

西门子公司 SITRANS AW200/AW210WirelessHART 适配器是一个由电池供电的设备，如果只连接 1 台 2 线制现场设备，则可由适配器向现场设备提供电源，4 线制现场设备或与多台 HART 设备的连接，则需外部电源供电。以西门子公司变送器类产品为例，一般的压力、温度、阀门定位器和 LG200 导波雷达物位计如果只有 1 台连接到适配器，则可由适配器提供电源，而其他型号的物位计、电磁流量计、涡街流量计、漩涡流量计等需外部电源供电。

P+F（PEPPERL+FUCHS）公司的适配器有三种供电方式选

第7章 WirelessHART的系统构成

择：回路供电、电池供电和外部供电。回路供电型适配器从有线设备 4～20mA 的信号回路中取得电源；电池供电型适配器用电池向有线设备的 4～20mA 的信号回路供电，这需要定期更换；外部供电电源的适配器可为现场设备和适配器提供能量，这特别适合用作单独的路由器，强化 WirelessHART 无线网络。

7.4 智能无线网关

7.4.1 艾默生过程管理公司的智能无线网关

艾默生过程管理公司的智能无线网关（Wireless Gateway，见图 7-6）是现场无线网络和主机控制系统多种通信协议的接口，智能无线网关类型有 Modbus、TCP/IP、OPC、以太网等。与 DeltaV 或 Ovation 的集成可以选择 Modbus 或 OPC 的方式，如果 DeltaV 是 10.3 以后的版本，智能无线网关可以像控制器一样直接挂在 DeltaV 的控制网络上。在 DeltaV 和 Ovation 的画面上可以用清晰直观的操作员界面获得无线设备的过程和设备诊断信息。

(a) 1420智能无线网关　　(b) 1410智能无线网关

图 7-6　艾默生过程管理公司的智能无线网关

艾默生过程管理公司的智能无线网关包含了网络管理器和安全管理器的功能。

智能无线网关与所连接的多台无线设备的网络是自组织、自适应的网络结构，设备在网络中会自动查找最佳的通信路径，当某个节点通信性能下降时，它能自行修复，无需操作人员干预就可以可靠运行，网络的扩展和重组能力强。

艾默生过程管理公司通常为用户提供1420智能无线网关，对于小型 WirelessHART 网络，还可提供1410智能无线网关，它所连接的无线现场设备数量限制由1420的100台减少为25台。

7.4.2 其他公司的智能无线网关

P+F公司的智能无线网关通过以太网或RS485接口与控制系统、资产管理系统连接（见图7-7左）；西门子公司的 IE/WSN-PA LINK 网关通过以太网接口支持 TCP/IP 和 Modbus TCP/IP 协议，还配有支持 Modbus RTU 协议的 RS485 接口，IE/WSN-PA LINK 网关也可直接集成到PCS7控制系统中；E+H公司 WirelessHART Fieldgate SWG70 网关支持以太网接口（组态为 HART-IP、Modbus TCP）和 RS485 接口（组态为 Modbus RTU），通信可以连接250台 WirelessHART 无线设备（其他网关的介绍通常为100台）；菲尼克斯公司 RAD-WHG/WLAN-XD WirelessHART 网关（见图7-7右），也可以连接250台 WirelessHART 无线设备，并将 HART 数据转换为 Modbus TCP 数据集成至管理系统，它还集成了802.11b/g WLAN 收发器。

图7-7　P+F公司的智能无线网关（左）菲尼克斯公司的智能无线网关（右）

7.5　无线 I/O 卡、远程链路和接入点

7.5.1　艾默生过程管理公司的无线 I/O 卡、远程链路和接入点

在艾默生过程管理公司的最新产品中推出了无线 I/O 卡、远程

链路和接入点（见图 7-8）。

2010 年 10 月推出的 DeltaV S 系列产品在 WirelessHART 网络方面作出了重大改进，在现有的通过智能无线网关原始集成的基础上，支持完全冗余通信，再加上网格结构的无线网络，它能够使 WirelessHART 无线网络工作更为安全可靠，基于这些新的架构和功能，用户就能将无线技术应用到更广泛的监控领域。

DeltaV S 系列提供了无线 I/O 卡［Wireless I/O Card，WIOC，见图 7-8（a）］、781 远程链路［Wireless Field Link，见图 7-8（b）］和接入点［见图 7-8（c）］组成的全冗余 WirelessHART 解决方案。

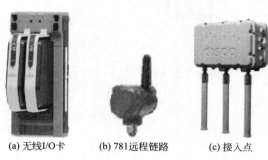

(a) 无线I/O卡　　(b) 781远程链路　　(c) 接入点

图 7-8　艾默生过程管理新采用的现场无线系统设备

这种新的结构将现有的 1420 智能无线网关的功能分为两个部件：无线 I/O 卡和 781 远程链路，无线 I/O 卡有 2 个 Ethernet I/O 口实现与控制系统 DeltaV 局域网的有线连接，由远程链路实现与 WirelessHART 无线现场网络连接，这两者之间采用 2 对导线的有线连接，最远距离达到 200m。其中一对导线为无线 I/O 卡提供的电源线，另一对导线为远程链路的通信线。虽然无线 I/O 卡可用于 1 级 2 区危险的环境中，但一般安装在控制室内；而远程链路可远离控制室，安装在防爆等级更高的危险的环境中，如 1 级 1 区。

在新的架构方案中，还可以看到作为接入点采用思科公司的 Cisco AP 节点设备，它们作为回传（Backhaul）网络节点。

7.5.2　菲尼克斯公司的 WLAN 接入点

菲尼克斯公司的 WirelessHART 网络的 WLAN 接入点可与该公司多台 WirelessHART 网关组成回传网络，这些设备都集成了 802.11b/g WLAN 收发器，通过 Wi-Fi 将采集的所有信息传送到 WLAN 接入点，然后以标准的 Ethernet 接口与主机系统相连（见图 7-9）。

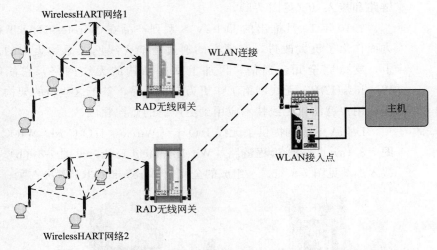

图 7-9　菲尼克斯公司带 WLAN 接入点的 WirelessHART 网络

第8章 WirelessHART的特点

流程行业采用 WirelessHART 无线网络技术，是因为它具有先进性、成熟性、可靠性、安全性、简便性等特点。

8.1 先进性

流程行业技术的发展经历了就地检测、集中式控制到分布式控制的发展；信号传输过程经历了由多类别信号到统一信号、由气动信号到电动信号、由模拟信号到智能数字信号、由一对一传送到总线，现在正经历由有线到无线的发展；HART 通信协议作为先进的过程通信技术，为仪器仪表的智能化做出了贡献，在此基础上发展的高级故障的诊断功能、预测维护功能，不仅可以对现场仪器仪表提供诊断功能，而且可以报告与现场仪器仪表相关的工艺过程或工艺设备的健康状态。

对于最普通的智能仪器仪表来说，即使用户只需要 4～20mA 模拟信号传输，但实际供货的仍然是带 HART 协议的仪器仪表，因为带 HART 协议属基本配置，选型时不指定也带 HART 协议功能。所以在世界范围内，75％以上的仪器仪表是基于 HART 协议的，但其中大部分仅传送代表过程变量的 4～20mA 模拟信号，实际仅有极少数（据估计仅有 15％）的使用了 HART 协议，而真正应用了其中故障的诊断功能、预测维护功能的是少之又少。

依托 HART 通信基金会的技术资源和专业技术优势，考虑了世界范围内数千万台 HART 协议的智能仪器仪表已经安装的现实，结合了无线通信、网络、网络安全的最新技术，创新推出了 WirelessHART 无线技术，它在扩展 HART 协议功能的同时，向用户提供了带 HART 协议智能仪器仪表无线通信的先进信息传输方式。

采用 WirelessHART 无线网络技术后，通过无线网络可以传送仪器仪表内部大量的数据到控制系统或资产管理系统，这些更为全面的过程信息，不仅可以用于故障诊断、预测维护，还可以改善工业生产的操作性能。

8.2 成熟性

2007 年 9 月发布了 HART 的第 7 版 WirelessHART 标准，它是建立在多年严谨的前沿性实验基础之上的。在 WirelessHART 标准委员会成员开始起草标准的几年前，无线网络实际上已经被尝试应用到过程工业中，在客户现场连续 3 年进行了测试工作，测试结果再经过专家评估及专家、用户、厂商共同对 WirelessHART 无线系统的结构、使用、安全性能作了全面的评审，随后进行了小规模的使用和较大规模的实际应用，图 8-1 概略地介绍了近十年来 WirelessHART 标准制定前后工作的进展。

图 8-1 近十年来 WirelessHART 标准制定前后工作的进展

正是这些测试工作和早期应用的成功促成了 WirelessHART 标准的诞生，所有这些测试和早期应用的经验和教训都被纳入到 WirelessHART 标准中。下面是从这些测试和早期应用过程中的得到的一些重要启迪：

① 点对点通信在工厂车间环境中是不可靠的，在工厂里，设备布置以使设备间能始终保持视准线无障碍路径通信是非常困难的，最好的无线通信系统不得不通过网状拓扑结构构成，因为网状拓扑结构能提供多路径冗余；

② 任何无线网络必须能生存于拥挤和嘈杂的环境中，WirelessHART 就是基于这一假设的；

③ 客户将要求更快的刷新率，任何无线解决方案必须在其设计

中保证这一要求，以使其产品具有持久的生命周期；

④ 随着时间的推移，无线网络中的设备数量将会逐渐增多，无线技术不仅可以用于取代有线，而且还可以释放出一系列潜在的新应用，不远的将来将会出现拥有大量无线设备的无线网络；

⑤ 在网络规模比较大的时候，基于CSMA（载波监听多路访问/冲突检测方法）的冲突避免机制效果就不好，基于这一发现，WirelessHART标准用TDMA（时分多址）机制取代了IEEE802.15.4标准中的CSMA机制；

⑥ 功耗是一个非常关键的性能参数，用户期望任何现场设备在需要维护之前都能运行几年的时间，这就要求现场设备功耗低、电池的容量足够大以及对能耗的智能化管理；

⑦ 现场勘测是昂贵的，而且其成功的机会有限，由于工厂车间的动态变化，依据现场勘测而部署的设备可能很容易就失去彼此间的通信联系。

经过前期大量的工作，从2006年起，在英国石油（BP）公司位于华盛顿州的Cherry Point炼油厂煅烧设备上首次使用WirelessHART智能无线网络；到2008年在世界各地大约有300个应用实例；到2009年WirelessHART智能无线网络的使用尚不足1000套；2011年10月，爱默生过程管理公司宣称已有6100套WirelessHART智能无线网络运行；2012年10月爱默生过程管理公司在全球用户大会上宣布有1万套WirelessHART智能无线网络运行，累计运行时间超过10亿小时。由此可见，WirelessHART无线系统是经过试验和大量实际应用验证的解决方案，是一项成熟的技术。

8.3 可靠性

如果工业无线系统没有很高的可靠性，工业过程是不会考虑采用无线系统的，无线系统必须得像有线系统一样可靠，才能够引起用户足够的关注。工业环境通常由许多钢制设备和建筑物组成，而这些钢制设备和建筑物会干扰无线信号的传输。此外，在工业环境中，大型设备或车辆常常会频繁地移动，导致现场条件不断地变化；各种各样的射频和电磁干扰的广泛存在，也在一定程度上影响通信的顺畅。

WirelessHART网络采用了网状拓扑结构，所以它在网关和现场设备之间提供了多条冗余通信路径，能检测到传输路径的恶化并自动修复，可以自动选择路径从而绕过障碍物；还采用了其他技术来保证通信的可靠性：跳频、可设置的传输功率（默认值为 10dBm）、确定满足监测和控制应用需求的优先级机制等。

WirelessHART 共设有 15 个信道，为了避免干扰，发射端可改变发射信号的中心频率。信号频率的变化，或者说频率跳跃，总是按照某种随机的模式安排的。在实际传输之前先对目标信道作信道空闲评估测试，那些时常受干扰或已被占用的信道将会列入信道黑名单（Channel Black Listing）被禁止使用。如图 8-2 所示，如果在测试时发现现场已经使用的 Wi-Fi 占用了 WirelessHART 的 21～25 号信道，那么我们就将这几个信道列入黑名单，频率跳跃时将不会再选择这几个信道，而可供挑选的信道仅有 11～20 这 10 个信道了。

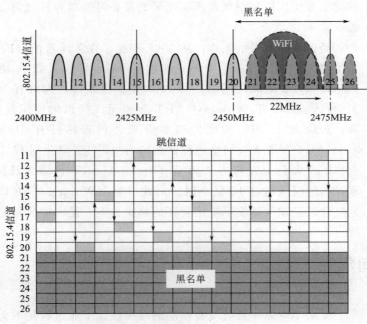

图 8-2　信道黑名单技术

因此，WirelessHART 网络是一种冗余的、可自愈的网络。在其整个生命周期内该网络都会不断地调整自己以适应环境的变化，这种自适应能力是利用网络设备不断发出的健康报告和诊断信息来实现的。该网络中的报文传送是高度同步的，这样既能提供实时的报文传输，又能优化通信的带宽和调度。

由于 WirelessHART 网络具有的许多技术，如信道黑名单、跳频扩频等技术，使得它能很好地与其他无线网络共存，其他无线网络可以是另外一些 WirelessHART 网络或者其他非 WirelessHART 网络。

当 WirelessHART 网络中的设备越多，WirelessHART 网络的可靠性就越高，因为冗余的通信路径越来越多。

8.4 安全性

WirelessHART 技术采用很多安全措施来保障无线网络和数据的安全。这些安全措施有：

- 在数据链路层和网络层里同时使用了行业标准 AES-128 加密算法；
- 数据链路层的网络密钥用于认证每次数据传输；
- 在网络层，每次会话都有不同的密钥以加密和认证点对点通信；
- 每个 WirelessHART 设备都拥有各自的入网密钥，用于设备入网过程中的加密和认证；
- 网络还可以定义设备白名单或设备黑名单，白名单中的设备允许加入该网络，而黑名单中的设备不允许加入该网络；
- 利用多种复用技术保证通信的可靠性，如时分复用、空间（路径）复用、频率复用等；
- 在网络的整个生命周期中，网络管理器会周期性更换网络中所有的密钥。

8.5 简便性

WirelessHART 标准从一开始就树立了"简便"的理念——简便的配置、安装、支持和维护。

WirelessHART 标准是 HART 标准的一部分，它利用了大量 HART 现有的技术、基础设施和实践经验，它的整个应用层依然遵循 HART 标准。利用 HART 命令结构，WirelessHART 设备能兼容

HART 功能的控制系统和 DDL 设备描述语言，我们能像访问普通 HART 设备一样访问 WirelessHART 设备，也能像任何有线 HART 网络所做的一样让 WirelessHART 网络做同样的工作，并且还能够做得更多、更好。

任何一个没有使用过 HART 设备的人，对 WirelessHART 设备也不会太陌生，也会有一种自然的亲近感。

虽然 WirelessHART 是一个革新的技术，但 WirelessHART 标准实际上是基于 HART 标准的一个平稳的演变，比如一台普通的 HART 现场设备通过添加 WirelessHART 适配器，就可以成为 WirelessHART 无线现场设备，就可以加入到 WirelessHART 无线网络。

WirelessHART 无线网络设备的生产厂家为了让用户尝试使用 WirelessHART 系统，推出了低成本的"启动套件"，一台网关加 5 台 WirelessHART 无线现场设备可以构成一个最小的 WirelessHART 无线网络，可以让客户先亲身体验 WirelessHART 无线网络，之后再逐步地扩大应用规模，并最终尽可能多地采用 WirelessHART 技术。

虽然大部分无线现场设备采用锂电池供电，但也用工业电源直接供电、太阳能供电等多种选择方案。

WirelessHART 标准采用了 IEEE802.15.4 标准，由于该标准的芯片制造商已经有很多，这些芯片也可作为开发相对简单、低成本的 WirelessHART 解决方案。WirelessHART 标准使用的是全球通用的 2.4GHz 频率，这也意味着 WirelessHART 系统可以在世界各地使用。WirelessHART 技术的简便性还源于无线技术的自身特点，电缆桥架的材料和敷设的费用可以减少 90%，使系统设计、设备的安装调试和维护过程更加简单，降低了人力成本。

WirelessHART 技术的简便性还体现在可以减少工程项目成本和工期，可以用在有线设备导线敷设困难的直线运动的设备（例如吊车）和绕圆周转动的设备（例如回转窑）上。

第9章 WirelessHART系统设计

9.1 WirelessHART 无线网络方案选择

9.1.1 信号传送方案选择

生产过程测量和控制技术的信号传送目前可选择的方案很多，但主要是有线 HART、现场总线和工业无线。

WirelessHART 设计用于控制和监视应用。由于以保守的采用先进技术来满足保守的行业需求，所以目前在大多数使用情况下，强调的是监视应用。随着引入离散输出设备进行简单的控制功能，无线控制应用将逐步实现。技术专家将基于以下要点作出是否采用无线的决定：

- 经济评估；
- 潜在应用；
- 潜在的节省运营成本；
- 新测量方式提供了额外的工艺测控手段的潜在优势；
- 在采用无线新技术之前没有考虑过的一些经济性或实用性的优点，例如在自动化系统中纳入可行的参数检测；
- 项目执行的灵活性优点，例如在施工期间易于移动测点位置或增减 I/O 点，减少这一类设计变更对工程项目进度的影响，更有效地管理现场施工。

因为在整个装置生命周期内需增加额外的点以解决关键问题，安装现场接线经济性是过程控制和安全应用自动化优点的主要限制。由于 WirelessHART 不要求为通信或供电配线，如果增加额外的点，在现场安装接线方面不存在费用的障碍。

应特别重视了解新工艺装置的自动化需求，以确保他们符合严格的安全、环境、可靠性和性能标准。在前期工程与设计阶段，设计师除了要考虑传统过程自动化需要注意的问题外，更应该注意安全、环保、能耗、可靠性。WirelessHART 提供了一个统一的 I/O 基础设施，并可将无线网络延伸到工艺装置的多个工序。

9.1.2 成本估算

WirelessHART 现场设备的供应商可能有成本计算器和对项目投资的研究，这些可以用于无线项目投资成本的确定，供用户作参考或比较。对于一个大型的投资项目，将有线监控点转换成无线，是完全可以降低投资成本的。

设计工程师应该对项目投资进行评估，并将以下因素纳入项目成本估算模型：

- 降低工程成本（包括图纸和文档，工厂验收测试 FAT）；
- 减少劳动力（现场安装、调试、监督）；
- 减少材料（端子、接线盒、配线的电缆桥架/管/线槽）；
- 减少设备（接线柜、供电装置和 I/O 组件）；
- 在订单变化（包括添加，删除和移动现场设备）的情况下降低成本；
- 减少项目执行时间（包括施工及无线现场设备调试）；
- I/O 容量管理（每个 WirelessHART 网关基本都提供备用 I/O 容量）；
- 减少日常维护工作量（增加了自诊断功能、不必查找线路故障）。

9.1.3 提高系统可用性的考虑

设计工程师应该知道可供选用 WirelessHART 设备的基本性能，许多供应商有多点输入产品可供选用，因此，在有可能的条件下，可以在一个项目中用更少的设备满足总无线现场设备数量的要求。例如，一些供应商有多点输入的 WirelessHART 温度设备，有多点输入的 WirelessHART 适配器，有多点输入的 I/O 设备，选用这一类设备可能还有利于降低成本。

下面是在主机系统和 WirelessHART 网关之间提高系统可用性可以考虑的问题：

- 始终正确地按地方/国家电气规范和制造商的建议对网关和现

场设备接地；
- 对网关始终采用正确的防雷保护；
- 电源是网关故障的主要因素，推荐采用不间断电源（UPS）向网关供电，以提高电源的可靠性；
- 如果测量是至关重要的，现场网络应设置冗余网关、冗余接入点；
- 必要时，在传输距离较远、传输路径存在障碍物的情况下，增加中继器、接入点等强化网络通信能力的设备；
- 让主机系统连接到冗余的网关上，而使用冗余网关，这包括物理连接、以太网交换机和电源的全面冗余。

9.2 WirelessHART 无线网络现场调查

在规划 WirelessHART 无线网络时，现场调查是首先需要考虑的工作。有3种选择：无须调查；由 WirelessHART 设备制造厂家派专家现场调查；设计人员赴现场调查。

现场调查涉及人力、物力消耗，实施起来有一定的难度，所以 WirelessHART 设备制造厂家并不极力推荐派专家现场调查。

但是现场调查有助于无线网络的规划和后期投运工作的实施。在生产过程的工艺装置中，比如在一个车间或一个工序，往往有一些管道、设备、建筑物，其材质为金属、钢筋混凝土等，它们大部分都会反射和吸收无线信号，因而被称为障碍物。而障碍物的多少和分布情况往往涉及到一些辅助设备的选用，如在多障碍环境中，可能要增加中继器、接入点、网关的数量。因此有条件的话，应该选择进行现场调查工作：或请设备制造厂家派专家现场调查，或设计人员亲自到现场调查。据介绍 WirelessHART 设备制造厂家可派专家提供全面的现场调查，包括无线频率分析，确定无线设备的位置、安全性评估并提出保证应用性能的相关要求。所以当有可能时，还是应该请 WirelessHART 设备制造厂家派专家现场调查。

WirelessHART 无线网络规划的现场调查大体可以分成以下几项工作：

- 定义网络操作区域；
- 其他的无线网络在操作区域附近是否部署及部署情况；

- 对操作区域按障碍物的多少和分布情况分类。

9.2.1 定义网络操作区域

工艺装置通常分为多个过程单元，比如一个车间、一个工段或一个工序，这些过程单元是相对独立的，只负责本区域的。这样可以按照工艺装置相同的组织结构和工作流程，由每个过程单元通畅地传递过程信息，我们将这样的过程单元定义为 WirelessHART 无线网络的一个操作区域。这有点像 FF 现场总线段一样，需要将众多的 FF 现场设备按总线段分区，只不过 FF 现场总线段涉及的点数较少，通常在十个点以下，而一个过程单元往往要涉及到数十个点甚至更多。

WirelessHART 无线现场设备采用标准配置的天线为短天线（即全向天线），在没有障碍物的情况下，采用短天线的无线设备的有效信号传递最大距离是 230m。所以大多数过程单元可以适合在一个 250m×250m（或 200m×200m）的方形区域内，当过程单元是在室内时，虽然因有障碍物使直接传输距离缩短，但仍然可以通过无线现场设备的路由，使 WirelessHART 网状网络覆盖过程单元的整个区域。

例如，图 9-1 中所示的工艺装置由道路分为 7 个工序，依此可将工艺装置划分为 7 个操作区域。每个操作区域的无线现场设备数不一

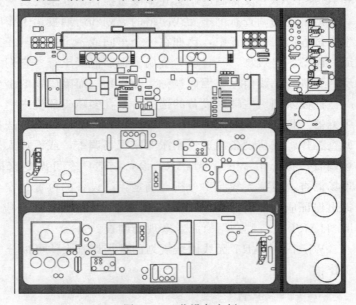

图 9-1 工艺设备实例

定相等，可多可少。但需要考虑复杂的网络设计，比如在封闭的厂房内，最好分楼层设操作区域；如果厂房内被较多的障碍物分隔，则可按每一个较大的分隔区域作为一个操作区域。

某冶炼厂工程多膛炉项目 3 台 15m 高的多膛炉分布在多层工业厂房中，测点总数为 90 点。多膛炉内共分 12 个水平层，每一层都设有一个温度监控点及压力监控点。由于跨层传输无线信号有一定的困难，所以在多膛炉安装无线现场设备厂房的二楼、三楼、四楼分别安装一台无线网关。无线现场设备安装时，将各台多膛炉的第一层至第四层所有温度压力信号的无线变送器引到多膛炉的二楼集中安装，将各台多膛炉的第五层至第八层所有温度压力信号的无线变送器引到多膛炉的三楼集中安装，将各台多膛炉的第九层至第十二层所有温度压力信号的无线变送器引到多膛炉的四楼集中安装。多膛炉收尘系统设置在主厂房外，障碍物较少，视野空旷。因此将冷却烟道出口压力及温度无线变送器安装在四楼，收尘器出口压力及温度无线变送器安装在三楼，引风机出口压力及温度无线变送器安装在引风机房顶。收尘无线网关安装在收尘四楼与三楼连接处，以保证每台无线网关能与更多的无线变送器进行通信。

该项目 4 台网关中除了收尘工序单独使用一台外，其余 3 台是在主要楼层每一层安装一台，混合接入 3 台多膛炉在这一楼层的无线现场设备。因此是按楼层划分操作区域，而不是按 3 台多膛炉每台炉子来划分操作区域。

一个 WirelessHART 网络的范围限制在一个专用的操作区域，但仍保留用于将来扩展的灵活性，在该操作区域内部或其附近区域如果要增加测点，通常只需增加无线现场设备即可实现，不会受其他操作区域无线网络的约束。

9.2.2 操作区域其他无线网络的部署

在规划 WirelessHART 网络之前，应弄清楚是否有其他的无线网络在操作区域附近或虽在外面但靠近操作区域。必须弄清楚以下问题：

- 它们是否使用 2.4GHz，如果是，它们使用哪些信道？
- 它们位于何处？
- 它们用于何种应用？
- 数据负荷是多少？

我们的目标是与任何其他的无线网络共存,共存意味着每个网络可以不被干扰地发送数据包或当其他网络发送数据包时暂时中断,换句话说:两个网络的数据包不应该发生碰撞。数据包碰撞发生的条件是:他们处在相同的位置、在同一时间以相同的频率发送数据包。

对用户直接产生影响的有三个条件:频率、位置和时间。

因为 2.4GHz 频段作为标准频段被广泛使用,不同无线网络使用相同的信道或重叠的信道的可能性也是有的,这满足了"频率"的条件。如果它们的活动范围不重叠则网络不受干扰。

当两个无线网络彼此接近时,它们的范围重叠,这满足了"位置"的条件,网络的范围主要是由发送功率和环境确定的。

当系统同时发送信息时,这满足了"时间"的条件。

需要消除其中至少一个条件以避免数据包碰撞发生:

① 位置:使它们相距一定的距离,这往往不可能做到;

② 时间:减少数据包吞吐量,减少数据包碰撞并破坏的可能性;安排不同的无线网络在不同的时间通信(例如,一个无线网络在某一秒通信,而另一个无线网络在随后的一秒通信等);

③ 频率:每个网络使用不同的信道或信道组,为每个系统列出信道黑名单和指定使用某些信道。

图 9-2 所示为操作区域附近有 2 个 WLAN 无线局域网 WLAN1 和 WLAN2,它们也使用 2.4GHz 频带,WirelessHART 无线网络则将 WLAN1 和 WLAN2 占用的信道 1~3、8~12 列入黑名单,只使用另外的 4~7 信道。当 WirelessHART 无线网络少于标准的 15 个信道时,虽然它能与周围的其他无线网络共存,但性能有所降低,因为提供的可用信道较少。这种性能下降将不会是使用无线网络的障碍,但在某些情况下(例如在要求快速响应和低延迟时),必须考虑。

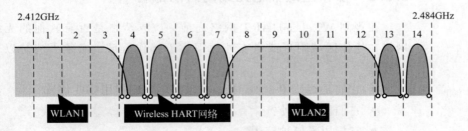

图 9-2　2.4GHz 频带的专用信道

9.2.3 操作区域按障碍物分类

① 无障碍：没有障碍物，视线清晰，设备的天线都安装在障碍物之上，地形变化的角度很小（通常小于5度），有效信号传递最大距离为230m；

② 少障碍：有一些基础设施，但仍有开放的区域，在这类区域里，你可以从一个设备看到多个其他设备，罐区是典型的例子，尽管槽罐本身是个大障碍物，但在大量槽罐之间及上方，有良好的射频传播空间，有效信号传递最大距离为150m；

③ 中等障碍：稠密的环境中仍然有相当大的区域没有障碍物，如一辆卡车可以通过，有效信号传递最大距离为75m；

④ 多障碍：从一个设备看不到其他设备，区域有很密集的设备、管道和建筑物，不能驾驶卡车或让尺寸较大的设备通过，有效信号传递最大距离为30m。

这些区域可以很容易地在卫星图片或平面图上识别，图9-3非常形象地显示了操作区域按障碍物的分类，我们可以用经验来判断这些区域。上面所提供的有效信号传递最大距离的数字是偏于保守的，因此通常可以得到更好的结果。

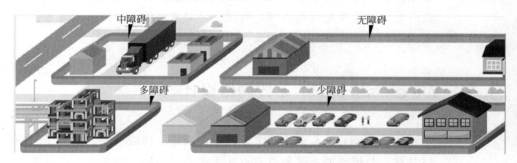

图9-3　工艺装置操作区域按障碍物的分类

在垂直方向（即不同标高的位置）上，环境中障碍物的密度可能不同甚至相差较大，例如，在楼面附近障碍物的密度是非常高的，但离楼面超过一定高度后障碍物的密度变低甚至没有障碍物（见图9-4）。例如，某化肥厂的再生塔、吸收塔高约40m，在塔身的上、中、下部分别装有无线现场设备。如果网关安装在低处，由于设备密集，属中、多障碍区，现场实际将网关安装在高处的操作栏杆上，这里视线开阔，应属少障碍或无障碍区，信息传输的效果更好。

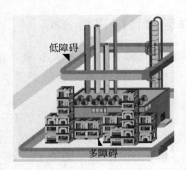

图 9-4　在垂直高度上的基础设施密度不同

当在接近地面、地下或在水中安装无线现场设备时，因 RF 射频信号被吸收，将明显降低有效信号传递最大距离。

WirelessHART 的一些厂商为更长距离的应用提供了选项和技术，如采用长天线选项时，在无障碍的情况下，无线设备的有效信号传递最大距离可由短天线时的 230m 延长到 800m。增加中继器等设备也可以加大有效信号传递的最大距离。

在设计选用 WirelessHART 无线网络时，现场调查是一项很重要的工作，由于目前大多数单位还是首次使用，或者即使不是首次，使用经验也不够丰富，所以建议还是以邀请 WirelessHART 设备制造厂家派专家现场调查为好，其优点是对未来无线网络投运时才会出现的问题有事先准备，订货设备也不会漏项。

9.3　WirelessHART 无线网络设计

WirelessHART 无线网络设计旨在构建一种成功的、可扩展的网络结构，与传统的系统和点对点的无线网络不同，它是真正可以扩展的自动化技术。因为接入现有网络的设备越多，网络的性能和可靠性就越低。WirelessHART 无线网络设计规则适用于小型网络的网络部署，以及工厂里需要大量 WirelessHART 设备时将其分割成多个小型网络的网络部署。

最佳的监测网络设计适用于多种 WirelessHART 设备组成的网络，数据刷新率一般在 4～3600s 之间。如需考虑刷新率为 1s 的设备，请参考控制网络设计一节。

大家都很关注 WirelessHART 流程行业无线系统网络设计的要

求。在 WirelessHART 流程行业无线系统网络的资料中，曾涉及到网络的设计规则（Rule），这些规则虽然大处相同，但又存在一些小的差异，特别是作为规则，它又可以突破（Break），具体该怎样理解这些规则，又该怎样理解这些规则的"突破"？

  本书首先叙述流程行业监测系统网络的设计规则，再介绍在何种情况下可以突破这些规则，突破的"底线"又是多少？然后介绍流程行业控制网络的设计规则，最后介绍为达到规则要求强化网络的一些措施。

9.3.1 WirelessHART 监测网络设计规则

（1）最少 5 台设备的规则

  每个 WirelessHART 网络在网关的有效范围内应该至少有 5 台 WirelessHART 无线现场设备，这样在正常工作时，由于每台 WirelessHART 无线现场设备同时也是路由器，可以为网络内其他无线现场设备路由，即可充分发挥 WirelessHART 网络内在的冗余功能，实现网络可靠的工作。当新的 WirelessHART 无线现场设备需要添加到网络中时，可通过现有的至少 5 台 WirelessHART 无线现场设备的路由加入。

  一些 WirelessHART 设备生产厂推出智能无线现场启动包，发货时智能无线现场启动包已预先组态，开箱即可搭建一个安全的、坚固的自组织网络。启动包提供了一些功能选择，使用户能够快速而方便地提高运行性能，同时体验无线技术，获取无线技术的操作经验，并为未来实现更大范围的无线应用奠定基础。这些智能无线现场启动包的点数不多，但均要求至少 5 台 WirelessHART 无线现场设备，如艾默生过程管理公司为用户推出的智能无线现场启动包、ABB 公司的 FieldKey 入门套件和 Dust Networks 公司 DC9007 启动套件，都可以满足本规则的要求。

（2）最小 3 个邻居的规则

  每个 WirelessHART 网络无线现场设备在有效范围内应该最少有 3 个邻居（Neighbor），邻居即相邻设备的俗称，表示网络中无线现场设备的相邻节点，无线现场设备可以从邻居处接收到信号实现通信。在无线现场设备互连的情况随时有可能发生变化时，这可确保至少有 2 台能连接。这是冗余理论的具体应用，在实际生产现场条件多变的情况下，万一某些移动设备对无线现场设备的传输路径形成障碍，那至少还有 2 台相邻的设备可以提供传输路径。所以设计时该规则可确保设备相对集中，保持相互间传输路径通畅，以保证路径的冗余性和多样性。

当无线现场设备只有一个邻居时，如因为某种原因造成与这个唯一的邻居通信断开时，这台无线现场设备的通信即中断，这是不允许的。为了构成 Mesh 网络的冗余路径，每个无线现场设备必须有两个相邻设备，这是"底线"。如果一个相邻设备故障，第二个相邻设备接管并提供 WirelessHART 网络连接。但是一个真正强大的网状网络的最佳实践是检查每个无线现场设备有 3 个邻居，即使在与 2 个邻居发生通信故障时仍然提供网络连接，这给出了一个特别高的冗余级别。

(3) 百分比的规则

每个 WirelessHART 网络应该至少有 25% 的无线现场设备在网关的有效范围内，以确保适当的带宽并消除窄点，例如，对一个有 60 台无线现场设备的网络这意味着有 15 台在网关的有效范围内。

无线现场设备在网关的有效范围内，可以保证这些无线现场设备与网关直接通信而无需路由，优点是减少数据无线传输的"跳"（Hop）数，每 1 "跳"表示在不需要网络中其他节点参与的情况下，两个相邻节点间报文的直接传递。跳数则指的是从数据源经过中间路由器的传递到达网关过程中中间路由器的个数，如经过 4 个中间路由器，则可称跳数为 4。由于没有统一规定，也有的厂商将从数据源直接传递到网关称为 1 "跳"，如中间增加了 1 个路由器，则称为 2 "跳"。跳数的减少可加快数据刷新率，缩短数据传输的不确定性时延，降低安全风险，提高可靠性，同时电池能量的消耗减少，可延长电池的使用寿命。

这里网关有效范围指的是在 WirelessHART 网关与无线现场设备之间信号传输良好时的直线距离，当然，如果无线现场设备之间相互路由，其有效范围同网关有效范围是相同的。通常情况下，如果 WirelessHART 网关与 WirelessHART 无线现场设备采用全向天线并都安装在地面以上至少 2m 且它们之间为视准线无障碍路径时，网关的有效范围是 230m。大多数过程环境中有高密度的金属（如钢制设备）或建筑物等障碍物时，网关的有效范围减少。

(4) 最大距离的规则

刷新率超过 2s 的无线现场设备与网关的距离应该在网关 2 倍有

效范围内,这一规则为需要高速更新的监视应用提供最快的响应速度。

这一条与上一条的规则有部分相似,但上一条规定的是全部无线现场设备(包括20%或更多的刷新率快于2s的无线现场设备和其余刷新率较低的无线现场设备),本条规定则只对刷新率快于2s的无线现场设备做了规定,要求它们与网关的距离在2倍网关有效范围内。也就是说,要求刷新率快于2s的无线现场设备要么在网关的有效范围内,能直接与网关通信而无需路由;要么在2倍网关有效范围内,仅仅只需通过一台中间路由器的路由,1"跳"就可以将数据传送到网关。这样做的目的仍然是减少数据无线传输的跳数,加快数据刷新率。

(5) 路径稳定性的规则

我们知道,一台无线现场设备传送到网关的数据要求有多条路径,由于WirelessHART网络的自组织、自适应功能,实际传输的路径随时都可能产生变化,如果这多条路径中的某一条是传输数据最频繁的,那么这一条路径就是最稳定的,一般要求是路径的稳定性达到60%。

图9-5表示了网络中有5台无线现场设备的一个局部,无线现场设备2刷新率为2s,其传输数据到网关(左下方设备)的路径有2-1-3、2-3、2-3-5、2-4、2-4-5等多条,如果经测试5条路径稳定性的测

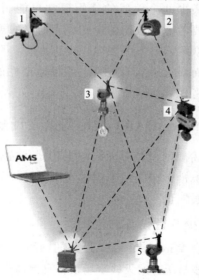

图9-5 路径稳定性示意图

量值分别为 5％、75％、1％、15％、4％，那么，路径 2-3 的 75％路径稳定性不仅达到一般要求，而且达到了可以被推荐用于高速监控的要求，这是由于路径 2-3 的另一个优点，它只通过一台中间路由器（无线现场设备 3）的路由，1 "跳" 就可以将数据传送到网关。

大多数 WirelessHART 的供应商提供安装后的检验手段，当网络部署后，通过检验可以确认是否能保证较高的路径稳定性。

(6) 最多 7 "跳" 的规则

最多 7 "跳" 原则，其含义是一台无线现场设备借助其他无线现场设备的路由到达网关时，中间路由次数最多 7 次。"跳" 的次数太多，传送数据的滞后时间太长，是不可取的，一般情况下 "跳" 的次数还应该再少一些。如图 9-6 所示。

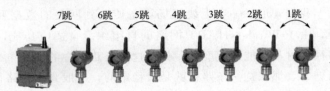

图 9-6 无线现场设备 7 "跳" 示意图

当网络的规模比较小的时候，最少 5 台的规则和最少 3 个邻居的规则是重点需要考虑的；随着网络的规模扩大，最少 5 台的规则肯定能满足，而最少 3 个邻居的规则通常也能满足，此时因检测点数增多，开始需要考虑百分比的规则；当网络的规模继续扩大，在工艺过程空间里有众多设备，区域面积也扩大了，百分比规则成为占主导地位的规则，而最大距离的规则、路径稳定性的规则、最多 7 "跳" 的规则也需要考虑了。

9.3.2 WirelessHART 监测网络设计规则的突破

由于上述规则是针对无线数据传送可靠性特别高的要求制定的，当降低一点标准用于无线数据传送可靠性一般的场合，一部分规则又是可以 "突破" 的。

(1) 最少 5 台设备的规则

少于 5 台 WirelessHART 设备的网络也可以正常工作，附加的规定是网关应该与所有的无线现场设备直接通信，以增加网络的可靠性。

如图 9-7 是一个简单的设计实例，在工艺配置图上，网络是针对

第9章 WirelessHART系统设计

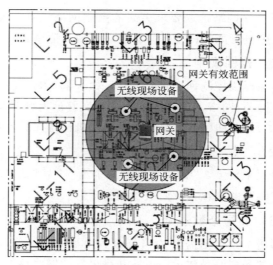

图9-7 最少5台的规则被"突破"的实例

一个操作区域,已放置4台WirelessHART无线现场设备与网关,围绕网关的圆圈代表网关有效范围。在这个例子中,我们看到了在网关的有效范围内仅有4台无线现场设备。虽然达不到最少5台无线现场设备规则的要求,但从图上看,4台WirelessHART无线现场设备离圆圈的边缘较远,离网关的距离较近,都可以直接与网关通信,这4台无线现场设备可以至少与其中2台设备互为邻居,所以这个网络仍然可以实现良好的技术特性,对于可靠性和可添加更多的新无线现场设备来说,它也是最佳的。

(2)最少3个邻居的规则

最少3个邻居的规则是要确保每一台无线现场设备在任何时候能与2台无线现场设备连接,因此,如果能确保与这2台无线现场设备的连接,实际投运的规则是2个邻居。当无线现场设备是在网络的外周边而数据又不重要时,一个邻居也可以接受,对这台无线现场设备来说,这相当于点对点通信。

(3)百分比的规则

每个WirelessHART网络应该至少有25%的设备在网关的有效范围内,这一比例低至10%,WirelessHART网络也能工作。

9.3.3 WirelessHART控制网络设计规则

对于控制类型的网络,其基本的设计规则保持不变。对于刷新频率低于 4s、网络延迟要求更高的控制网络设计，需对上述监测网络设计规则进行如下调整，并需要通过现场测试验证这些调整。

(1) 范围规则

确保形成控制回路的所有 WirelessHART 无线现场设备均接入同一个网关/网络，这包括作为控制回路所有测量值输入的无线变送器和作为控制回路输出值的无线执行机构等无线现场设备。

(2) "跳"的次数规则

由原来最多 7 "跳"的规则减少为 5 "跳"，以尽量减少信号在网络内"跳"的次数，从而减少网络延迟。

(3) 邻居个数规则

邻居个数规则需要适当修改，由原来 3 个邻居增加到 4 个或 5 个，增加潜在路径数量，由此获得更好的网络性能。

(4) 百分比规则

25％的百分比规则需要适当修改，使无线现场设备处于网关的有效范围内的比例增加至 35％以上。对 20％的无线现场设备刷新率快于 2s 的网络，出于加快数据刷新率等目的，应将百分比增加到 50％。

无线现场设备围绕网关越紧密，对于刷新率快的 WirelessHART 无线现场设备信号传输"跳"的次数越少，网络带宽越大。

(5) 路径稳定性的规则

用于控制的无线现场设备应该比一般的监控设备有较高的路径稳定性，监测网络要求的是 60％路径稳定性，而推荐用于控制的无线现场设备要求达到 70％的路径稳定性。

(6) 执行机构规则

这是一条新规则。规则要求驱动无线执行机构的关键 WirelessHART 设备处于网关的有效范围内，确保信号接入只有 1～2 "跳"，以实现极短的传输时间及保证有多条冗余的路径。

9.3.4 强化网络的措施

当实际 WirelessHART 网络满足不了 WirelessHART 网络设计规则时，或者在现场进行测试确定网络设计中可能存在缺陷时，需采取措施强化 WirelessHART 网络，通常可以采用在网关的有效范围内添加更多的无线现场设备、添加中继器、移动网关位置、添加另一个网关、添加接入点等方式。

(1) 在网关的有效范围内添加更多的无线现场设备

在网关的有效范围内添加更多的无线现场设备，无疑可以增加无线现场设备的邻居数量，增加在网关的有效范围内的设备数量及比例，是强化网络最主要、最基本的措施。

(2) 添加中继器

中继器是通过增加额外的通信路径来加强无线现场网络或者扩大网络覆盖区域的一种无线现场设备。添加中继器的本质仍然是"在网关的有效范围内添加更多的无线现场设备"，只不过受工艺检测条件要求的限制，不可能添加更多的无线现场设备。而中继器的功能只是强化网络，它替代另外的具有特定测量用途的 WirelessHART 现场设备，从而使网络内任何一台或多台 WirelessHART 无线现场设备提供更多的、通信质量更好的连接路径。

它可以在需要时就添加，而且其安装位置不受有特定测量用途的 WirelessHART 无线现场设备的限制，可以在任意位置安装。比如可以安装在高处，躲开密集的障碍物，以提供与更多无线现场设备的直接路由，可使有效范围最大化，最大限度地优化网络（见图 9-8）。

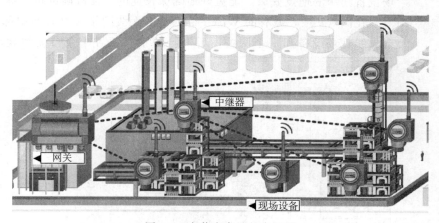

图 9-8　安装在高处的中继器

但是在很多 WirelessHART 设备供货厂家的产品目录中，您可能找不到中继器这个产品，这个时候我们既可以选用如爱默生过程管理公司的 248 无线温度变送器、702 型无线开关量变送器（其价格相对便宜），也可以选用各家公司生产的适配器作为中继器的替代方案。因为 WirelessHART 无线现场设备有一个特点，它不仅仅是一台无线参数变送器,还是一台路由器,更是一台中继器,所以它可以只作为中继器来使用。

如果使用本地电源,中继器(包括 WirelessHART 适配器)的费用可以节省一些。

(3) 移动网关位置

将网关移动到 WirelessHART 仪表分布相对更集中的位置,也是强化网络的一个方法。更多的时候网关可能布置在离安装控制系统的控制室外的墙上或屋顶上,这里不一定是 WirelessHART 仪表分布相对最集中的位置,移动一下网关,可能与控制系统的有线连接距离稍长,但对强化网络来说或许好处更多一些。

网关移动的范围大小还取决于与控制系统连接的接口类型,当网关采用 Ethernet 与控制系统连接时,最大距离可达 100m;如果网关采用 RS485 与控制系统连接时,最大距离还可以更远,因此网关移动的范围还是比较大的。

(4) 添加另一个网关

添加另一个网关,这增加了工艺单元的整体容量,地点在特定现场设备集中的地点安放,能更好地确保长期的、无故障的可扩展性。

在图 9-9 中,原有的 WirelessHART 无线网络仅有画面中部的 5 台无线现场设备和一个网关,后来新增了右下方十余台无线现场设

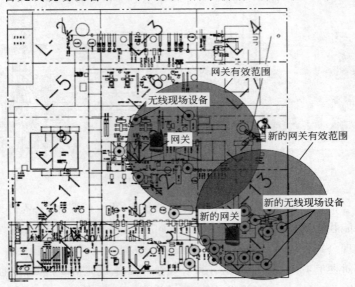

图 9-9　添加另一个网关的过程实例

备，这十余台设备都位于原有网关的有效范围外，移动原有网关的位置也达不到通信质量的要求，后添加了另一个网关，使网络的综合性能大大提高，其效果远远超过添加一台中继器。如果网络的百分比的规则、最大距离的规则、最多7"跳"的规则等原有网关达不到要求时，添加了另一个网关后，可能问题都能解决。

（5）添加接入点

接入点是负责从无线现场设备网络接收数据包的设备，起无线现场设备与网关之间的桥梁作用。如果系统规模很小，网关可以直接连接为数不多的无线现场设备；当系统规模增大时，往往需要有多个接入点，接入点将众多的无线现场设备数据采集后送到网关，这种情况下可以提高网络的有效吞吐量和可靠性。

WirelessHART接入点的一边与WirelessHART网络相连，另外一边是一个外部连接。这个外部连接可以是一个以太网、Wi-Fi网络或一个专有网络。在艾默生过程管理公司的WirelessHART产品中，采用思科公司Cisco AP节点设备作为接入点，以构成回传网络节点。艾默生过程管理公司的Cisco AP接入点不直接与过程控制系统相连，而是通过具有WirelessHART网关功能的781远程链路加无线I/O卡WIOC和上位机或控制系统连接，这是接入点与网关不同的地方。

与网关相比，由于接入点的价格较低，仅从完成强化网络来说，两者所起作用基本相同，所以如果有合适的产品，选用添加接入点的方法无疑更经济。

9.4 WirelessHART无线网络设计计算

9.4.1 概述

WirelessHART无线网络的应用越来越受到用户的喜爱，但目前仍属初期小规模的应用，一些有关设计选用的细节问题都由厂家代为处理。但随着应用的深入，用户和设计院的技术人员也应逐步了解这些细节。

比如WirelessHART无线网关的容量问题不仅不同厂家给出的数据不同，而且同一厂家的资料中给出的数据也相差很大，这使我们在定义网络的操作区域和确定无线网关的数量时感到迷惑。

由于 WirelessHART 无线网关的容量问题与无线现场设备的刷新率密切相关，在介绍网关数量计算问题之前要先介绍无线现场设备刷新率的选择。而无线网关数量的计算问题上涉及网络内无线现场设备的台数，所以也有必要先研究一下无线现场设备台数统计的方法。

9.4.2 无线现场设备的刷新率选择

典型的 WirelessHART 装置的刷新率在艾默生过程管理公司 2010 年以前的资料上介绍为 8s、16s、32s 或 1～60min 可选，在艾默生过程管理稍后的网关产品资料中增加了 4s、2s 和 1s 的刷新率，未来将有 0.5s、0.2s 的刷新率。刷新率时间的差别这样大，到底应该如何选取呢？

一般来说，刷新率选择要点如下：

① 无线现场设备刷新率和电池寿命之间有一个权衡，更快的刷新率将导致较低的电池寿命，每台设备应该有一个合适的刷新率，以支持电池使用的长寿命，从而降低维护量；

② 如果无线现场设备是外部供电的，或者有太阳能供电之类的能量采集设备，或者电池的寿命不是用户的关注点，那么，更快的刷新率可以考虑；

③ 典型的安全和控制应用无线现场设备的刷新率可能需要 1s 或更快，刷新率要比监管闭环控制和某些类型监督控制过程的时间常数快 4～10 倍；

④ 用于监测和开环控制应用无线现场设备的刷新率要比过程时间常数快 3～4 倍，如温度变送器采用带保护套管的热电偶，要使热量穿透保护套管让测量温度变化可能需要 16s 或更长的时间，时间常数可能超过 60s 或更长，盲目选择 8s 或更快的刷新率完全没有必要；

⑤ 刷新率超过 4s 对接入一个网关无线现场设备的总数影响较大，设计选用时应特别慎重。

9.4.3 WirelessHART 无线现场设备台数统计

既然是 WirelessHART 无线现场设备的台数统计，那么它与我们通常所说的测点数量统计（比如用于 DCS、PLC）是有区别的。所谓 WirelessHART 无线现场设备指的是各种类型的无线现场变送器和 WirelessHART 适配器等，将这些设备数量相加即 WirelessHART 无线现场设备的总台数；而测点数量统计是总共有多少测量点。

一些 WirelessHART 无线现场设备支持 1 个以上的无线测量点，所以可能有这种情况：某个操作区域无线现场设备的数量少于测点数量。例如一台艾默生过程管理公司的 WirelessHART 848T 温度变送器有 4 个独立可组态输入通道；一台 702 型无线开关量变送器可提供单、双通道 2 种选项；菲尼克斯公司的 RAD-WHA 适配器支持最多 4 台 HART 设备；西门子公司 SITRANS AW200 WirelessHART 适配器在多线路模式下支持最多 4 台 HART 设备；SITRANS AW210 WirelessHART 适配器在多线路模式下支持最多 8 台 HART 设备。在统计时，以上这些设备虽然有多个测量点，但只算作一台无线现场设备。

例如，云南驰宏锌锗公司会泽冶炼厂多膛炉焙烧车间设计选用了 WirelessHART 智能无线网络的以下设备：

9 台 848T 多点（4 点）无线温度变送器；

3 台 648（单点）无线温度变送器；

51 台 3051S 无线压力（差压）变送器（检测压力及流量）。

如果以测点数量统计（假设 848T 多点无线温度变送器的所有通道均使用），总共有：

$$9\times4+3+51=90(点)$$

如果以无线现场设备统计，总共有：

$$9+3+51=63(台)$$

9.4.4 无线网关数量的计算

（1）考虑因素

当确定网络数量和网关配置时，设计工程师应考虑网关容量、备用容量和冗余配置等因素。至少，每个操作区域应有属于它自己的具备备用容量的网关，以实时解决问题。如果一个小项目的应用点集中，无线现场设备的总数远低于网关的容量要求，那通常选一个网关；如果项目是大型的或者有刷新率超过 4s 的无线现场设备，那么应按以下要求确定网关的总数。

连接无线现场设备数量的标准与其他任何传统 I/O 类似，就是不要阻塞 I/O。当不确定具体连接的是多少台无线现场设备时，我们可以多安装几台网关；或者当我们所选用的计算方法偏保守，会多用一两台网关，这其实没什么关系。因为额外的网关虽然会增加额外的费用，但是这些额外的网关并不等同于额外的 I/O，额外的 I/O 只能闲置，而额外的网关能提供更多的网络冗余路径，使网络功能强化，也可以使得 WirelessHART 网络更可靠。

(2) 网关最大容量计算

比较多的 WirelessHART 设备生产厂商早期的资料中说：每台网关可以支持 100 台或多于 100 台 WirelessHART 无线现场设备，如艾默生过程管理的 1420 智能无线网关、西门子公司的 IE/WSN-PA LINK 网关，但建议的最大负载是 100 台 WirelessHART 无线现场设备。而菲尼克斯公司 RAD-WHG/WLAN-XD WirelessHART 网关、E＋H 公司 WirelessHART Fieldgate SWG70 网关的资料中说可以连接 250 台 WirelessHART 无线现场设备，只不过 E＋H 公司 WirelessHART Fieldgate SWG70 网关的资料中又补充说容量取决于所连接 WirelessHART 无线现场设备的刷新率。在较新的资料中，认为网关容量取决于所连接 WirelessHART 无线现场设备的刷新率这一点是共同的，但不同的是，有的资料所指的刷新率概念模糊，有的资料是按在网络中使用的最大刷新率估算网关的容量，有的资料是按在网络中使用的刷新率的平均值计算网关的容量。

① 按最大刷新率估算网关的容量　这是一种非常保守的估算方法，它保守地假设所有的无线现场设备都是以同样最快的刷新率操作，所以按最快的刷新率确定网关的容量。估算的例子是：如果每个网关所有的设备的刷新率都是 8s 或更慢，那么网关足以支持 100 台 WirelessHART 设备，如刷新率快于 4s 可能影响一个网关连接无线现场设备的总数。

在艾默生过程管理公司的 1420 智能无线网关最新的使用说明书中，给出了单一网络最大规模的数据：

8s 刷新率：100 台无线现场设备；

4s 刷新率：50 台无线现场设备；

2s 刷新率：25 台无线现场设备；

1s 刷新率：12 台无线现场设备。

艾默生过程管理公司的 1410 智能无线网关是应用于小型 WirelessHART 无线网络的网关设备，对应 1420 智能无线网关支持 100 台无线现场设备的数据，1410 智能无线网关支持 25 台无线现场设备。

② 按在网络中使用的刷新率平均值计算网关的容量　HART 基

金会提供了一个简单的参考公式用于计算 WirelessHART 接入点的数量，即多少台无线现场设备可以直接或间接地连接到一台 WirelessHART 接入点（在连接 WirelessHART 无线现场设备这一点上，接入点与网关应该是等同的）：

$$设备数 = 设备的平均数据刷新率(AUP) \times 25 \qquad (9-1)$$

例如，当设备的平均数据刷新率为 1s 时，那么一台 WirelessHART 接入点可以接入 25 台设备；当设备的平均数据刷新率为 4s 时，那么一台 WirelessHART 接入点就可以接入 100 台设备；当设备的平均数据刷新率为 8s 时，那么一台 WirelessHART 接入点就可以接入 200 台设备；当设备的平均数据刷新率为 10s 时，那么一台 WirelessHART 接入点就可以接入 250 台设备。

式(9-1) 没有设备的平均数据刷新率限制，这或许是不对的，因为多数网关声称的容量是可以支持 100 台 WirelessHART 无线现场设备，一般来说，用户应该将 WirelessHART 无线现场设备的总数限制在 100 台以下才对。

根据式(9-1) 的计算结果与上一节估算数据相比有两点不同：一是估算数据中的刷新率用的是最快刷新率；二是如果将估算数据转换成类似式(9-1) 的话，式(9-1) 中的常数 25 要减少一半，为 12.5。

从技术上我们再深入分析一下：因为 WirelessHART 采用时分多址 TDMA 技术，将 1s 分为 100 时隙，每个时隙 10 ms，这样每秒钟可通信 100 次。如果 WirelessHART 使用了所有定义的 15 个信道，总的通信次数可达 1500 次/s。但这是一个纯粹的理论值，通常网络通信负载不应超过 30%，或通信次数可达 450 次/s。有的资料说 WirelessHART 网络系统的所有通信不应超过每秒 30 次通信（100 个时隙×30%），这基本上只是考虑使用 1 个信道。

单一的 WirelessHART 网络可以包含多达 250 个设备。按每秒 30 次通信的规则，这样的网络更新所有的数值大约是每 8 秒。

如果网关使用多个接入点，并通过多信道同时通信，这一性能将提高。

③ 考虑备用容量后的网关数量计算　首先确定备用容量系数，如果网络将来扩展的可能性很大，备用容量系数可选大一点；如果基本不存在扩展的可能性，备用容量系数可选小一点，资料中给出的数值是 40% 的备用容量系数。

我们试举一例：设某过程单元有 154 台 WirelessHART 无线现

场设备，我们需要选用几台网关？

$$网关数 = 在过程单元总的 WirelessHART 设备数 / [网关容量 \times (1 - 备用容量)]$$

如果已经计算出网关的容量是 100 台无线现场设备，对于上面的例子，计算如下：

$$网关数 = 154/[100 \times (1 - 0.40)] = 2.57 \approx 3$$

对这个过程单元来说，3 个网关是必要的。

④ 考虑现场障碍物情况增加的网关　在实际生产现场，由于存在钢制设备、土建构筑物、移动车辆等障碍物，WirelessHART 无线现场设备无法将检测数据可靠地传送到网关，或者少数无线现场设备距离网关较远、位置太偏，满足不了网络设计规则的要求，此时可能要专门为此增加一定数量的网关。比如云南驰宏锌锗公司会泽冶炼厂多膛炉焙烧车间共有 63 台无线现场设备，但由于无线现场设备分散在多层工业厂房内，最终选用了 4 台网关。

⑤ 考虑冗余后的网关数量计算　WirelessHART 无线网络考虑到网关出现故障时还能正常运行，就要求对网关提供冗余配置，特别是当测量数据是至关重要而用户对数据传输有高可靠性要求时，可以选用备用网关提供冗余功能。由于在一些大型网络里有的网关仅作为接入点使用，所以备用网关的选择也有 2 种考虑：一是只考虑作为网关的提供备用，那可能增加 1 台网关（如果同时有 n 台网关连接 n 个网络，那么相应增加 n 台网关）；二是考虑为所有的网关提供备用，网关数量将增加一倍。如上面的例子中计算结果是 3 台网关，对应这 2 种考虑，最终选用的网关数量将分别是 4 台和 6 台。

⑥ 交由 WirelessHART 网关供应商计算　WirelessHART 无线网络网关供应商都拥有一批专业的容量规划师，在用户所提供的无线现场设备数量、刷新率、备用容量系数、冗余要求的基础上可以提供详细的容量计算。

以上介绍了几种无线网关数量计算的方法，希望用户弄懂资料上无线网关容量的含义，明白 WirelessHART 无线网关的容量问题与无线现场设备的数量、刷新率密切相关。如果无线网络网关供应商能主动做这一项工作当然更好，但用户或设计院的技术人员自己做也不是太难的事情。

9.5 WirelessHART 无线现场网络集成

9.5.1 概述

原则上，WirelessHART 无线现场网络是一个远程 I/O 系统，它必须将所获得的数据通过接口提交给一个处理系统，根据不同的应用，处理系统可以是 DCS、PLC、资产管理系统或现代化的数据管理解决方案如历史数据库的组合，目标是与这些系统中任何一个的接口做到无缝连接。

WirelessHART 无线现场网络的网关可支持多种协议连接到多个处理系统，如传统的 DCS 和 PLC 组件。除此之外，还有一些控制系统可提供标准的接口，以更简洁的方式实现与 WirelessHART 无线现场网络集成。

图 9-10 表示了 WirelessHART 网关所带的多种通信接口与过程控制网络连接的示意图，多种通信接口包括 Modbus、TCP/IP、OPC、Ethernet 等。

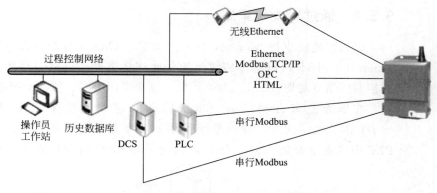

图 9-10　WirelessHART 网关所带的多种通信接口与过程控制网络连接

从 WirelessHART 无线现场网络来的数据有的可能不要求进入 DCS 或 PLC 系统，这种信息可能对非控制室人员（包括可靠性工程师、维修人员和能源工程师）是有用的，这类数据送往维护历史数据库可能是合适的（见图 9-11）。

将艾默生过程管理公司的无线现场仪表集成到主机控制系统有 4 种方式：

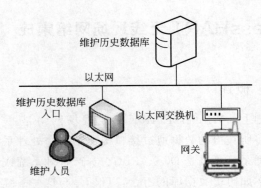

图 9-11　WirelessHART 网关于维护历史数据库的通信连接

① 以太网；
② RS485 总线；
③ DeltaV 控制系统的本地节点；
④ 无线现场数据回传（Backhaul）。

前 2 种方式是通过 WirelessHART 智能无线网关，第 3 种方式是通过 DeltaV 控制系统的本地节点，第 4 种方式是通过 Cisco 网格接入点、根接入点。

9.5.2　通过以太网集成

以太网连接支持 Modbus TCP、OPC、AMS 无线配置器、Ethernet/IP、HART TCP 等协议，使用此连接类型，将网关直接连接到控制网络（见图 9-12）。为了冗余，通常采用了主、辅两个网络。

在华能上海石洞口第一电厂除灰系统改造中采用了 WirelessHART 无线网络，控制系统使用罗克韦尔 AB 系列 PLC，由于 PLC 中没有空余的 RS485 接口，因此采用 OPC 的通信方式；中石

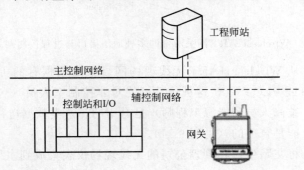

图 9-12　以太网局域网体系结构

第9章 WirelessHART系统设计

油天然气公司兰州石化分公司催化剂厂转炉采用了 WirelessHART 无线网络，控制系统使用和利时 PLC 系统，智能无线网关 1420 通过 Ethernet 连接，以 OPC 方式通信；江苏金翔石化三期油库储罐计量系统采用了 WirelessHART 无线网络，控制系统使用西门子公司的 PCS7 系统，智能无线网关 1420 以 OPC 方式与 PCS7 系统通信。

9.5.3 通过 RS485 总线（串行）集成

RS485 连接支持 Modbus RTU 协议，使用此连接类型，网关通常通过 RS485 总线连接到串行 I/O 卡或 Modbus I/O 卡（参见图 9-13）。以这种方式，最多 31 台网关可以连接到一个 I/O 卡。

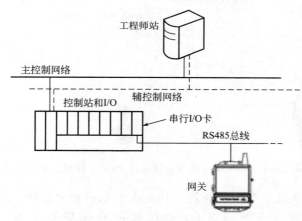

图 9-13　RS485 网络体系结构

中海石油湛江分公司 W11-4N 油田的控制系统采用爱默生过程管理公司的 DeltaV 系统，1420 智能无线网关通过 Modbus RS485 与 DeltaV 系统通信。两个系统集成的组态需要在无线网关和有线系统的工程师站及操作站进行，无线网关的组态可通过 IE 浏览器并利用无线网关内嵌的软件进行，包括仪表参数和需要映射上传到 DeltaV 系统变量参数的设置；有线系统的组态包括工程师站的 I/O 点组态及操作站的画面组态，参照 DeltaV 系统要求进行。

壳牌（西安）沥青公司罐区采用了 WirelessHART 无线网络，1420 智能无线网关以 Modbus RS485 方式将报警数据传送到 PLC 做报警处理，与此同时，1420 智能无线网关通过 Ethernet 连接，以 OPC 方式与控制室的工控机通信。

9.5.4 通过 DeltaV 控制系统的本地节点集成

从 DeltaV 11 版开始,提供了 DeltaV S 系列无线 I/O 卡和 781 远程链路组成的完全冗余的 WirelessHART 解决方案(见图 9-14),可与所有的 DeltaV 和 AMS 的应用实现本地集成。

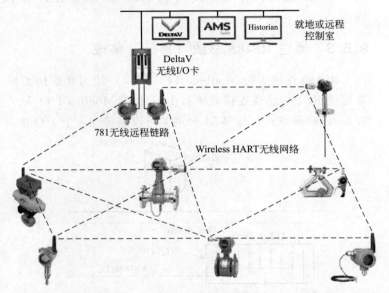

图 9-14 WirelessHART 工业无线系统通过 DeltaV 控制系统的本地节点集成

无线 I/O 卡本身就是 DeltaV S 系列控制器的一个 I/O 节点,可直接挂在控制网络上,也可通过 DeltaV 防火墙与控制器相连。DeltaV 提供的组态工具完全支持无线 I/O 卡和无线仪表的组态、设备监视等功能,系统还可以自动识别无线 I/O 卡和无线设备,可方便快捷地进行安装和调试。

像 DeltaV S 系列 I/O 卡(如 CHARM I/O 卡,CIOC)一样,WIOC 往上可以通过以太网与 4 个独立的 DeltaV S 系列控制器通信,而不像传统的 I/O 卡只能与 1 台控制器通信,这样组态时控制器可在更大的范围内选择某些 I/O 点。

新的 DeltaV 架构以冗余远程链路的形式实现全冗余无线网络,全冗余包括 DeltaV 通信网络、24VDC 电源、无线 I/O 卡远程链路以及自适应 Mesh 网络本身的多条通信路径。

DeltaV I/O 网络可提供 300 个 I/O 节点,1 台 WIOC 仅为 1 个 I/O 节点。而 1 台 WIOC 通过远程链路可以连接最多 100 台 WirelessHART 无线现场设备（刷新率等于或大于 8s），其容量指标与 1420 无线网关是一致的。

WIOC 装有 WirelessHART 网络管理器、安全管理器。

9.5.5　通过无线现场数据回传集成

随着工业无线网络应用范围的扩大，工厂企业开始大规模应用无线网状网络技术。构建一个 WirelessHART 网状网络是一个不困难的任务，因为设备类型有限以及网状网络具有自组织能力，已不需要进行大量的设计工作。

因为过程检测设备可能散布在一个辽阔的地域内，其间或许有相互间隔的道路、江河等有障碍物的区域、难以通行的区域火车、轮船或汽车等移动设备较多的区域。在这种情况下要想自动采集和集成过程数据不仅非常困难，而且代价高昂。

随着网络规模的扩大，大规模网络配置有大量设备，这些设备需要通过网状网络几"跳"后将获取的数据传送到主机。随着"跳"数的增加，通信时间随之增加。且网络的管理较为困难，由于无线传输距离相对较短，需要增加额外的中继器，而中继器可能成为无线网状网络中的瓶颈，其故障对网络的影响范围较大。

为了克服上述缺陷，将大规模网络划分为几个小型网络或几个簇。这样节点通过次数很少的几"跳"就可到达网关然后到主机，所以簇方式减少了整个网络的通信时间。这种简化的网络拓扑形式大大减少了需要中继器的可能性，从而产生了没有瓶颈的可靠而又稳定的网络。由于在网络中消除了瓶颈，并且无需安装高性能的路由器，对电池供电设备的要求也随之降低，大大减少了网络的维护量。

使用簇方法后，注意力集中于网关的能力。由于 WirelessHART 通信范围有限，这种方法要求网关尽量安装在靠近现场设备的地方，这样一来，网关至主机的物理连接就成了问题。

现在，采用无线现场数据回传方案，可以打破地理条件和经济上的障碍，方便地实现各种测量，而且所需资金比安装有线仪表要低得多。回传描述了无线网状网络的主要功能，它是在无线网状网络中，将从 Wi-Fi 客户端和无线现场设备来的数据传输到有线网络。

采用无线现场数据回传集成系统是通过采集过程数据，而采用 Wi-Fi 提供过程远程数据的回传能力，从而实现远程测量与过程控制系统的集成。无线现场数据回传解决方案架构见图 9-15。

图 9-15 中，WirelessHART 无线网络有 2 种类型：一种是通过

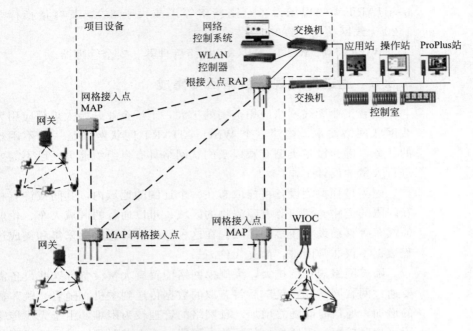

图 9-15　无线现场数据回传解决方案架构

智能无线网关采集 WirelessHART 无线现场设备的数据（见图左方的 2 个 WirelessHART 无线网络）；另一种是通过无线 I/O 卡 WIOC 和远程链路采集 WirelessHART 无线现场设备的数据（见图右下方的 WirelessHART 无线网络）。智能无线网关和无线 I/O 卡 WIOC 以有线以太网的方式将采集数据回传到 Wi-Fi 无线主干网络的多个网格接入点 MAP，最终网格接入点通过 Wi-Fi 汇集到根接入点 RAP 与有线网络连接起来。Wi-Fi 无线主干网络还可接入其他通过 Wi-Fi 802.11b/g 无线通信认证的任何客户端设备，这涉及到实现移动作业人员、视频监视、安全集结、位置跟踪和控制网络桥接功能的设备。

管理型交换机是将无线网络与有线网络连接的装置，无线局域网控制器和网络控制系统也通过管理型交换机连接。可选的网络控制系统允许网络管理人员从单个位置设计、控制和监测企业无线网络。它监督一系列负责网络无线功能的无线局域网控制器，例如安全策略、入侵防御、无线频率管理、服务质量（QoS）和移动性。无线局域网控制器管理接入点提供无线接入点之间的实时通信以管理移动性问题，并提供集中安全策略，以保证只有经过授权的用户和设备才能访问网络。

包括网格接入点、根接入点在内的全部接入点连接为一个无线回传网状网络，代替有线方案中的设备连接电缆。网格接入点是"自组织"的，它们可寻找最佳路径，并建立稳固的网状网络。

通过无线现场数据回传集成可以是以 OPC 方式与控制系统集成（见图 9-16），也可以是以 Modbus TCP/IP 方式与控制系统集成（见图 9-17）。

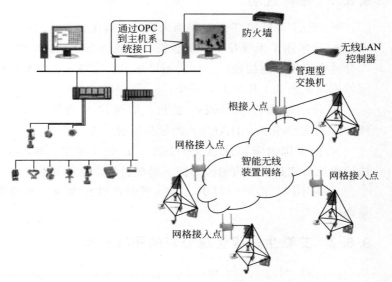

图 9-16　通过 OPC 智能无线现场网络的无线集成

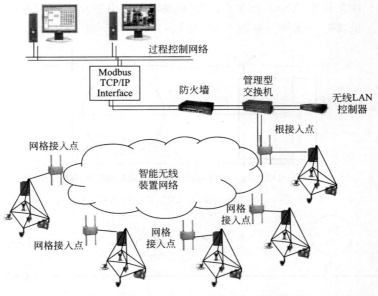

图 9-17　通过一个 Modbus TCP/IP 接口智能无线现场网络的无线集成

9.6 工程图纸设计

9.6.1 总体说明

对 WirelessHART 无线网络来说,工程图纸设计有以下特点:

- 因采用了无线技术,工程设计中在 WirelessHART 无线系统部分通常不再绘制接线图、接线柜接线图、电缆表、电缆及桥架敷设图等,因此图纸工作量大大减少;
- 仪表的图形符号没有变化,不管仪表的种类是 FF、有线 HART 还是 WirelessHART,图形符号表示没有差别;
- 按美国国家标准 ANSI/ISA-5.1-2009 规定,WirelessHART 传输线的形式是带锯齿的波形而不是破折号(见图 9-17、图 9-20);
- 在不同厂商的资料中,包括图形符号在内的一些细节还是有差别的。

9.6.2 艾默生过程管理公司的图形符号

在资料"IEC62592 Wireless HART System Engineering Guide Revision 2.1"(无线 HART 系统工程导则 2.1 版)中,引用了美国国家标准 ANSI/ISA-5.1-2009 规定,给出涉及无线 HART 系统设备的符号及图例(见图 9-18、图 9-19):

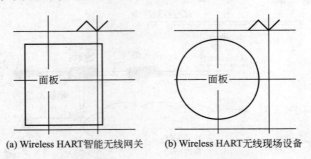

图 9-18 Wireless HART 系统设备符号

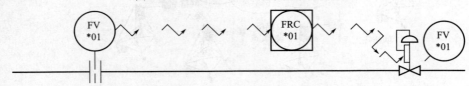

图 9-19 共享显示、共享控制的无线仪表图例

第9章 WirelessHART系统设计

在图 9-18 中，Wireless HART 无线现场设备也可标出刷新率，这可能是有益的，但并非绝对必要具体是否标出可由项目主管设计师统一确定。

与常规系统相比，无线设备中仅有两种仪表类型是独有的，即智能无线网关和适配器。为了创建这些仪表类型，建议面板属性符号选用时，智能无线网关使用符号 YG，适配器使用符号 YO。

在该资料中，还绘制了智能无线网关的电缆配线方框图（见图 9-20）。图中左面 2 个圆形符号表示无线现场设备，其中一台设备标出了刷新率 30s，中部的方框表示智能无线网关，锯齿波符号表示无线传输，引向右面的 2 根线表示有线连接的智能无线网关电源线和通信连接线。

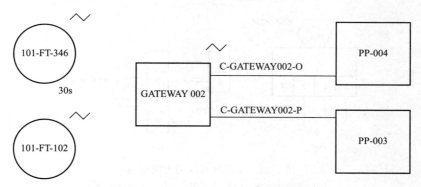

图 9-20 智能无线网关的电缆配线方框图

9.6.3 倍加福公司的图形符号

在倍加福公司的资料中，按 IEC62424 过程控制工程流程图的表示方法和 ISA5.1 仪表符号的要求，将网关、适配器和中继器看作计算设备，以一组图形符号分别代表测量设备（圆形）和通用计算设备（正六边形），以 2 个断开的带双箭头的锯齿波符号表示无线传输（见图 9-21）。

如果需要将无线设备连接到电源上或连接到控制系统，可见图 9-22 表示。

图 9-23 表示了采用 WirelessHART 设备的工艺流程图。

9.6.4 E＋H 公司的图形符号

E＋H 公司的图形符号与上述 2 家公司又稍有区别，以 2 个

图 9-21　无线设备图形符号

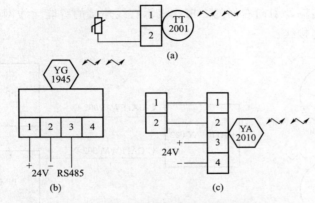

图 9-22　带外部接线的无线设备
(a) 无线变送器；(b) 无线网关；(c) 无线适配器

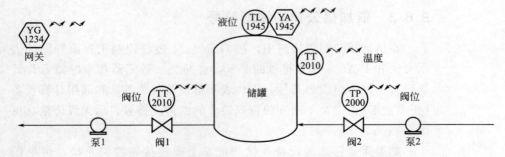

图 9-23　采用 WirelessHART 设备的工艺流程图

断开的带正弦波符号表示无线传输，而网关和无线现场设备的图形符号均为正六边形。图 9-24 为在卫星地图上绘制的网络配置图。

第9章 WirelessHART系统设计

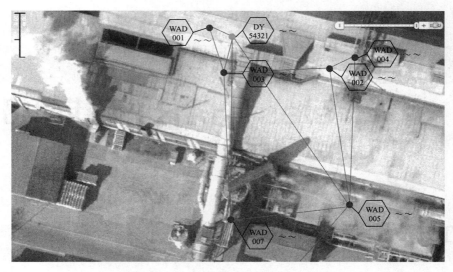

图 9-24 卫星地图上绘制的网络配置图

第10章
WirelessHART无线网络的现场安装

10.1 概述

通常首先安装网关，确定网关的安装位置。大多数情况下，网关通过本地接口与控制系统相连，此时需要有线连接网关与控制系统。随后安装无线现场设备，一般来说，安装无线现场设备的本身与安装有线HART现场设备是一样的，使用相同的工具和技术。但由于无需在与控制室之间敷设连接电缆，所以WirelessHART无线网络的安装比传统的有线HART网络更简单、成本更低。只不过当设备在过程单元就位后安装即结束，无线现场设备不再需要将电缆穿管或放入电缆桥架中。如果需要的话，增加的中继器、路由器、接入点等也需要确定位置。这些事做完了，无线网络的安装就可以告一段落了。随后对设备作简单的配置，WirelessHART网状网络就可以自动形成，并开始正常的数据通信。

10.2 安装网关

通常，WirelessHART网关是第一个安装的，因为网关是WirelessHART网络的核心设备，网关位置应该类似有线安装时在操作区域中配线柜的位置。安装WirelessHART网关有3个基本选项（见图10-1）。

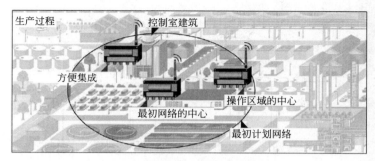

图 10-1 相对于最初计划网络网关的安装

(1) 方便与系统或装置的网络集成的地方

通常是在控制室屋顶上或附近区域,这个位置使 WirelessHART 网关有线接口的连接电缆最短。

(2) 最初的网络中心

网络中心是大部分的无线现场设备与 WirelessHART 网关直接通信路径的最佳位置,使更多无线现场设备位于网关的有效范围内,能直接与网关通信或减少与网关通信的路由次数,从而确保数据传输最高的可靠性,由于无线网络设计规则中有一条是至少 25% 的现场设备可以与网关直接通信,网关安装在这个位置有利于做到这一点,但网络中心的位置使 WirelessHART 网关有线接口的连接电缆加长,根据网关与控制系统连接是采用 Ethernet 还是 RS485,连接电缆长度可达 100m 或更长。

(3) 操作区域的中心

操作区域各个方向测点布局大体均匀,目前仅局部配置了无线现场设备,而未来无线现场设备将扩展到其他区域,这个方案具有最高的灵活性,但操作区域中心的位置也可能使 WirelessHART 网关有线接口的连接电缆加长。

理想的 WirelessHART 网关天线将设在视线开阔的地方,这样给出了一个水平和垂直方向的通信路径。考虑安装的灵活性,网关可以用集成全向天线或远程全向天线。采用集成全向天线的无线设备的最大有效信号传输距离是 230m,采用远程全向天线的无线设备的最大有效信号传输距离是 800m。

集成全向天线的 WirelessHART 网关通常放置在过程中基础设

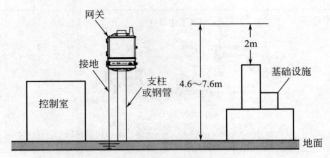

图 10-2　集成全向天线的网关安装示意图

施 2m 以上（通常在电缆桥架以上）离地面 4.6～7.6m（见图 10-2），与尽可能多的 WirelessHART 无线现场设备之间视准线无障碍路径，并位于工艺设备中可以实现与无线现场设备直接连接数量最多的地方。如果 WirelessHART 网关天线是安装在另一无线信号源高功率的天线附近，那么，安装时网关的天线与高功率天线的高差应超过 1m，以尽量减少可能产生的干扰。

带远程全向天线的网关天线长度通常为 7～15m，如果网关安装在控制室内，远程天线应该距离建筑物 1m 以上，距离地面 4～8m。在避雷器的顶部安装接地片、锁紧垫圈和螺母，避雷器应靠近建筑物边缘安装，天线与避雷器之间、避雷器与网关之间应采用配套带来的同轴电缆连接，连接处应使用同轴密封胶密封，滴水圈应离避雷器 0.3m 远，同轴电缆剩余部分应卷成 0.3m 直径的线圈（见图 10-3）。

网关一定要正确接地，正确进行包括防雷保护的外壳保护。2 个互为冗余的网关不应装在一起，而应提供足够的间距，以防 WirelessHART 冗余网关同时被雷击。

如果某个过程单元需要多个网关，设计工程师则应该将网络分割成多个网络操作区域，使网关分散在现场，就像有线网络设计时配线柜和接线箱需定位一样。在图 10-4 中，工艺设备有 16 个子项，分别标有 L-2 到 L-17，分成 3 个网络操作区域由 3 台网关覆盖，根据现场条件，每一个网关覆盖的子项数或无线现场设备的数量可以是不同的。

如果网关采用太阳能电池供电，可以参照图 10-5 安装。

第10章 WirelessHART无线网络的现场安装

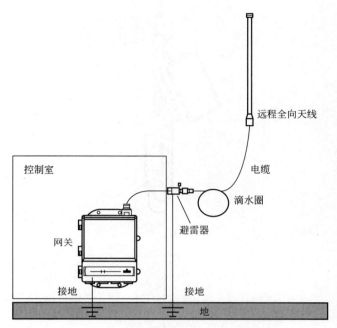

图10-3 远程全向天线的网关安装示意图

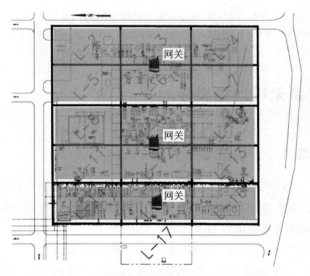

图10-4 有3个WirelessHART网络操作区域和网关布置的工艺过程

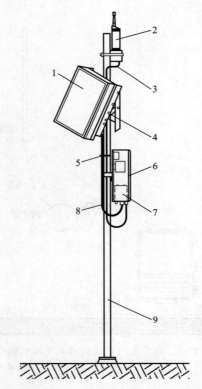

图 10-5　采用太阳能电池供电的网关安装

1—太阳能板；2—网关；3—电缆；4—太阳能板安装支架；5—电缆固定夹；6—保护箱；
7—电池；8—太阳能电缆；9—安装支座

10.3　安装无线现场设备

10.3.1　无线现场变送器的安装

一般来说，WirelessHART 无线现场变送器可以根据测量任务的需要像任何其他有线现场变送器一样安装，重点始终应放在可实现过程精确测量的最佳位置。

为确保良好的无线通信必须考虑以下要求：

① 安装设备至少距离任何垂直表面（墙壁等）0.5m，以避免垂直表面的反射干扰无线电通信（为无线电波需要一定的空间创造条件）；

② 安装设备至少离地面 1.5m，以减少菲涅耳区的影响（无线电

波需要一定的垂直空间以提供通信伙伴间的良好连接);

③ 确保设备彼此分开至少0.5m,以避免串扰(两个相距太近设备的无线电波可能互相干扰);

④ 如果WirelessHART无线现场设备的天线是安装在另一高功率无线信号源的天线附近,那么,安装时天线应至少比高功率天线高或低1m,以尽量减少可能产生的干扰;

⑤ WirelessHART的自组织网状网络调度可确保彼此靠近的设备在相互通信时无噪声,所以同为WirelessHART设备在安装时可以彼此十分靠近而不会发生干扰;

⑥ WirelessHART设备不应位于厂的最高位置,这样可以最大限度地避开雷电;

⑦ 天线应垂直安放,可直立向上或向下;

⑧ 3051S无线压力(差压等)变送器、648无线温度变送器、848T多点无线温度变送器、3308无线导波雷达变送器和702无线开关量变送器可带远程全向天线,其安装可参照图10-3。

在呼伦贝尔驰宏矿业公司14万t/a电锌氧压浸出系统项目中选择了主体车间氧压浸出的部分温度、压力测点采用了WirelessHART智能无线网络,车间测点分布在两层结构的工业厂房中,考虑到一层厂房内测点数量不多,采用将该层无线温度、压力变送器移至二楼平台安装,虽然压力测量导管、铂电阻温度测量电缆的长度稍有增加,但1420智能无线网关可只用1台。

10.3.2 适配器的安装

作为WirelessHART无线现场设备的一种,适配器通常直接安装在现有的有线HART设备上,这是最方便的(见图10-6)。直接安装在现有的HART设备上可参照无线现场设备安装的几条要求,如适配器应竖直布置,以使适配器的天线位置竖直向上或向下,若水平布置则通信范围可能减少;安装时,适配器应距任何大型结构、建筑物或导电表面1m以上。

当直接安装在现有的HART设备上会造成被障碍物遮挡、通信路径受阻时,可有2种选择:当现有的HART设备4~20mA回路仍然使用时,可考虑在回路的某个位置上安装,此时位置的选择有较大的灵活性,可考虑选在位置较高、避开障碍物、视线开阔的地方,这

图 10-6　在 2700 高准质量流量计上直接安装的适配器

样可使整个无线网络的性能得到强化；还可选用一个安装附件，从而使适配器在远离无线现场设备的地方安装，例如油罐区液位测量选用 TankRadar REX 或 TankRadar Pro 等有线 HART 雷达液位变送器时，通过安装附件可使适配器在远离液位变送器的储罐顶部之上的最佳通信位置安装（见图 10-7）。

图 10-7　油罐区有线 HART 液位变送器与带安装附件的适配器分离式安装

1—适配器；2—安装附件；3—TankRadar REX 有线 HART 雷达液位变送器

10.3.3 中继器的安装

如果大多数 WirelessHART 现场设备被安装在多障碍区域,其传送距离受限,此时可以加装中继器以提供最佳覆盖。中继器应设在无线网络需要额外连接的区域且放置在过程中基础设施 2m 以上高度,当中继器放置在密集的基础设施区域之上时,基础设施通常由多障碍变为少障碍或无障碍,可以为无线信号提供更好的通信路径(见图 10-8)。

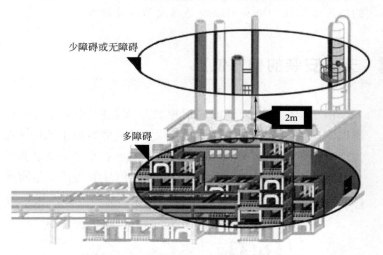

图 10-8　在高密度基础设施上方视线清晰

当有多台中继器同时安装时,可构成"中继层网络",为中继器提供相互之间最大的传送距离(见图 10-9)。中继器和网关最好是单跳通信,同时因安装在无线现场设备的高密度区,可向安装在那里的众多无线现场设备提供通信路径。因中继器安装位置较高,"向下"与无线现场设备的通信时,必须考虑到集成全向天线开口角应≤39°

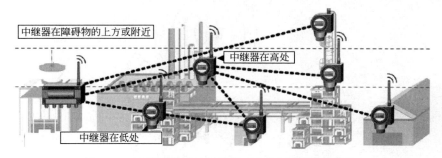

图 10-9　放置中继器以提供越过或绕过障碍物的路径

(参考图3-5),所以安装中继器时,应使得无线现场设备在对应的天线开口角范围内。

然而,在某些情况下,在一个较低的位置,围绕一个装置如建筑物安装中继器或辅助设备可能更实用。

即使在最初的网络没有计划使用中继器,但只要后来使用过中继器,就可以证明中继器不仅是一种加强和扩大网络的投资,还是一种可以提供临时应急的"辅助"工具,哪里通信质量变差,变动中继器的位置或增加中继器可以说是最简单的处理方法。

10.4 天线安装的相对位置

由于全向偶极天线的辐射模式是面包圈式(见图3-4、图3-5),所以当网关和无线现场设备的天线安装是竖直向上或向下时,还应该注意其位置高差及水平距离,特别是不能在水平距离较短的情况下高差太高(记住:开口角应≤39°),否则信号的传播质量将受影响(见图10-10、图10-11),但可以尝试一下改变网关和无线现场设备的天

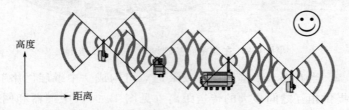

图10-10 网络中邻居的位置处于天线的强信号区域时,传播质量好

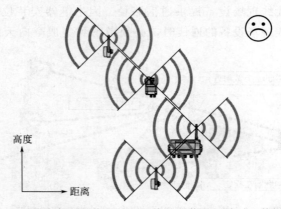

图10-11 网络中邻居的位置处于天线的弱信号区域时,传播质量差

线安装的相对开口角。

10.5 分步实施的现场安装

WirelessHART 智能无线网络规模可变，您可以从任何地方开始，然后根据需要方便地以分步实施的方法，进行无线网络的扩展。首先可以小规模的应用，然后逐渐扩大应用无线现场设备的种类和规模，如图 10-12 所示，从 1～4 分成 4 个阶段扩大了应用无线现场设备的种类和规模：

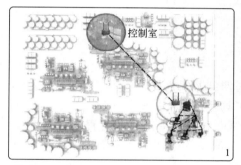
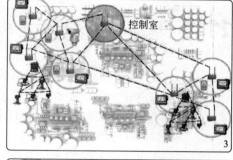
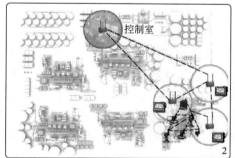
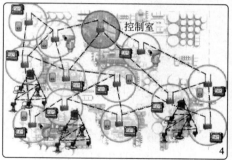

图 10-12　WirelessHART 系统应用规模分步实施示意图

在第 1 阶段，可以从某个远程无线现场应用开始（如油罐区监测），并使用 Wi-Fi 把数据送回到控制室；

在第 2 阶段，可以扩展网络，添加小规模的无线移动作业人员应用；

在第 3 阶段，可扩展无线工厂网络的范围，并利用 RFID 读写器进行人员定位跟踪和添加无线视频；

在第 4 阶段，进一步扩展无线网络的范围，实现更多的应用。

第11章
WirelessHART无线网络的现场调试及投运

11.1 现场调试及投运步骤

WirelessHART 网络的现场调试及投运是一个相当简便的过程，用户只需使用安装有线仪表的工具就可以支持安装无线现场仪表，现场调试及投运时需使用 HART 通信器（比如艾默生过程管理的 375、475 现场通信器）或装有 AMS 智能设备管理软件的个人电脑。以下介绍几个主要的调试及投运步骤。

11.1.1 网关

应该先为安装好的网关供电，然后调试智能无线网关，再调试其最邻近的无线现场设备，这些设备在加入无线网络之前还需要配置设备标识符和入网密钥。这样可以验证无线现场设备与网关的通信情况，同时也能确保自组织网络扩充后依然可以支持无线现场设备。从最初的调试过程到今后的网络扩展，对于新添加的无线现场设备来说，自组织网络就相当于一个巨大的天线，或许网关就在其附近，或许其四周有多台带路由功能的无线现场设备。

11.1.2 WirelessHART 无线现场设备

WirelessHART 无线现场设备在出厂前一般已经过组态和设置，如果需要也可用手持 HART 通信器进行设置，HART 通信器需要安装最新的 DD 文件。在任何一台 WirelessHART 变送器端盖里面都有一个标准的"COMM"端口，可用来连接手持 HART 通信器、笔记本电脑或其他工具（见图 11-1），用于在开启无线功能之前对变送器进行安全调试。组态和设置后应经过检查，检查方式有 4 种：通过变

第11章 WirelessHART无线网络的现场调试及投运

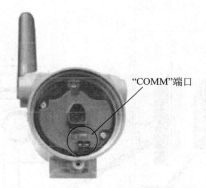

图 11-1　WirelessHART 变送器的标准 "COMM" 端口

送器的 LCD 表头、通过使用 375 或 475 手操器、在无线网关的综合网络服务器上、通过 AMS 模式的变送器智能管理软件。例如通过变送器的 LCD 表头，按住 Diagnostic（诊断）按钮将会显示铭牌的相关内容、变送器 ID、无线网络 ID、无线网络加入状态、变送器状态。

WirelessHART 设备组态工作主要是设置网络标识符、入网密钥，这个设置过程称为 "预备"。但是出于安全的原因，不能以无线的方式来执行 "预备" 过程，而必须通过有线或者其他安全的方式（比如红外方式）进行 "预备" 设置。只有当完成 "预备" 设置之后，现场无线设备才具备必要的安全证书，才可以启动安全的无线通信。

11.1.3　WirelessHART 设备的调试投运

首次通电开始等待至少 1h，然后执行无线连接测试程序。这一停顿时间可确保设备有时间为进行自组织而建立多个连接。先在设备处使用手持或其他工具验证设备是否已加入网络，也可在网关处查看已验证设备；检查设备位号、数据刷新率、电池电压。验证网关与现场设备的连接能否达到以下要求：确认网络诊断显示设备有合适带宽。网关应有指示功能；网关至少与 5 台无线现场设备直接连接；网关至少与 25% 的无线现场设备直接连接；检查接收信号强度指示。

如图 11-2 所示，左侧设备为菲尼克斯公司的 RAD 网关，右侧为电压表，表笔的正负端分别插入相应的端口后，即可测得接收信号强度指示。

天线是否对齐？测量接收信号强度指示电压提供了一种简单的方法，这对于较长距离的通信系统的定向天线定位是非常有用的。可以使用简单的电压表显示值表示信号强度变化，对天线进行调节（见图 11-3），接收信号强度指示电压也可以用来估计无线网络的预期数据传输速度；使

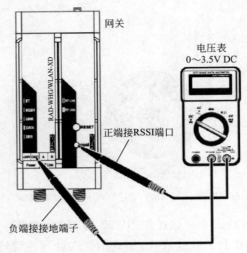

图 11-2 接收信号强度指示检查

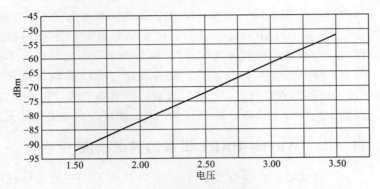

图 11-3 电压与信号强度

用接收信号强度指示电压，还可以确定以 dBm 为单位的功率。

11.1.4 将仪表加入网络

打开所有无线现场设备后，只要能从智能无线网关上看到数据，所有设备就能自动连接。如果一台无线现场设备周围只有一个通信连接点，最好能够在这里增加一台无线现场设备，以加固网络。确认所有设备连接的可靠性＞99％，确认能正确显示来自无线现场设备的所有数据。

当所有设备投产后，网络需要时间（＞4h）优化。检查每台设备至少有 3 台相邻的设备，其路径的稳定性至少达到 60％，接收信号强度指示应优于－75dBm。增加天线的高度可以改善很多通信欠佳的状况，如有必要，还可添加中继器。当采用 AMS 无线 SNAP-ON

应用软件时，所有的无线设备之间的无线连接可以在软件中显示。

11.1.5　应用集成

组态智能无线网关，以使传递的数据格式符合主机系统数据应用的要求。

11.2　AMS 无线 SNAP-ON 应用软件

AMS 无线 SNAP-ON 应用软件通过 AMS 设备管理器通信，支持智能无线网关和与它连接的无线现场设备，安装快速简单。

11.2.1　使用方法

导入工厂或过程的图像，如航拍图像；当确定图像后，你可以拖放网络设备到工厂或过程的图像上，以规划无线网络；按爱默生过程管理公司推荐的最佳实践检查计划，检查设定的用户参数；当无线网络安装后，可以以图形方式查看通信路径；显示网络关键参数报表，便于检查及维护无线网络。

AMS 无线 SNAP-ON 应用软件具有友好的用户界面，可以通过点击设备看到装置的有效范围，可以简单地使用鼠标滚轮放大或缩小网络图，可以用鼠标拖动使图标移动。

11.2.2　功能

(1) 无线网络优化

一旦安装好无线网络，AMS 无线 SNAP-ON 应用程序将显示设备之间的通信关系，介绍自组织网络全面的概况，可以帮助识别网络存在的薄弱环节，优化设备的通信路径（见图 11-4）；选择每一个装置，你可看到这个装置的参数和关键性能的诊断结果，还可直接将装置的附加细节发送到 AMS 设备管理器，以优化网络。

(2) 无线网络维护

用 AMS 无线 SNAP-ON 应用软件，很容易对无线网络进行诊断，甚至可以跨多个智能无线网关；通过移动或删除内容对报告自定义，使你快速找到你需要的信息，自定义报告可以包括以下有关内容：设备/网关的位号、电池电压、刷新率、环境温度、状态、相邻设备、平均可靠性等（见图 11-5）。

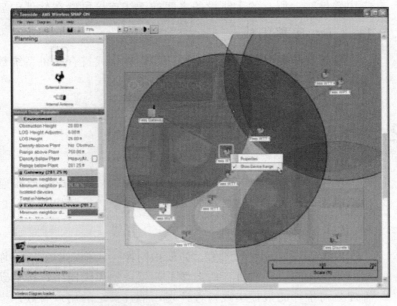

图 11-4　按最佳实践验证你的无线网络以优化设备的通信路径

Device tag	Status	neighbors	Average Reliability	Battery voltage	Update rate	Gateway
设备的位号	状态	相邻设备	平均可靠性	电池电压	刷新率	网关

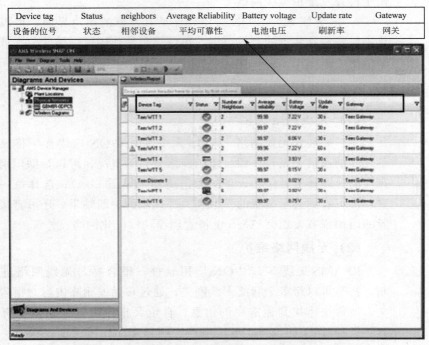

图 11-5　自定义报告显示你需要的信息以简化维护

(3) 无线网络管理

应用软件用以下方式管理无线网络及其应用：以图形方式显示网络通信与最佳实践的偏差，显示无线网络存在的问题，以便于找出任何潜在的故障点，优化无线网络（见图 11-6）。

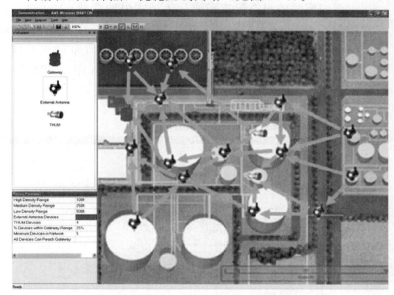

图 11-6　使用图形化网络通信显示以判断潜在的故障点

11.3　现场设置及投运

在无线网关用户界面的主页上，有 4 项功能：诊断、监视、检查和设置。诊断功能可查看通信、用户服务器参数的状态；监视功能可查看根据来自无线现场设备数据生成的画面；检查功能可查看来自无线现场设备的数据；设置功能可对网关进行网络、安全、时间、系统、通信等项设置。

海洋石油 W11-4N 油田的控制系统是在原有 DeltaV 系统有线现场设备的基础上新增了 8 台 3051S 无线压力变送器和 4 台 648 无线温度变送器，无线网关采用 1 台 1420 智能无线网关，网关通过 Modbus RS485 与上位机通信。其现场设置及投运包含以下内容。

11.3.1　无线系统内部连接

在完成简单的无线现场设备安装和组态配置后，1420 无线网关接通24VDC电源,无线变送器装上电池,整个无线网络就可以自动连接。

11.3.2 无线网关组态配置

无线网关的组态配置需要从笔记本电脑登陆1420网关,配置的参数包括IP地址、Network ID、Join key等。IP地址(Primary IP、Secondary IP)需要根据现有有线系统的网络地址段进行修改,Network ID和Join key分别指与无线仪表设备通信的网络标识符和入网密钥,使用无线网关的默认值即可(见图11-7)。

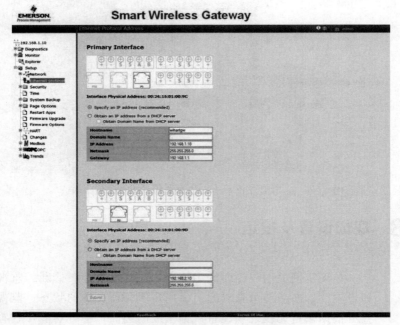

图11-7 无线网关参数设置

11.3.3 无线现场仪表组态配置

无线现场仪表组态配置需要通过支持无线版本的HART375手操器进行。无线现场仪表的组态配置主要包括Network ID、Join Key及数据刷新率等参数的配置。同网关一样,Network ID和Join key分别指与其他无线现场设备通信的网络标识符和入网密钥,数据刷新率根据现场实际需要确定,该项目设置10s(见图11-8)。

第11章 WirelessHART无线网络的现场调试及投运

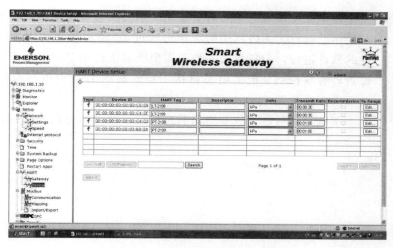

图 11-8　无线现场仪表组态配置

上述参数组态配置完成后，无线现场仪表便可与无线网关连接，待连接成功后，需要配置各个无线现场仪表的 PV 值地址。

11.3.4　无线系统与有线控制系统的集成

经过无线网关和无线现场仪表的组态配置后，一个无线控制系统网络便已形成，若要实现监控功能，需要接入现有的有线控制系统。1420 无线网关与现有的有线控制系统的连接有 Modbus RS485、Modbus TCP/IP、OPC 等多种方式，该项目采用 Modbus RS485 通信协议方式连接（见图 11-9）。

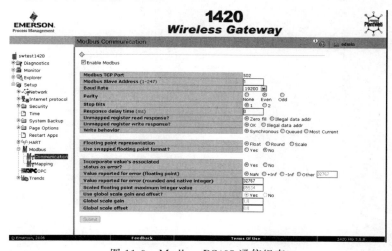

图 11-9　Modbus RS485 通信组态

两个系统集成的组态需要在无线网关和有线控制系统的工程师站及操作站进行。无线网关的组态可通过 IE 浏览器并利用无线网关内嵌的软件进行,包括仪表参数和需要映射上传到上位机的变量参数的设置;有线控制系统的组态包括工程师站的 I/O 点组态及操作站的画面组态,参照 DeltaV 系统要求进行。

调试完成后,无线变送器的现场测量数据即可在上位机显示。

第12章 WirelessHART无线网络的应用

无线网络已经给过程控制领域带来了令人瞩目的许多惊喜，这主要体现在对用户需求的全新解决方案和快捷的调度能力等方面，表12-1列举了其中一部分对用户需求的全新解决方案。

表12-1 对用户需求的全新无线网络解决方案

设备带来的挑战	旧的解决方案	存在问题	新的解决方案	新方案的特点
现场设备与控制室之间有道路等障碍物	埋地、架空敷设电缆、桥架	敷设电缆、桥架困难，甚至埋地、架空敷设也无法实现	各类无线变送器	无需考虑敷设电缆，减少施工费用，信号传送可靠
测量回转窑温度	4～20mA变送器和汇流环	汇流环接触不良、磨损造成信号衰减	无线温度变送器	毫无磨损，信号可靠
测量煤堆温度	带长导线的有线探头移动劳动强度大	工作条件恶劣	无线温度变送器	工作条件大为改观
许多备用测量数据未连接至控制系统	操作人员夹着记录本记录分布在各处的现场设备读数	检测间隔时间较长，数据准确性、可靠性差	各类无线变送器	实时数据，省时省力，数据准确有效
不知道手动控制阀的实际位置/状态	要求操作人员进行实地检查	检测间隔时间较长，数据准确性、可靠性差，直至过程受到影响后才检测出故障	无线阀位变送器	随时可获得手动控制阀的实际位置/状态信息，以便作出快捷准确的决定
不知道控制阀的实际工作性能	要求操作人员进行实地检查	检测间隔时间较长，数据准确性、可靠性差，直至过程受到影响后才检测出故障	在现有定位器上增加无线适配器	随时可获得控制阀的工作性能信息，提供对故障的反应速度，在过程受影响前采取有效的预防措施

续表

设备带来的挑战	旧的解决方案	存在问题	新的解决方案	新方案的特点
测量轨道车辆上的温度	操作人员在恶劣环境条件下带着探头登上轨道车辆进行测量、记录	有危险性,耗费时间	无线温度变送器	更安全,更省时,更准确
安全喷淋设备监视	盲区	使用安全喷淋设备的人员无法获得支持	无线开关量变送器	提醒有人使用安全喷淋设备和可能需要帮助
临时性试验和评估	有线数据采集系统	费时费力且劳动强度大	无线压力和温度变送器	安装和拆除方便快捷
pH 探头难以安装的检测点	敷设新的导线	费时且成本高	无线 pH 变送器	迅速方便
机械设备运行状态监测	无法监测	设备故障,影响生产	无线振动变送器	实现预维护,延长设备寿命,可监测难以接近的设备
疏水器故障监测	无法监测	蒸汽大量泄漏	无线声波变送器	为疏水器提供精确测量和连续监控,可使疏水器故障次数和燃料成本大幅降低

以下列举用户的应用实例。

12.1 江西卡博特蓝星化工公司

江西卡博特蓝星化工公司采用先进的二氧化硅生产工艺,装置采用了 DeltaV 控制系统,安全仪表采用 DeltaV SIS 系统,应用 AMS 智能设备管理系统对现场设备进行实时监控和管理。由于铺设电缆及设备维护难度较大,工厂的重要设备——冷却风机和助燃风机运行状态(风机轴温度及风机入口压力)在线检测采用了智能无线解决方案,包括监测风机轴温的智能无线温度变送器和风机入口压力的智能无线压力变送器(见图 12-1),并利用智能设备先进的预诊断功能和智能设备管理软件,对冷却风机和助燃风机的运行状态进行监测,将无线监测数据无缝集成到 DCS 系统,以获得最大经济效益。

从 2008 年 7 月起投入运行,测量结果准确稳定,设备运行正常,

第12章 WirelessHART无线网络的应用

图 12-1 现场安装的无线压力变送器

达到用户的预期要求，进一步增强用户使用无线产品的信心。

12.2 中石油塔西南化肥厂

中石油塔西南化肥厂是一家生产尿素的工厂，该厂二氧化碳再生塔、吸收塔的塔高约 40m，塔的压力测量均采用普通差压变送器完成，由于地处西北地区，冬天的气温较低，引压管线经常被冻（引压管长 50m），仪表无法正常工作，严重影响了安全生产，也给仪表维护工作带来了很多困难。

解决方案是由智能无线网关和压力变送器组成智能无线网络，变送器分别安装在塔顶和塔底，测量塔顶、塔底间差压，通过 Modbus RTU 方式将数据送至 DCS 系统。该项目从 2008 年 8 月投入运行，测量结果准确稳定，无线网络设备运行正常，远远超出了用户的预期要求，给仪表运行维护带来了极大的方便，增强了用户使用无线产品的信心。

12.3 中海油友谊号平台输油船

中海油公司决定通过"友谊号"平台输油船新建海底管线，将渤海南部的天然气输送到天津地区，新建管线改造需要在平台输油船上增设一个天然气管线出口,并加装相应的关断阀和变送器。由于仪表电缆通道已在平台建造时完成,后期增设电缆通道几乎不可行。而采用无线通信方式,对敷设电缆困难的设备和区域可不必增设电缆通道实现新增参数的监测,从而节省安装成本。

  本项目采用无线解决方案,对输油管线出口控制阀的状态监测采用 702 无线开关量变送器,对管线温度采用 648 无线温度变送器,检测信号通过智能无线网关采集,无需铺设仪表电缆,无需增加 I/O 卡件;无线设备安装调试方便,仅用半天时间即通信正常,体现出无线技术的优势。此项目自 2009 年 11 月 28 日投运以来,无线仪表运行正常,数据传输可靠,增强了设计及仪表维护工程师使用无线仪表的信心,还深刻感受到智能无线技术带来的直接经济效益。

12.4 华能上海石洞口第一电厂

  华能上海石洞口第一电厂决定对除灰控制系统就地设备进行一次改造,增加库顶风机压差信号、库底流化风机和斜槽流化风机的压力信号。但在灰库上铺设电缆十分困难,增加有线仪表的方案不可行。新的解决方案为由智能无线网关和压力变送器组成智能无线网络,变送器分别安装在除灰系统灰库的库顶风机、库底流化风机和斜槽流化风机附近,分别监测风机的压差和压力信号。上位机为美国罗克韦尔公司 AB 系列的 PLC,由于 PLC 中没有空余的 RS485 接口,无线网关将所有测量值通过 OPC 集成到 PLC 中,并由罗克韦尔公司通用 HMI 人机界面显示(见图 12-2)。

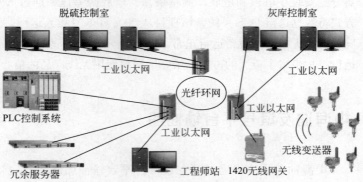

图 12-2 除灰控制系统与智能无线网络

该项目投入运行后,测量结果准确稳定,无线网络设备运行正常,实现了除灰系统的自动化监测,大大改善了除灰系统的管理。

12.5 电科院电厂性能测试

为保证电厂运行性能,国内各地电力科学研究院都会对其所服务的电厂在汽机、锅炉新机组竣工验收时或在大小修前后进行性能试验,为电厂的汽机、锅炉维护及检修提供参考数据。在性能试验中,困扰电科院多年未能解决的现场问题如下:

① 测试数据来自现场相应测点的常规有线仪表,采用临时线缆连接,全部线缆由电科院提供,用卡车运至电厂所在地,运输成本高;

② 安装临时线缆不符合电厂安全规程,存在安全隐患;

③ 仪表安装完成后,一旦回路联调出现问题,需再次检查线缆,调试时间加长;

④ 现场相应测点的常规有线仪表为多个厂家的硬件,其硬件匹配程度对测量精度带来一定影响;

⑤ 常规测试仪表系统不能对现场测试仪表进行设备管理,仪表运行状态无实时监控,不能及时消除仪表故障,因此无法判定采集的数据是否正确。

2010年2月,华电电科院首次将艾默生过程管理公司的1台1420智能无线网关和24台智能无线变送器(包括3051S无线压力变送器、648无线温度变送器或848无线多点温度变送器)应用于宁夏灵武电厂汽机性能测试(见图12-3),和使用常规有线仪表相比智能无线技术具有以下优点:

① 无需敷设电缆,无需数据采集I/O卡件,便于安装、调试及维护,安装和调试时间减少了90%;

② 通过AMS设备管理软件可实现无线变送器的远程在线组态、校验、诊断及网络通信状态监控,缩短回路调试时间,简化项目实施步骤;

③ 采用全数字通信,数字化保证了过程值的高精度及抗干扰能力,减少了中间连接环节和误差,如压力变送器最高参考精度可达0.025%。

图 12-3　现场安装的无线变送器

艾默生智能无线技术的解决方案，进一步提高了电科院性能试验数据的权威性，提高了性能测试的工作效率，目前全国已有超过 15 家电科院采用了艾默生过程管理公司的智能无线技术进行电厂的性能测试。

12.6　云南驰宏锌锗公司会泽冶炼厂

云南驰宏锌锗公司会泽冶炼厂为新建工程项目，设计规模60kt/a 粗铅、100kt/a 电锌及渣综合利用，2013 年 11 月投入试生产。

在该厂新建工程项目中，采用了以 FF 现场总线作为信号传送方式的艾默生过程管理的 DeltaV 控制系统，为了尝试使用工业无线网络，选择了多膛炉焙烧车间采用了 WirelessHART 智能无线网络与 DeltaV 控制系统集成。该工序相对不太重要、监测点数不多、很少或没有涉及安全连锁及快速控制回路的参数。

多膛炉焙烧车间的 Delta V 控制系统主要由 1 个工程师站、2 个操作员站，1 个控制系统柜和 1 套不间断电源组成。多膛炉控制系统分为多膛炉主厂房和多膛炉收尘两部分。

智能无线系统硬件包括无线变送器、1420 无线网关和交换机，1420 无线网关有 4 台，交换机有 2 台，无线变送器包括 63 台共 90 个测点的 848T 多点（4 点）无线温度变送器、648（单点）无线温度变送器、3051S 无线压力（差压）变送器。图 12-4 为现场安装的智能无线网关和无线变送器。

第12章 WirelessHART无线网络的应用

(a) 智能无线网关

(b) 无线温度变送器和无线压力变送器

图 12-4　Wireless HART 智能无线网络设备现场安装

多膛炉焙烧车间工业厂房内配置了 3 台 270m² 多膛炉，炉高 15m，多膛炉炉体分 12 层，设 6 个燃烧室，以煤气作燃料，使炉膛温度保持在 700℃ 左右。多膛炉产出的烟气温度小于 550℃，直接进入收尘系统。从收尘系统中回收的含氟、氯的氧化锌烟尘另行处理。

多膛炉的每层都设有一个温度监控点及压力监控点，这样在工业厂房的各层都分布了很多测点，现场将每台多膛炉的第一层至第四层所有温度压力信号的无线变送器引到二楼集中安装；将第五层至第八层所有温度压力信号的无线变送器引到三楼集中安装；将第九层至第十二层所有温度压力信号的无线变送器引到四楼集中安装；然后在多膛炉厂房的二楼、三楼、四楼分别安装一台无线网关。多膛炉收尘系统设置在主厂房外，障碍物较少，视野空旷开阔。因此将冷却烟道出口压力及温度无线变送器安装在四楼，收尘器出口压力及温度无线变送器安装在三楼，引风机出口压力及温度无线变送器安装在引风机房顶。收尘无线网关安装在收尘四楼与三楼连接处，以保证每台无线网关能与更多的无线变送器直接进行通信。

1420 无线网关连接无线设备和现有控制系统艾默生过程管理公司的 DeltaV，由于网关分布在不同楼层和不同建筑物内，直接无线通信困难，所以 4 台 1420 智能无线网关是通过有线 Modbus TCP/IP 通信方式与主副交换机连接，再连接到 DeltaV 控制系统（见图 12-5）。这种连接方式实际上是将多膛炉无线系统分成 4 个独立的无线网络，可以单独调试，单独接入 DeltaV 控制系统。

图 12-6 为多膛炉焙烧总貌画面。

多膛炉无线仪表从安装调试完毕后先于工艺设备投入运行，使用至

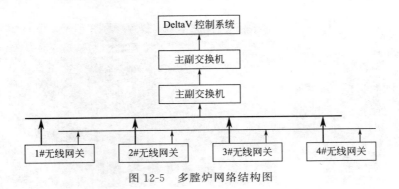

图 12-5 多膛炉网络结构图

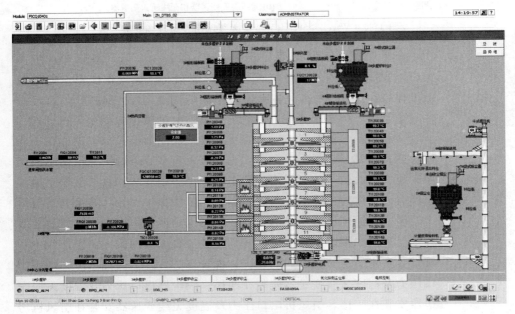

图 12-6 多膛炉焙烧总貌画面

今已安全工作一年半左右,系统运行稳定,从未出现过信号丢失的情况。

12.7 南海北部湾海上石油平台

南海北部湾某海上调整井项目是在海上石油平台旁增加一座简易井口架,增加的井口架可打 7 口井,其中包括两个主桩分别作为隔水套管打单筒双井,此项目设计需要在新增井口架的采油树上安装 7 台温度变送器和 14 台压力变送器。

由于该项目为海上石油平台的改造项目，大部分改造工作需在海上完成。根据现场调研，该平台中控系统的控制柜空间有限，控制系统备用 I/O 及底板卡槽不足，后期增设电缆通道不够，敷设电缆困难，施工难度大，投资增加较多。为此该项目选用无线网络方案，即采用 1 台 1420 无线网关、14 台 3051S 无线压力变送器和 7 台 648 无线温度变送器满足改造需求（见图 12-7）。

图 12-7　石油平台采油树上安装的现场无线设备

无线网络方案的优点是无需增加 I/O 卡件，无需铺设仪表电缆，仪表安装及调试时间短，成本和布线工作量大大降低，海上施工工时减少 90%，在满足需求的同时取得了明显的经济效益。该项目自 2010 年 4 月投运以来，无线网络运行正常，数据传输可靠，维护成本极低，增强了现场维修人员使用无线仪表的信心，探索出了无线网络在海上石油平台应用的一条新路。

鉴于在该项目中采油树测量仪表首次由常规有线仪表改为无线仪表获得成功应用，在随后新建的南海北部湾某海上石油平台和在建的南海某海上石油平台项目中也采用了无线网络技术方案，无线网络的应用得到了进一步推广。

12.8　英国 Croda 公司

英国 Croda 公司是一家国际性的专业化学品制造商，在厂区任何时候，总有 3 辆 24000 加仑（约 90m^3）容积的化学品槽车停在现场，其中 1 辆在服务站按要求等待卸货（见图 12-8）。由于该化学品活性高且易燃，因此对其内部进行温度监控极其重要。如果在清理化学品

图 12-8 化学品槽车

槽车时有残留或不小心混入污染物且没有及时采取补救的中和措施,就会引起无法控制的放热反应并导致潜在的严重后果。由于化学品槽车经常处于运动状态,用硬导线连接温度传感器几乎是不可能的。以前,操作人员需每天爬到每一辆化学品槽车的顶部,检测温度和记录读数,这是一项费时费力的工作,在潮湿或冰雪天气时,还存在操作人员滑倒或坠落的事故隐患。

采用每辆化学品槽车到达现场后就安装 648 无线温度变送器,信息通过变送器传递到 1420 无线网关,最后通过 Modbus 总线传回到控制系统。操作员观测温度的同时,维护人员也通过 AMS 工作站监测变送器的性能。自组织网络安装快速且简单,这对于不断到达和离开工厂的化学品槽车来说是非常重要的。

采用艾默生过程管理公司智能无线技术后,安装了 648 无线温度变送器和 4120 无线网关,无论化学品槽车在现场的哪一个地方,都可以实时地将数据输入主机系统,信号传送质量丝毫不受影响,而且可以通过 Modbus 总线无缝接入公司的控制系统,会实时地提醒操作人员注意槽车的任何异常温升现象。化学品槽车的温度监控系统极大地提高了过程性能和总体安全性,单是运行和维护成本每年可以节省费用约 15000 美元。

12.9 哥伦比亚 Pacific Rubiales 石油公司

哥伦比亚 Pacific Rubiales 石油公司是该国最大的独立石油和天

然气勘探和生产公司，勘探基地每月要钻 20 口新油井，为节省综合布线成本，寻找一个更灵活的解决方案来监控井口并对所有设施进行管理。从 2005 年开始，勘探基地共使用了 3300 台 E＋H 公司仪表；2009 年与 E＋H 公司合作，开始讨论 WirelessHART 的解决方案；2010 年选定 WirelessHART 的解决方案并启动现场试验，试验成功后订购了 800 台 WirelessHART SWA70 适配器、43 台 WirelessHART SWG70 Fieldgate 网关；2011 年决定采用 E＋H 公司 W@M 生活周期信息化平台，并纳入第三方的设备如阀门控制器等。勘探基地的生产规模也从每天 4 万桶扩大到每天 20 万桶。

油井用于重质原油开采，通常是 5 口油井聚集在一起钻孔构成一个"平台"，检测内容包括每口油井的压力、温度和 5 口油井汇总管上的流量和压力，这些参数确定了 5 口油井的产量。所有现场变送器都配备了无线 WirelessHART SWA70 适配器，与位于现场操作间的 WirelessHART SWG70 Fieldgate 网关通信，再经无线传送到 E＋H 公司的 W@M 生活周期信息化平台集中监控（见图 12-9）。W@M 生活周期信息化平台能够帮助公司以有效的方式管理所有资产。所有设备的数据可不间断地监控，即使在所有设备停车的情况下，包括操作手册、技术资料、服务报告、校准报告、备品备件和产品状态还可以在线提供。图 12-10 为井口安装的无线压力变送器。

使用证明 WirelessHART 的解决方案具有以下优点：

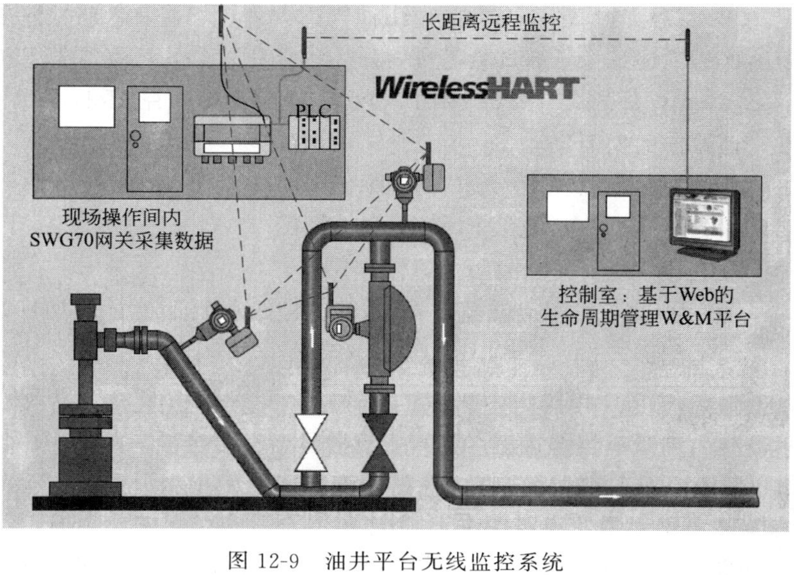

图 12-9 油井平台无线监控系统

图 12-10　井口安装的无线压力变送器

- 井口安装时间由 15 天缩短至 3 天，减少启动系统的工作时间；
- 更少的布线成本，每口井无需采用远程 I/O 组件，节省 400m 通信电缆及相关费用，节省 $100m^3$ 的电缆通道；
- 工艺优化，操作更灵活，降低了运营成本。

12.10　川西北气矿梓潼采气作业区

四川省绵阳市中石油西南油气田分公司川西北气矿梓潼采气作业区的基地站中，有 3 台温度、压力、差压仪表的数据需要上传至距离 150m 以外的集气站控制中心机房，目前现场已有 FloBoss107 流体管理器作数据汇聚。

为了满足上述要求，川西北气矿梓潼采气作业区 2014 年采用 WirelessHART 无线网络技术（见图 12-11），对现场做了如下的改造：

① 现有的 3 台温度、压力、差压变送器通过加装 THUM775 无线适配器，扩展了 WirelessHART 无线功能；

② 由于传送距离较远，现场还有一些障碍物，所以在临近基地站一栋建筑物的楼顶安装了 1 台中继器，中继器选用了 248T 无线温度变送器；

③ 加装了 THUM775 无线适配器的 3 台温度、压力、差压变送器通过中继器的路由，将信息传送到集气站控制中心机房外的 781 远

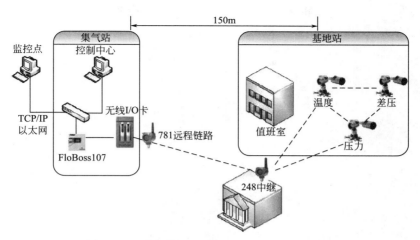

图 12-11 采气作业区 WirelessHART 无线网络

程链路,这些设备构成无线 Mesh 网络,实现了数据的互联互通;

④ 781 远程链路以有线的方式与无线 I/O 卡相连;

⑤ 将 FloBoss107 流量管理器挪至集气站控制中心机房处,FloBoss107 管理器对下通过无线网关(由无线 I/O 卡与 781 远程链路组成)连接,进而采集现场无线仪表的数据;

⑥ FloBoss107 流量管理器借助 TCP/IP 以太网扩展卡件,通过 RJ45 以太网双绞线直接进入上层核心交换机,与控制中心监控系统进行通信。

艾默生过程管理的 FloBoss107 流体管理器是针对用于天然气与流体监测计算机中的最新产品,其优点是带触摸式屏幕,可方便地读取和设置参数;带多种功能集成化 I/O 模块。

对于采用艾默生远程自动化部门 RAS 上位机软件的 FloBoss107 流体管理器来说,选用无线 I/O 卡与 781 远程链路组成的无线网关的兼容性比之前的智能无线网关 1420 更好。

第3篇

ISA100.11a标准

第13章
ISA100.11a标准的起源和发展

13.1 ISA 简介

　　ISA（Instrument Society of America，国际自动化学会，原名美国仪器仪表学会）1945 年 4 月 28 日在美国宾夕法尼亚洲匹兹堡成立，1949 年制定了第一份标准"RP5.1 仪表流程图符号"1954 年出版第一份期刊，即今天的 InTech。

　　随着 ISA 国际影响力扩大，其技术领域早已超出仪器仪表的范围，2000 年，经 ISA 学会理事会批准将学会名称变更为仪器、系统与自动化学会。2008 年 10 月，理事会表决通过命名学会为国际自动化学会，一个名字前后几次的变化，反映了 ISA 会员基础的全球性和包容性。

　　ISA 是一个非盈利的技术学会，服务于工业自动化、仪器仪表及其相关领域从事研究、学习的工程师、技术员、企业家、教育者、学生和所有对这些领域感兴趣的人士。ISA 涉及很多工程与技术学科，是世界上最重要的工业自动化、仪器仪表及其相关领域的标准制订与工业自动化人才培养的专业组织之一。

　　目前，ISA 的主要任务是制定和完善标准、职业资格认证、提供教育和培训、出版书籍和论文并且主办自动化专业领域最大型的会议和展览。ISA 为它的成员提供各种渠道来获取技术信息、专业发展资源和与其他自动化专家交流的机会。除此之外，ISA 会员还能有更多机会得到自动化领域内众多专家的认可。

　　ISA 的工作方针是：
　　① 尊重其他成员的知识产权；
　　② 除非得到版权所有者的允许，否则不允许有意地把有版权的资料加入到标准当中；

③ 当把材料提交给委员会时，须注明资料的所有版权；

④ 接收的所有草案和最终标准的版权都将属于 ISA；

⑤ 除非专利所有者同意遵守 ANSI（和 ISA）的专利政策，否则不得有意在标准中加入那些要求专利保护的规范；

⑥ 未经授权不得泄露任何私人的或者机密的信息；

⑦ 知名媒体人员可以出席 ISA 的会议；

⑧ 无论正式的还是非正式的会议上，都要避免讨论不必要的商业问题，如价格政策、价格战略、产品、服务、产品制作方法、产品成本、顾客或市场。

13.2 ISA100 简介

ISA 专门成立了一个由终端用户和作为技术提供者的供应商所组成的 ISA100 工业无线标准化工作委员会，该委员会的主要任务：

① 制定 ISA100 工业无线标准、推荐操作规程和起草技术报告，定义工业环境下的无线系统相关规程和实现技术，建立必要的规范和流程；

② 通过系统使用的标准、测试和一致性流程统一，确保不同厂商产品的互操作性；

③ 进行 ISA100 无线网络系统和无线产品的测试和认证；

④ 提供培训、工具和技术支持，使用户和供应商在生产、认证、设计、应用、配置和管理无线系统或设备时减少时间、成本和开发风险；

⑤ 作为供应商参加该组织，您的产品可在第一时间经过测试，以满足高速增长的工业无线市场的需要；作为最终用户参加该组织，可增加对 ISA100 无线网络系统和无线产品的了解，确保您的特定需求得到满足。

ISA100 的核心成员单位有霍尼韦尔、横河电机、阿自倍尔、通用电气、富士电机、倍加福、菲尼克斯、尼维斯、中国重庆邮电大学等 27 个成员单位，其中包括雪佛龙、埃克森美孚、壳牌等终端用户。ISA100 的理事会主席、副主席分别由霍尼韦尔公司 Raymond Rogowski、横河电机的 Dr. Penny Chen 担任，成员还有通用电气、阿自倍尔和作为用户代表的埃克森美孚。ISA100 成立了多个研究小组，每个研究小组的目标是形成相关文档来帮助用户在工业无线应用时做出正确的选择。

ISA100 还规定了工业测量与控制下的六类应用（见表 5-1）。

ISA100 委员会包括了 200 多个单位共 600 多位来自世界各地的自动化仪器仪表专业人才，代表最终用户、无线供应商、DCS 供应商、仪器供应商、PLC 供应商、技术供应商、系统集成商、研究机构、顾问、政府机构和联合体。

ISA100 下属的无线兼容研究院（Wireless Compliance Institute, WCI）可接受 ISA100 成员符合 ISA100 相关标准的无线产品认证和注册。

13.3　ISA100.11a 简介

ISA100.11a 是工厂环境中运行的可寻址无线传感器网络，是为各种应用提供安全可靠运行的第一份 ISA100 标准。当 ISA100.11a 标准草案发布后，ISA100 委员会开始征集不同用户的反馈意见，根据反馈的意见进行修改，多次反复后需以大多数赞成票才能通过表决。因此，ISA100.11a 标准综合了诸多意见，而且是为最终用户设计且最终用户参与设计的无线标准。该标准集中了很多行业的专业知识，很大程度地满足了用户的需求，是市场驱动的产物。随着 ISA100.11a 标准的推广使用，肯定将会有更多的用户提出新的要求，同时 ISA100 的无线兼容研究院 WCI 将根据测试的情况提供更多的反馈，ISA100.11a 还将通过升级来满足这些要求。

ISA100.11a 是一个非常开放的标准，主要体现在两个方面：在无线兼容研究院 WCI 里，任何有关的制造商都可以申请成为它的一个成员；成员只要把产品拿到无线兼容研究院 WCI 作认证，认证成功之后就会注册为符合 ISA100.11a 标准的产品。

13.4　ISA100.11a 工作组

为方便开展工作，ISA100 设立了多个工作组（WGs），分别讨论和解决各种各样的技术问题，每个工作组都是独立的，都有着独立的目标和计划。同时，为了满足需求的不断变化，随时会自由组合工作组，甚至成立新的工作组。

这些工作组按主题进行分类，以数字编号命名，如涉及制定标准化文件，还得到一个以 ISA100.××形式命名的编号。以下是部分工作组及其职能：

① WG1：ISA100.1，统筹、整合所有标准并促进新工作组的形成，拟定了一份为仪表技术员提供帮助的技术报告，名为"ISA-TR100.00.01-2006-自动化工程师无线技术指南第 1 部分：无线通信物理学指南"；

② WG2：技术 RFP 评估标准（TPEC），"授权"工作组，对使用者团体发展无线需求进行许可，由于现今的 ISA100.11a 已包含了所有规定的要求，因此这个工作组并不活跃（也不需要活跃）；

③ WG3：ISA100.11a，主要负责定义 OSI7 层规范（包括物理层、数据链路层等），安全规范和管理（包括网络和设备配置）规范，为固定设备、便携式设备和移动设备提供从 1 级到 5 级的（0 级是可选的）应用服务。工程应用的重点是周期监控和过程控制的执行，容许延迟是 100ms，更短的延迟定义为可选，具体内容如下：

a. 满足有延迟和延迟可变性限制的大规模低功耗设备系统的应用需求；

b. 定义一种具有与现存体系结构应用兼容、满足安全和网络关系需求、可以升级的无线体系结构；

c. 在恶劣工业现场或其他系统干扰的环境中，要求具有很好的健壮性；

d. 能够与应用在工业现场的其他无线设备共存，如 802.11×、802.16×、蜂窝电话等；

e. ISA-100.11a 设备的互操作性。

应用于各种控制的无线连接标准，如过程监控用无线，用户团体一直要求在 100ms 或更长时间迟延的工业环境中使用的无线传感器技术，并且重点在非关键或低风险应用上。

④ WG8：解决用户需求，包括电池寿命等；

⑤ WG12：ISA100.12，融合 WilelessHART，成员已经进行了一段时间的会商，探讨 ISA100.11、WirelessHART 如何能协同工作。一个新的观点是着眼于双重启动设备，可实现双栈同时工作，由于工作组遇到障碍，据该小组联合主席介绍，ISA-100.12 小组已决定放弃在该方面的努力；

⑥ WG15：无线骨干网/无线回传，在网关背后进行改造，以取代连接到控制室的有线以太网，这是一种全新的需求，它涵盖了安

全、视频以及掌控多种协议的能力;

⑦ WG16：工厂自动化，将制定无线工厂自动化的规范标准，除其他方面的差异外，比 ISA100.11a 具有更严密的适时性，现在规范文件正在起草中，参与者包括汽车制造商 Proctor&Gamble 以及其他离散自动控制厂商；

⑧ WG21：人员及资产的跟踪和识别，包括 RFID 和其他方法，这个小组也制定了相关技术报告；

⑨ 商业化：超出了标准的范围，认证小组将着眼于规范之内的选择，以及确保不同厂商设备之间的互操作性。

13.5 ISA100.11a 标准概要

13.5.1 ISA100.11a 的目标

标准制定工作组希望该工业无线标准能够达到甚至在某些方面超过有线系统的性能。此外，他们一致认为无线仪表系统必须确保工业等级的可靠性和安全性，能够应用于非关键的控制、报警、监测、管理，以及开环和闭环控制等场合。他们要求 ISA100.11a 标准提供以下功能：

① 在恶劣环境中不间断的通信；
② 通信协议和设备的互用性；
③ 不要求现场设备具有路由功能，使电池寿命最大化，降低维护量；
④ 可扩展性，支持大量现场设备和网关；
⑤ 从现场设备发送数据到接收数据的响应时间快速；
⑥ 与其他无线设备共存。

ISA100.11a 工业无线仪表系统要能够满足关键监控和过程控制等应用的性能需求，为整个工厂提供一个公共的无线平台，实现一个无线架构支持整个流程工业的无线应用或与有线设备及有线网络的无线互联，力求和最终用户一起制定一个可靠、高效、规模灵活、经得起未来验证、开放的工业无线标准。

13.5.2 ISA100.11a 的关键技术

ISA100.11a 是基于 IEEE802.15.4 的物理层，它定义了数据链路层、网络层、传输层和应用层，网络采用网状（Mesh）和星形（Star）网络拓扑结构。

ISA100.11a 网络协议设计时要解决与其他短距离无线网络的共存性、无线通信的可靠性和确定性问题，其核心技术包括精确时间同步技术、自适应跳信道技术、确定性调度技术等。

（1）精确时间同步技术

ISA100.11a 网络拓扑有两层结构，分别为骨干网和 DL 子网（数据链路低子层），设计根据网络层次结构采用了时间的分级同步。网关在形成网络时，可向骨干路由器发送装载有时间同步信息的广播帧来进行骨干网的时间同步；当骨干网完成时间同步后，骨干路由器便向其所在的 DL 子网内的终端设备发送广播帧来进行时间同步。这样，经过两级同步后，就可以达到全网同步的目的。

（2）自适应跳信道技术

ISA100.11a 工作在全球免费的 2.4GHz 频段，为了避免信号干扰，要解决在 2.4GHz 频段网络的共存性问题。通过采用跳信道技术来避免信号干扰，跳信道包括时隙跳频、慢跳频和混合跳频三种信道模式，不同的运行模式对应着不同的时隙配置方式。

（3）确定性调度技术

ISA100.11a 骨干网一般采用有线技术或 Wi-Fi 无线技术，所以，ISA100.11a 数据链路层的通信调度技术是面向 ISA100.11a DL 子网，主要功能是在相互竞争的用户之间分配通信资源，以避免冲突，提高吞吐量和带宽利用率。

13.5.3　ISA100.11a 无线网络架构的主要组件

图 13-1 是一个简单的 ISA100.11a 无线网络架构，网络由 DL 子网和骨干网组成。

网络的主要组件有现场设备和骨干设备，现场设备可能包括路由设备、非路由设备、手持设备等，骨干设备可能有骨干路由器、网关、系统管理器、安全管理器。现场设备中的非路由设备可以直接将信息传送给骨干路由器，或通过其他路由设备将信息转送到骨干路由器。骨干设备相互无线通信，构建无线骨干网络，骨干路由器可直接发送 ISA100 数据到网关，网关是无线网络与控制网络的接口，充当 ISA100.11a 与其他协议（Modbus、HART、FF 等）的转换器。系

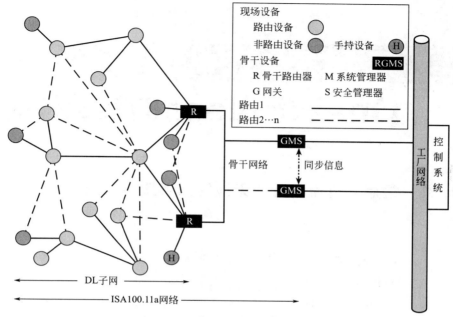

图 13-1 简单的 ISA100.11a 无线网络架构

统管理器管理包括设备和通信在内的工业用无线传感器网络,它控制网络的运行组态,监控并报告通信组态、性能和运行状态,并提供与时间相关的服务。安全管理器支持授权设备,对即将加入工业无线传感器网络的无线设备进行物理授权,同时管理每个设备的主要安全密钥并为每个密钥制定安全策略。

13.5.4 ISA100.11a 产品

2007 年 6 月 11 日,霍尼韦尔公司宣布符合 ISA100.11a 的工业无线网络解决方案的产品 OneWireless 正式发布并投入市场。

目前能提供用户使用的符合 ISA100.11a 产品的生产厂商较少,主要有霍尼韦尔和横河电机 2 家公司,此外美国 GE (General Electric)、尼维斯、Apprion、Eltav 等公司也有很少品种的产品,如 GE 下属本特利(Bently)公司的 Essential Insight.mesh ISA100 就是采用符合 ISA100.11a 标准的产品用于机械设备运行的监控系统。

霍尼韦尔公司作为 ISA100.11a 标准的主推厂家,其产品 OneWireless 工业无线网络类别最齐全。横河电机的产品类别也比较多,市场推广力度也很大。在本篇中,重点介绍霍尼韦尔公司的 OneWireless 工业无线网络,而在第 20 章将对横河电机的产品作全面介绍。

第14章
OneWireless的系统构成

14.1 霍尼韦尔流程行业无线网络系统发展历史

霍尼韦尔公司长期致力于工业无线技术的研究和应用,2003年受美国能源部委托,研发应用于工业领域的无线技术;2003年9月开始"可提高工业效率的无线和感知解决方案"项目;2004年推出工业无线变送器——基于ZigBee无线技术的XYR5000无线压力变送器,载频为902～928MHz,以此为基础的无线网络系统构成见图14-1。

图14-1中,作为网关设备的基站WBR与各种类型的XYR5000无线变送器可直接通信,最大数量为50台,最大距离610m。基站还可有线接入最多25个AO/DO组件,基站与控制系统的连接有

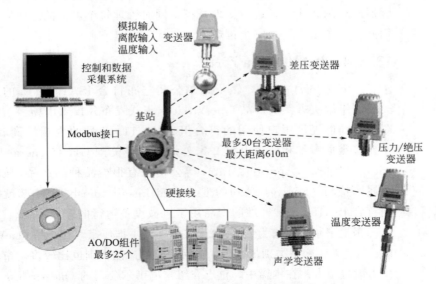

图14-1 早期以XYR5000为基础的无线网络系统构成图

RS485 Modbus RTU 接口，还可提供 RS232 到 WMT 无线管理工具上显示。

2007 年 6 月 11 日，霍尼韦尔公司推出基于 ISA100.11a 思路的 OneWireless 无线网络方案，采用了 XYR6000 变送器，载频为 2.4GHz。霍尼韦尔公司 OneWireless 无线网络 2009 年 4 月发布的 120 版，当时作为网关的是多功能节点（Multinode）；2010 年 6 月发布的 200 版，新推出的功能包括无路由功能的无线变送器改为路由功能可选，增加了现场设备接入点 FDAP（Field Device Access Point）、HART 适配器等产品；2013 年 4 月发布 OneWireless 无线网络 210 版的新功能包括在线无线设备授权，依赖 ISA100 标准实现的网关统一客户端接口（Gateway Client Interface，GCI），以及 OneWireless 现场网络同霍尼韦尔 Experion 过程知识系统（PKS）的内嵌式数据集成，其中引入了思科公司的 Cisco Aironet 1552S Outdoor AP 节点设备、Cisco WLAN Controller；2013 年还发布 OneWireless 无线网络 220 版，增加了与专用于槽罐区域控制系统 Enraf Entis Pro 的通信接口，还增加了 HART-IP、Modbus232/485 等功能。

14.2 OneWireless 无线网络设备

14.2.1 无线现场设备

现阶段霍尼韦尔公司推出的无线现场设备的品种有：无线压力变送器（绝压、表压、差压）；无线温度变送器；无线腐蚀变送器；无线开关量输入变送器；无线开关量输出变送器；无线模拟量输入变送器；无线多输入组合变送器；无线设备振动（健康状态）监测变送器；无线雷达液位计；无线读表器；无线阀门回讯变送器（定位器）。

上述品种中有的还可细分。如无线温度变送器有自带或不带测温探头的；带探头的又分 TC（热电偶）或 RTD（热电阻）的，还分法兰接头、套管或无外套的；无线模拟量输入变送器有单点 AI 和多点之分，多点又有 3 个 AI 或 1AI+2 个 TC、DI 的组合；无线开关量输入变送器分 3 点 DI 或 2DI+1TC（热电偶）；无线开关量输出变送器分 3DO 或 1DO+2AI（或 2TC、或 2DI）；无线多输入组合变送器有两个型号，并可组态为 AI、DI、DO、TC 的组合。

无线现场设备可以安装在危险环境中，如 1 类 1 区，符合本安（除电池外）和隔爆认证，防护等级等于或高于 IP66。

上述无线现场设备中，有少数因耗电量大，还需现场提供电源，如无线雷达液位计需要 65VAC/240VAC 或 24～64VDC 电源，无线设备振动（健康状态）监测变送器可用电池供电，也可以外部供 10～30VDC 电源。

无线现场设备的刷新率可以设定：1s、5s、10s、30s，未来可以达到 0.25s 的刷新率。但个别无线现场设备的刷新率可能达不到这一指标，如无线读表器的刷新率通常为 1min，紧急状态时为 5s 或 30s 刷新。

无线现场设备通过组态选择不执行路由功能，发射功率可以选择自适应调节，如果选择常温下 1s 的刷新率，电池使用时间可以达到 4.5 年；而 5s 以上的刷新率，电池使用时间可以达到 10 年。

阀门回讯变送器实现对手动阀的实时阀位进行可靠的远程监控应用，其中包括：定位器的位置、手动阀的开度、安全喷淋阀的状态、门位置、百叶窗/挡板位置等。

14.2.2 适配器

霍尼韦尔公司 OWA100 HART 信号适配器又称 HART 信号的无线转接模块，可以将有线 HART 设备转接成 ISA100.11a 标准的无线现场设备。可以由现有 HART 仪表的 4～20mA 回路供电或由外部锂电池供电，其刷新率为 5s、10s、30s、60s。适配器的背面有一个螺纹接口，可直接插入有线 HART 设备上的电气接口，以便接线或者从有线 HART 设备上取得电源，还可以通过远程安装件远离有线 HART 设备安装。适配器的天线可按要求旋转 350°，以寻求最佳的安装角度。

OWA100 HART 信号适配器的正面有一个红色 LED 灯、一个绿色 LED 灯，用于 HART 设备和无线网络工作状态的现场诊断显示（见图 14-2）。

霍尼韦尔公司还有一款称为 XYR400E 无线转接模块的适配器，它可以无线转接如下协议的第 3 方设备：RS232、RS485、Ethernet。当第 3 方设备如 PLC、分析仪、流量计算机、照相机、报警盘等以上述协议有线接入时，XYR400E 无线转接模块可以通过多功能节点等设备进行无线通信后，再送入控制系统（见图 14-3）。

第14章 OneWireless的系统构成

图 14-2　OWA100 HART 信号适配器

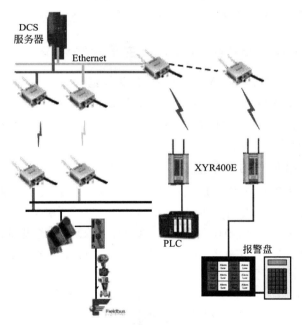

图 14-3　XYR400E 无线转接模块信息转接示意图

14.2.3　无线手持设备

无线手持设备被操作者用来与无线网络连接，这些设备可以移动，当它移动到某个位置的时候，就会建立与本地网络的连接，并与一个或更多的网络设备通信，当通信结束时，它会断开与网络的连接。典型无线手持设备的应用包括设备和网络的配置、校准、监视、诊断和维护，或其他涉及通信和网络管理的应用。

支持现场移动作业有移动工作站、移动气体检测仪、现场巡检仪、IntelaTrac PKS 无线手持巡检设备等（见图 14-4），可以通过无线网络自动收集现场数据，执行资产智能管理。

图 14-4　无线手持设备

1—移动工作站；2—移动气体检测仪；3—现场巡检仪；4—IntelaTrac PKS 无线手持巡检设备

14.2.4　OneWireless 无线主干网络设备

OneWireless 无线主干网络设备包括多功能节点（Multinode）、现场设备接入点 FDAP（Field Device Access Point）、Cisco Aironet 1552S Outdoor AP 节点设备、Cisco WLAN 控制器、无线管理平台 WDM。

（1）多功能节点

多功能节点（见图 14-5）是工业级的无线主干网络设备，可以作为接入点或网关使用。多功能节点带 3 根天线：第 1 根用于与 ISA100.11a 现场设备网络连接，作为无线现场设备的接入点；第 2 根用于与 IEEE802.11a/b/gWi-Fi 设备网络连接，作为无线 Wi-Fi 设

图 14-5　多功能节点

备的接入点；第 3 根用于与 IEEE802.11a/b/g（Mesh 网状）无线主干网络连接，实现多功能节点相互无线通信，构建自组织、自愈合的无线主干网络，这样的冗余无线通信，可以扩展无线主干网络，以覆盖整个工厂。

每一个多功能节点都可以同时作为网关或 WDM 同 DCS、PLC 进行数据集成，两个 10/100Mbps 有线以太网通信口可以同时接在一个交换机上，用以下通信方式与控制系统通信：Modbus、TCP/IP、OPC。用上述通信方式还可实现多功能节点之间有线互联，或将 Modbus、TCP/IP 设备转接到无线网络。

多功能节点的供电电源为 24VDC，可用于危险区域 1 类 2 区，防护等级 IP66。

（2）现场设备接入点

现场设备接入点 FDAP（见图 14-6）可以作为接入点、路由器或网关使用。FDAP 作为可靠的工业接入点，可访问 ISA100.11a 无线现场变送器，传送其数据；FDAP 也可以配置为无线路由器从其他无线现场设备转送信息，用于要求更快刷新率、更高性能的网络，它在无线仪表网络与无线主干网络或有线控制网络之间也充当路由器的功能；FDAP 可作为小型无线网络的网关，以有线以太网通过 WDM 同有线控制网络连接，实现数据集成。

图 14-6 现场设备接入点

FDAP 是 ISA100.11a 的网络设备，可以工作在两种模式。作为一个基础设施节点，当通过以太网连接到 WDM 时，它提供了 WDM 和无线现场设备之间的网络连接；它也可以作为一个 ISA100.11a 无线现场设备的路由器，将从 ISA100.11a 现场设备和从其他 FDAP 来的无线数据路由到 WDM。

FDAP 仅支持 ISA100.11a 现场设备网络一种无线通信方式，但采用了双天线，提高了通信速度。有线连接方式也仅有 IEEE802.3 有线以太网一种方式。

FDAP 的供电电源为 24VDC 或 110VAC/230VAC，可用于危险区域 1 类 1 区或 2 区，防护等级 IP66。

FDAP 现场设备接入点是第一个用于流程行业现场无线网络的接入点设备，借助现场设备接入点，用户可以将现场无线设备的刷新率设置为 1s。

(3) Cisco Aironet 1552S Outdoor AP 节点设备

Cisco Aironet 1552S Outdoor AP 节点设备（见图 14-7）提供了一个灵活、安全和可扩展的网格平台，它是思科统一无线网络的一部分。使用 Cisco Aironet 1552S Outdoor AP 节点设备部署网络时，提供 IEEE802.11a/b/g/n Wi-Fi 客户端、ISA100.11a 现场设备和以太网设备无线覆盖，Cisco Aironet 1552S Outdoor AP 节点设备相互连接，形成一个高带宽、IEEE802.11a/n 无线 Mesh 回传网。

图 14-7　Cisco Aironet 1552S Outdoor AP 节点设备

Cisco Aironet 1552S Outdoor AP 节点设备和多功能节点的功能完全一样，它可以与 ISA100.11a 现场设备网络连接，作为无线现场设备的接入点；它又可以与 IEEE802.11a/b/g/n Wi-Fi 设备网络连接，作为无线 Wi-Fi 设备的接入点；它还可以用作 IEEE 的 802.11a/b/g（Mesh 网状）无线主干网络连接，实现多个接入点之间的相互无线通信，构建自组织、自愈合的无线主干网络。

不同之处是 Cisco Aironet 1552S Outdoor AP 节点设备还支持 802.11n，最大带宽可达 300Mbps，而多功能节点最大带宽只有

54Mbps，速度就慢得多。该设备内嵌 Cisco's CleanAir 技术能够优化智能无线网络的通信，降低无线信号干扰，提高通信空间的无线通信质量，明显改善无线网络的通信性能，方便用户的使用。

Cisco Aironet 1552S Outdoor AP 节点设备的天线更多一点，共有 5 根。上面 3 根天线是主干网络和 Wi-Fi 移动天线；下面 2 根是 ISA100.11a 无线仪表天线，是同无线仪表通信的，之所以是 2 根，是因为采用了 Duocast 技术，实现同时接收数据，通信速度比一根天线时提高 1 倍，通信距离延长 2/3。

Cisco Aironet 1552S Outdoor AP 节点设备的供电电源为 12VDC 或 100VAC/240VAC，可用于危险区域 1 类 2 区，防护等级 IP67。

(4) 无线管理平台

无线管理平台（Wireless Divice Manager，WDM）是一种嵌入式设备（见图 14-8），是过程控制网络的一部分。无线管理平台管理所有的无线现场设备，如 ISA100.11a 无线变送器、现场设备接入点 FDAP 和多功能节点等无线网络设备。

图 14-8　无线管理平台

无线管理平台承担无线现场仪表网络网关、系统管理器以及安全管理器的角色。

作为一个网关，WDM 处理 ISA100.11a 无线现场设备和控制系统的通信。它可作为 ISA100.11a 标准应用层和其他应用层之间的协议转换器，如通过 Modbus（包括 RTU/串行和 TCP）、HART、OPC-UA、OPC-DA 和 CDA（霍尼韦尔 PKS Experion 通信协议）等转换。利用 ISA100.11a 标准的信道特性，WDM 提供了一种通用的客户端接口，它允许有线 HART 设备和 HART 客户之间通过 OneWireless 适配器通信，使非 ISA100.11a 协议的现场设备和它的主机系统之间通信。

作为系统管理器，WDM 管理网络、设备和通信。当两个设备需要通信时，由 WDM 创建、管理、修改和终止。它还执行基于策略的控制网络运行的配置、监控和报告在通信时配置、性能及操作状态，最后，提供了与时间相关的服务。使用 WDM 直观的 Web 界面，用户可以很容易地设计、调试、配置和管理 ISA100.11a 网络、ISA100.11a 网络设备（现场设备接入点 FDAP 和 Cisco Aironet 1552S Outdoor AP 节点设备）和所有与网络相关的 ISA100.11a 无线现场仪表。

作为一个安全管理器，WDM 发布无线设备的安全密钥，这样它们就可以加入无线现场仪表网络，设备验证在无线现场仪表网络节点之间的连接，确保通信加密和安全。

无线管理平台是集成无线管理软件工具的服务器，内嵌防火墙，隔离 Wireless DMZ（Demilitarized Zone，隔离区，也称非军事化区）区域和 DCS L2 层控制网络，避免有线控制网络对无线网络的影响，支持无线网络的过程数据访问 L2 层控制网络，通过 CDA 内嵌式通信或标准通信协议，如 ModbusTCP、ModbusRTU、OPC A&E 和 HART 等直接集成到 DCS 控制系统的控制器中，同时支持 Wi-Fi 移动操作终端设备通过 L3 层路由器进入控制网络架构。

为了解决安装防火墙后外部网络不能访问内部网络服务器的问题，在非安全系统与安全系统之间设立了一个缓冲区，即 DMZ 区。这个缓冲区位于企业内部和外部网络之间的小网络区域，在这个小网络区域内可以放置一些必须公开的服务器设施，如企业 Web 服务器、FTP 服务器和论坛等。另一方面，通过这样一个 DMZ 区域，更加有效地保护了内部网络，因为这种网络部署，比起一般的防火墙方案，对攻击者来说又多了一道关卡。

无线管理平台提供了 2 个以太网接口，用于连接到现场设备网络（FDN）和过程控制网络（PCN）。RS232 串行接口还可以支持串行通信协议，如串行 Modbus 通信。

14.2.5　大型多功能网络要求的辅助组件

可列入大型多功能网络要求的辅助组件有：Cisco 无线 LAN 控制器、Cisco Prime 网络控制系统和网络管理交换机。

（1）Cisco 无线 LAN 控制器

Cisco 无线 LAN 控制器支持与 Cisco Aironet 1552S Outdoor AP

节点设备之间的实时通信，以简化无线网络的部署和运作。

不同型号的 Cisco 无线 LAN 控制器可管理的 Cisco Aironet 1552S Outdoor AP 节点设备的数量及无线现场设备的数量不同。

（2）Cisco Prime 网络控制系统

Cisco Prime 网络控制系统（Network Control System，NCS）是一个网络设备，它配合 Cisco Aironet 1552S Outdoor AP 节点设备和 Cisco 无线 LAN 控制器来配置和管理无线网络。它是一款理想的管理平台，提供了简单、直观的用户界面，支持每个用户自定义它们的管理界面，以便显示与其运营和业务目标最相关的信息。它能够以经济高效的方式支持无线局域网生命周期的所有阶段，从规划、部署、监控、故障排除到定制报告，提供了多个控制器和接点设备的图形视图。

（3）网络管理交换机

在 VLAN 和在 WLC 和有线网络之间设置网络管理交换机是必要的，它提供了 IEEE 802.3 快速以太网和 IEEE802.3 千兆以太网的连接，是为实现高级局域网服务的固定独立式智能以太网设备。

14.3 各种类型 ISA100.11a 无线现场设备网络规划

14.3.1 小型 ISA100.11a 无线现场设备网络规划

对于只需要几台无线现场设备和不需要精心制作主干网络基础设施的 ISA100.11a 现场设备网络，建议使用小型网络。这些小型网络通常用于非关键、不需要快速刷新率的监控系统。实现小型 ISA100.11a 无线现场设备网络必需的组件是 FDAP、WDM、无线现场设备、以浏览器访问 OneWireless 用户界面的台式机或笔记本电脑（见图 14-9）。这个网络必要时可以扩展到包括多台 FDAPs，从而达到理想的 ISA100.11a 网络覆盖。

如果需要的话，FDAP 可以通过以太网交换机连接到 WDM。网络中的每台无线现场设备都带路由功能，以便与其他无线现场设备相互通信，刷新率一般设置为 30s 或更长，形成一个 ISA100.11a 网状网络。无线现场设备可以发送本身数据以及为从邻近的无线现

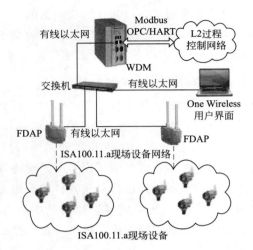

图 14-9 小型 ISA100.11a 无线现场设备网络

场设备接收到的数据路由，最终数据通过以太网交换机到达主机 WDM。

14.3.2 中型 ISA100.11a 无线现场设备网络规划

中型 ISA100.11a 现场设备网络是小型系统的 ISA100.11a 现场设备网络拓扑结构的扩展，建议这种类型网络用于重要监测和控制网络，它提供的无线现场设备虽采用电池供电，但具有快速刷新率，可以达到像有线设备一样可靠的性能。这种类型的网络由于仍采用 FDAP 作为接入点设备，所以不提供 Wi-Fi 设备（如手持设备）或以太网设备（如数字安全摄像机）的无线覆盖。

在图 14-10 中，多个 FDAP 用于扩展网络的容量，很多无线现场设备可以连接到不同的 FDAP，从而建立支持数以百计无线现场设备的全厂 ISA100.11a 无线网络。安装更多数量的 FDAP 解决了需要使用电池供电的无线现场设备作为路由器的问题，从而使无线现场设备电池寿命更长。

14.3.3 中型 ISA100.11a 和 IEEE802.11a/b/g 网络规划

多功能应用的无线现场设备网络规划增加了多功能节点，将 ISA100.11a 和 IEEE802.11a/b/g 组合构成中型多功能应用的无线现场设备网络（见图 14-11）。由于多功能节点同时支持与 ISA100.11a 现场设备网络连接、与 IEEE802.11a/b/gWi-Fi 设备网络连接及多功

第14章 OneWireless的系统构成

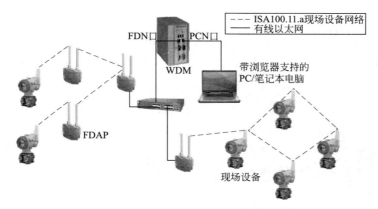

图 14-10　中型 ISA100.11a 现场设备网络

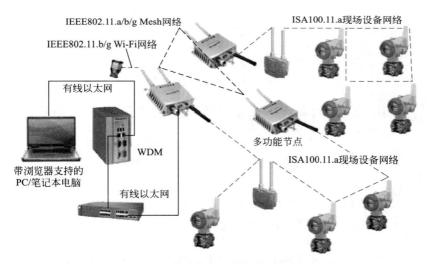

图 14-11　中型多功能应用的无线现场设备网络

能节点相互无线通信的无线主干网络连接，在网络上实现使用无线手持设备的移动应用、增加工厂安全系统等很多功能，这种网络结构可在工厂中监测和控制数百台无线现场设备。

这种网络结构的组件是 WDM、FDAP、多功能节点、无线现场设备和网络交换机。多种应用程序接入点，能够接纳 ISA100.11a 无线现场设备和 IEEE 802.11a/b/g 设备的通信，从而可设计一个全厂范围的多功能应用的无线网络。

这种类型的网络，还支持第三方无线接入点取代多功能节点（见图 14-12）。

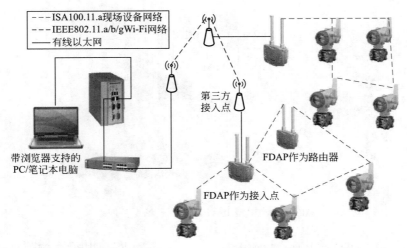

图 14-12 带第三方接入点的 ISA100.11a 和 IEEE802.11.a/b/g 的网络

图 14-12 中,可将以太网电缆连接从第三方接入点移到 FDAP,则 FDAP 具有 ISA100.11a 接入点的功能。

14.3.4　OneWireless 网络连接到工厂控制网络规划

如果需要将 OneWireless 网络连接到工厂控制网络,则使用 WDM 的无线现场设备网络(FDN)的端口,WDM 连接 ISA100.11a FDN,使用 WDM 的 PCN 端口,WDM 连接工厂控制网络(PCN)(见图 14-13)。第三方的 TCP/IP 接口的客户端(HART、OPC 或 Modbus)也可以通过 PCN 连接到 WDM。

14.3.5　带 Cisco 节点的 ISA100.11a 无线现场设备网络规划

带 Cisco 节点的 OneWireless 无线网络采用了支持标准的思科组态和拓扑结构统一的无线网络技术,以实现一个高可用性的网络。

(1) 带 Cisco 节点设备的 ISA100.11a 无线现场设备中型网络规划

使用 Cisco Aironet 1552S Outdoor AP 节点设备、WDM、XYR6000 变送器、WLAN 控制器和管理型网络设备交换机,可以实现 ISA100.11a 无线现场设备网络和 IEEE802.11a/b/g/nWi-Fi 网络的组合。可选设备包括 FDAP,它用在不需要 Wi-Fi 覆盖而只有 ISA100.11a 无线现场设备聚集的区域。使用 Cisco Prime 网络控制系统(NCS)来管理 Cisco Aironet 1552S Outdoor AP 节点设备和

第14章 OneWireless的系统构成

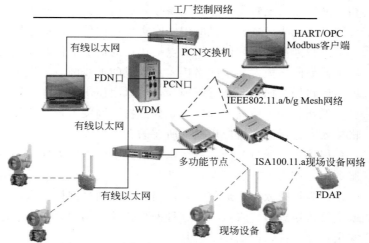

图 14-13　连接到 PCN 的 OneWireless 无线网络

Cisco 有线网络设备，这种类型的网络通常实现了在装置中有数百台无线现场设备的监测和控制。

图 14-14 中，Cisco Aironet 1552S Outdoor AP 节点设备被分为 2 类：根接入点（RAP）和网格接入点（MAP）。

网格接入点是 Mesh 网络的远程接入点，它作为 ISA100.11a 无线现场设备网络和 IEEE802.11a/b/g/nWi-Fi 网络的接入点，这是所有接入点的默认角色。网格接入点可以与相邻的网格接入点建立连接，每个网格接入点都可以发送和接收消息，并作为一个路由器为其

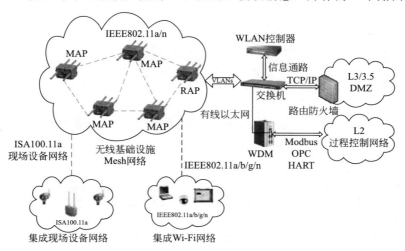

图 14-14　ISA100.11a 和 IEEE802.11a/b/g 中型网络

173

相邻网格接入点转发消息。网格接入点通过其他网格接入点构成的无线网络在无线设备和主机应用之间实现数据传输，通过转发过程，数据可以找到通过中间网格接入点抵达目的地的最佳路径。与其他对等路由器型网络类似，由网格接入点构成的无线网络提供了多重冗余数据通信路径。如果一个链路因为任何原因而出现故障，网络会自动通过其他路径安排数据传输，直到数据抵达网关为止（比如通过一个网格接入点连接到主机应用通常所在的有线网络）。

根接入点通过光纤、有线以太网或电缆连接器连接到有线网络或服务器，作为到有线网络的"根"或"网关"，它必须在接入点配置时设定为根接入点。通信时，网格接入点通过网格接入点之间的路径或直接传送到根接入点。在这种网络拓扑结构中，接入点之间有许多冗余路径连接，因而特别可靠。

（2）带 Cisco 节点的 ISA100.11a 无线现场设备大型网络规划

OneWireless 无线现场设备大型网络采用了思科统一的无线网络技术，它包括使用冗余交换机、冗余的无线局域网控制器以及多重根接入点（RAP）和网格接入点（MAP），实现大型高可用性的网络。

随着网络规模的增大和 MAP 数量的增加，有必要使用多台 RAP 以保证无线网络所需的性能和吞吐量（见图 14-15）。推荐 RAP 对 MAP 比值为 20，这意味着，最多 20 个 MAP 可以共享相同的一次和二次 RAP。当网络内连接的 ISA100.11a 设备总数超过 WDM 容量时，就需要多台 WDM。

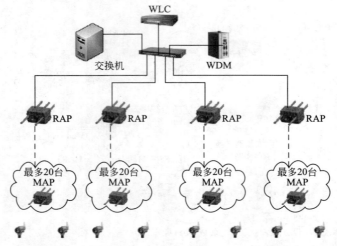

图 14-15　带多台 RAP Cisco 节点设备的 ISA100.11a 无线现场设备大型网络

第15章
OneWireless工业无线网络的特点

流程行业的用户越来越多的选择技术先进的工业无线应用产品，以应对不断提高生产运营效率的目标和更加严格安全生产和节能环保的要求。ISA100.11a制定过程一直立足于用户的需求，所以OneWireless为用户提供了一个具有以下特点的工业无线网络：

- 一个无线网络架构支持整个工厂的应用；
- 一个无线管理平台支持多种通信协议；
- 与控制系统完全一体化的数据集成；
- 无线变送器电池寿命长；
- 无线变送器可选择快速刷新率及无线网络通信时间滞后非常短；
- 通信距离较长。

15.1 一个无线网络架构支持整个工厂的应用

一个无线网络架构同时支持与无线变送器、无线视频、移动工作站、无线巡检、振动监测、人员设备即时定位、就地显示仪表的读数传送、HART设备无线数据采集等多种无线通信，也支持有线接入PLC或其他以太网设备的无线转接。

15.1.1 无线变送器

无线变送器包括温度、压力、物位、阀门定位器、腐蚀等各种类型的变送器，也包括可以将开关量、4～20mA模拟量或温度信号转换成无线信号的变送器。

无线腐蚀变送器是功能较为特殊的一种变送器（见图 15-1），它通过一次元件的探头和电极精确测量设备（如管道）的腐蚀速度和腐蚀孔，以期达到提高装置运行的安全性和可靠性、减少腐蚀失效事故的发生、保证装置平稳运行的目的。它的探头必须安装在过程对腐蚀最敏感的地点，如存水或静水的地方、管道弯曲处、出现过腐蚀的地方或流速较快处于紊流的地方，探头的电极应该是与可能被腐蚀的管道或其他部件具有同样的金属属性。它的测量范围：总腐蚀为每年 0～5mm，局部腐蚀（腐蚀孔系数）为 0.001 到 1.000，B—值（Stem-Geary 常数）为 0～100mV，腐蚀监控指标为 −2000 到 +2000，准确度为量程的 ±0.10%，测量的介质最高温度不超过 260℃，介质最大压力不超过 21MPa。它带有 4 个输出，分别为总腐蚀速度、局部腐蚀指标、B—值以及帮助诊断腐蚀机制的第四个变量。

图 15-1 无线腐蚀变送器

15.1.2 无线视频

当现场装设有 Wi-Fi 无线摄像头或 IP 有线摄像头时，Wi-Fi 无线摄像头可直接与多功能节点或 Cisco Aironet 1552S Outdoor AP 节点设备以 IEEE802.11b/g Wi-Fi 方式直接通信，而 IP 有线摄像头可通过 RJ45 以太网线有线接入多功能节点或 Cisco Aironet 1552S Outdoor AP 节点设备。

霍尼韦尔 2010 年推出数字视频技术。核心增强组件数字视频管理器（Digital Video Manager R400，DVM），方便操作员无需移动便可简便操作多个视频子系统。另外，数字视频管理器与霍尼韦尔 OneWireless 无线网络集成，允许工厂在任何位置安装摄像头，更进一步的简化安装和组态过程、控制成本。

这种方案可以帮助用户解决当今的视频监控、安全和企业操作等方面的重要问题。它的架构利用了用户企业的网络通信结构，不需要使用同轴电缆，并且摄像机能充分发挥便携性和灵活性的优点。

借助 DVM 的灵活架构，还可以重复利用已有的数字闭路电视基础设施，其中包括模拟切换器、多路复用器、监视器和同轴电缆，同时还能通过集成到企业网络扩展其功能。这样就能保护用户的现有投资，并且充分利用最新的数字视频技术。

视频图像存储在系统中，并在 DVM 数据库中编号，用户可以借助 DVM 的高级检索功能迅速找到它们，不需要浪费时间来搜索带有某些录制内容的录像带。另外，DVM 还与 Pro-Watch 安全管理软件紧密集成，可以提供无缝警报和事件触发的录制功能，进而确保所采集的视频内容是用户所需要的。

可使用数字视频管理器来体验数字闭路电视所具有的种种优势和强大的功能，以帮助用户提高监控操作的效率和效果，减少设备和空间需求，为用户带来更多的灵活性，降低安装和生命周期成本。

15.1.3 移动工作站

OneWireless 移动工作站是高效的移动解决方案，支持在现场移动作业。移动工作站支持现场操作人员通过无线网络，直接查看如 Experion 控制系统的过程画面以及其他关键过程信息，如历史数据、维护数据、报警、组态信息和资产管理数据等，可以在现场实时了解其操作对生产过程的影响。这种现场和控制室协调一致的工作环境和决策支持系统，能够帮助用户提高日常工作效率、支持对紧急事故做出快速反应，使控制室运行人员和现场人员能够协调一致。

运行人员在现场无线访问控制系统，可以将过程控制的操作范围延伸到控制室之外。通过移动操作站，运行人员可以在现场进行操作并实时了解其操作对生产过程的影响。

移动工作站硬件为适应危险环境的耐用型 PC 机，可用于条件恶劣的工业场合，操作屏幕采用降低了反射率和眩光的专利技术，提高了屏幕在各种环境条件下（包括日光直射等）的显示能力，经认证移动工作站可以应用在 1 类 2 区的危险场合。

15.1.4 无线巡检

现场巡检仪、IntelaTrac PKS 无线手持巡检设备支持对现场主设备的巡检，巡检内容包括振动测量、现场温度测量、红外读取设备的电子标签信息、现场手动数据录入等。无线巡检设备可以同无线节点无线通信，下载巡检任务列表和线路（见图 15-2），在巡检路线上自动执行任务，完成后通过无线网络上传到中心数据库，巡检数据集成至巡检系统，根据系统设定，生成相应报表、趋势、条形和饼图等，帮助判断发现异常状况的可能性，支持现场设备的预防性检修。

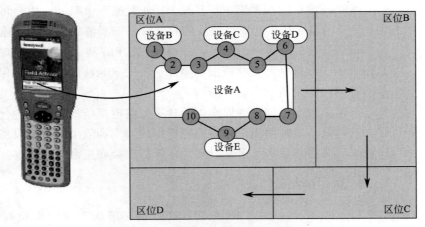

图 15-2　现场巡检仪的巡检线路

15.1.5　振动监测

无线设备振动监测 EHM 变送器是用来对旋转机械设备的健康状态和性能进行监测的设备（见图 15-3），EHM 变送器有 8 个数据输入通道，其中 4 个为转速、振动、位移等传感器信号的动态输入通道，另外 4 个通道为轴瓦温度等信号的 $0\sim3\text{VDC}$ 或 $4\sim20\text{mA}$ 信号，如内置温度传感器的本质安全转速探头，可以监测设备一天内的不同负载条件下的多个快速傅立叶变换（FFT）频谱。

软件平台支持监测和分析机械设备的健康状态和性能的信息：可以分析历史趋势、跟踪关键健康状态参数、预防报警及支持预防性维护。这些报警可以集成到控制系统当中。

OneWireless 无线方案为机械设备健康状态监测提供了整体解决方案，把资产设备的管理无线延伸到现场。通过在泵、压缩机、电

第15章 OneWireless工业无线网络的特点

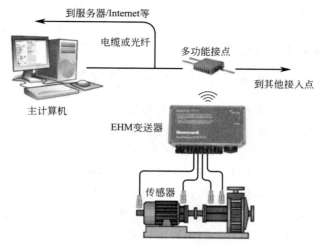

图 15-3 无线设备振动监测 EHM 变送器对旋转机械设备健康状态进行监测

机、汽轮机、风机等转动机械设备上安装无线 EHM 设备，可以有效监测振动、转速、负荷、轴承温度、电机电流/电压等机械健康状态和性能，无需花费大量时间去现场人工采集数据，而是通过无线方式，实时获取数据、分析数据、并采取预防性的维护。以此来提高机械设备及电机的效率、改善转速控制，从而有效防止运转设备的意外停机和工厂意外停工。

15.1.6 人员设备即时定位

人员即时定位有几种方式：现场人员配备 Wi-Fi 设备、即时定位系统和携带移动气体检测仪。

现场人员配备 Wi-Fi 设备可以像一个 Wi-Fi 设备一样，随时与 Wi-Fi 网络的接入点等通信。

即时定位系统由配备有源射频标签识别的现场人员、接收器、定位单元和定位引擎等组成。射频标签在直视路径范围内能识别距离室内外分别为 100m、200m 的地方；接收器的覆盖范围是 $40000m^2$；一个定位单元由 3 个或更多的接收器组成相互通信的网络，每秒可实时定位和跟踪上万个目标，定位精度为 1~3m；定位引擎可收集接收器所接收的数据并计算人员的地理位置。当生产现场发生事故时，可通过现场人员佩戴的射频识别标签，获得现场人员的即时分布报告，从而为事故救援团队提供现场人员人数和位置的准确信息。

现场人员携带的移动气体检测仪一方面可以直接读取现场可燃气

体含量的读数;另一方面可以定位移动气体检测仪的位置,这也就是现场人员的位置,控制室操作人员可以与现场人员互动,如通知现场人员是否接近危险源。

15.1.7 就地显示仪表的读数传送

无线读表器是霍尼韦尔公司与美国赛普拉斯环境系统公司共同开发的,它以无线传送的方式远程监视就地显示表的读数,当就地压力、温度、真空表为圆形显示表、表盘直径为 $38\sim152.5$mm 之间时,它可以直接夹在现有的就地显示表盘上,将仪表的读数转换成可以进行无线通信的数据,同时数据以大屏幕的方式在无线读表器上显示(见图 15-4)。无线读表器安装迅速,直接"卡装"到已有仪表的前面,不需要拆卸现有的显示仪表、不需要拆开过程连接、不需要检查泄漏、不需要接线或中断当前过程。提供的适配器可以适应大多数人工读数仪表的尺寸和型号,实现对现有压力表、温度表、真空表或其他测量就地显示仪表的无线监测。

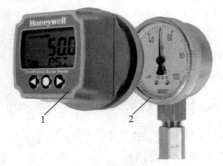

图 15-4 无线读表器
1—无线读表器;2—就地压力表

无线读表器可以显著降低就地显示仪表自动化改造所需的成本和时间。无线读表器可以把数据以无线的方式发送到多功能节点上,通过无线网络集成到控制系统,扩展灵活。比如美国某核电站在存在核辐射危险的就地现场有数以百计的显示仪表,巡检人员每天要到现场巡查 4 次,增加无线读表器后,可对现场不作任何改动就将就地显示仪表的读数连续传送到控制室供操作人员监控。

15.1.8 HART 设备无线数据采集

HART 信号的无线转接模块能够把有线 HART 设备的输出信号

转接成 ISA100.11a 无线通信信号，所以对 ISA100.11a 无线网络来说，它是一台 HART 信号的适配器，因此可以将 HART 协议纳入 ISA100.11a 无线网络。

15.1.9 其他以太网设备的无线转接

XYR400E 无线转接模块可以有线接入带 RS232、RS485、Ethernet 协议的第三方设备，然后通过多功能节点等接入点的无线通信，将第三方设备的信息传送到工厂的控制系统。

XYR3000 无线多路复用器是输入/输出（I/O）模块、网关和调制解调器的组合，它作为调制解调器使用时，可通过以太网将可编程逻辑控制器（PLC）、集散控制系统（DCS）、SCADA 智能传感器和 I/O 连接起来，为数据传输提供安全的无线链路。

多功能节点有 2 个 Modbus TCP/IP 以太网通信接口，可以接入有线以太网设备，然后通过多功能节点的无线通信，将第三方设备的信息传送到工厂的控制系统。Cisco Aironet 1552S Outdoor AP 节点设备在这一方面与多功能节点是一样的。多功能节点同时支持现场 Ethernet 设备的无线转接，即现场的第三方设备可以直接有线接入多功能节点从而进入无线网络，或者配置无线转接模块同多功能节点无线通信。

中石油西北销售公司西固油库到控制室距离达 8km，油库安装了计量 PLC 系统，控制室安装了 PKS 控制系统。油库附近安装的一个多功能节点，以 Modbus TCP 协议有线接入油库计量 PLC 系统，这台多功能节点再通过无线骨干网络通信，将油库计量 PLC 系统的数据传至控制室附近具有网关功能的多功能节点，也以 Modbus TCP 协议有线接入 PKS 控制系统。从而使油库计量 PLC 系统的数据以无线方式集成到控制室内的 PKS 控制系统，实现了油库计量 PLC 系统的数据无线转接。

15.2 一个无线管理平台支持多种通信协议

OneWireless 的无线管理平台管理的不是单一的无线网络，而是 3 个网络。包括无线变送器在内的无线现场设备，它是按 ISA100.11a 标准由多功能节点、现场设备接入点 FDAP、Cisco Aironet 1552S Outdoor AP 节点设备采集数据的；而包括移动工作站、无线巡检、振动监测、管道腐蚀监测、人员即时定位等在内的 IEEE802.11b/g Wi-Fi 设备是通过多功能节点、Cisco Aironet 1552S Outdoor AP 节点设备传送数据的；在多功能节点、Cisco Aironet 1552S Outdoor AP 节点设备和它们之间组成的无线主干网络上，又是 IEEE802.11a/b/g（Mesh 网状），实现相互无线通信。

OneWireless 又是支持多种标准的网络，能够将同时有的各种标准通信协议设备很便捷的整合在一起，如 HART、Modbus TCP/IP、ModbusRTU、OPC 以及 Profibus、FF 和 DeviceNet 等现场总线。

WirelessHART 无线网络也可由 1420 智能无线网关通过以太网有线连接到 Cisco Aironet 1552S Outdoor AP 节点设备，接入 One-Wireless 无线网络。

所以，OneWireless 是一个无线网络架构支持整个工厂应用的无线管理平台，统一负责整个无线网络的通信管理、安全管理和设备管理，从而确保无线通信的可靠和安全。

15.3 与控制系统完全一体化的数据集成

OneWireless 无线网络可以与霍尼韦尔公司的 DCS 系统实现数据集成，比如与 Experion 控制系统实现内嵌式无缝数据集成。OneWireless 无线网络的版本为 R120 时，无线网关支持同 Experion311.2 控制系统的内嵌式数据集成；版本为 R200 时，无线网关进一步支持同 Experion410 控制系统的内嵌式数据集成，无线主干网络中的各个网关支持同 Experion 控制系统中的 C300 控制器和服务器 CDA 点对点通信。通过 Experion 现有组态工具 Configuration Studio 和 Control Builder，可以实现无线网络统一的安全管理、通信管理和设备管理；实现无线变送器的远程、在线组态和校验；支持在 Control Builder 直接为无线 I/O 建点和建立控制策略；无线变送器的 I/O 点及测量参数、状态参数都在 Experion HMI Web Display Builder 中显示为 Experion 本地点，而无需组建 SCADA 点或 OPC 参数。无线网络数据完全集成在 Experion 数据库中，无线变送器所有过程信息和诊断信息均可以在控制系统和 FDM/AMS 等资产管理系统中监测。

霍尼韦尔公司在 DCS 控制系统中创建"Wireless DMZ"区域,连接到 DCS 控制系统的 L3 层(为 Experion 控制网络的先进控制和先进应用层)的路由器上,Wireless DMZ 的安全设置同 L3.5 层的其他 DMZ 区域。Wireless DMZ 区域从控制室扩展到现场就地控制室和现场,可以借助主控制室和各就地控制室的光纤通信网络,连接到现场的多功能接点或 WDM 上。Wireless DMZ 区域支持就地的移动操作设备、无线巡检设备和其他 Wi-Fi(IEEE802.11a/b/g)设备访问 DCS 系统;支持分布在各个就地控制室现场的多功能节点相互无线通信和同 WDM 的数据通信。现场移动操作终端、无线巡检手持设备、可燃气体探测设备等,通过无线主干网络和控制室的 L3 层路由器访问过程控制系统的上位应用,如移动工作站系统的上位服务器、无线巡检的服务器、可燃气体监测和即时定位的上位服务器等;而对于无线变送器采集的温度、压力、开关量、模拟量、阀位、HART 数据、腐蚀、液位等过程数据则通过 WDM 及防火墙进入控制系统 L2 层交换机,直接集成到 DCS 控制网络的 L2 层(为 Experion 控制网络的监督控制和操作员人机界面层),支持实时监视和控制。

同其他 DCS、PLC 或 SCADA 控制系统的数据集成,可采用标准通信协议如 Modbus TCP/IP、Modbus RTU、OPC、HART,还支持霍尼韦尔 Entis Enraf 罐区液位管理系统的通信协议 BPM。

15.4 无线变送器电池寿命长

无线变送器电池寿命取决于变送器类型、环境温度、信号测量的速度、无线传输的刷新率、测量信号的数量、是否带路由功能等因素,OneWireless 无线变送器的电池寿命在 1s 刷新率和 0℃、25℃环境温度时一般能分别达到 4.9 年和 4.5 年,5s 或更长的刷新率就能达到 10 年。

无线变送器的路由功能耗电多,是影响电池寿命的主要因数,当用户对电池寿命要求不高时,可选择无线变送器的路由功能;当用户对电池寿命要求高时,可选择无线变送器不带路由功能,则变送器不会消耗额外的电能,路由功能则由接入点、中继器等设备完成。

无线变送器的电池接口按本安设计,电池采用 Xeno Energy XL-

205F、Eagle Picher PT-2300H、Tadiran TL-5930/s、霍尼韦尔 p/n 四款电池。电池电压可以实时显示、报警，电池寿命可以预测。

15.5 无线变送器可选择快速刷新率及无线网络通信时间滞后非常短

现场无线设备的刷新率快，目前可以设定为1s，未来可以达到0.25s，从而为无线传送的参数用于重要场合的闭环调节控制创造了条件。

无线主干网通信速度非常快，采用多功能节点达到54Mbps，采用 Cisco Aironet 1552S Outdoor AP 节点设备达到 300Mbps。

利用高速无线主干网，减少无线 I/O 设备和网关之间路由"跳"的次数，降低数据通信延迟时间，当要求信号快速传送或用于控制的应用时，可选择无线变送器不带路由功能，则无线变送器只需要 1 跳就可以把数据传输到高速无线主干网，而无线网络通信时间滞后小于100ms，这使整个无线网络的传送速度非常快。

15.6 通信距离较长

当无线现场设备组态为不带路由功能时，现场设备接入点、多功能节点之间同无线现场设备之间的无线的通信距离根据天线类型不同为 305m、610m、4km，2 个现场设备接入点或多功能节点之间的通信距离为 1km，采用高增益天线时为 10km；当无线现场设备组态为具有路由功能，两个无线现场设备之间的通信距离可达 400m。采用一体化天线时同任意一个节点之间的无线通信距离至少 300m，远程高增益天线无线通信距离 4km。

第16章
OneWireless系统设计

16.1　OneWireless 无线网络方案选择

在"各种类型 ISA100.11a 无线现场设备网络规划"一节中，我们介绍了4种类型的 ISA100.11a 无线现场设备网络规划，由于不同类型的 ISA100.11a 无线现场设备网络需采用的设备类型、网络结构有较大的差异，所以在无线网络方案选择时，一定要详细了解用户的实际需求。一般来说，用户的需求应包括以下内容：

① 无线网络接入信号的类型。主要指是单纯的 ISA100.11a 无线现场设备还是 ISA100.11a 无线现场设备加 Wi-Fi 无线和以太网设备的多功能应用网络。

② 无线网络接入信号的规模。主要指无线现场设备的总数，按目前的应用来说，数点到数十点可归入小型，一两百点到四五百点或可归入中型，再大的规模或可归入大型。

③ 无线网络接入信号的用途和性能。用途主要是指用于数据监测还是用于控制，是用于开环控制、非关键点的闭环控制还是关键点的闭环控制；性能要求是指对传送可靠性要求的高低。

④ 无线网络接入变送器类信号的刷新率。特别是要求 1s 刷新率的变送器类信号的数量和分布区域。

有了这些基本数据后，我们就可以大体确定需要规划的 ISA100.11a 无线现场设备网络类型。

16.2　OneWireless 无线网络的组件及其选择

OneWireless 无线网络的组件和功能见表 16-1。

表 16-1 OneWireless 无线网络的组件和功能

作用	OneWireless 组件	功能描述
I/O	XYR6000 现场设备	能提供一个测量值(I)或给执行器的指令(O)的实体
路由器	XYR6000 现场设备和现场设备接入点 FDAP	实现现场设备路由的实体，ISA100.11a 无线路由器可以自寻找相邻的现场设备并形成 ISA100.11a 无线现场设备的网络。组态成具有路由功能的 ISA100.11a 无线现场设备可以发送自己的数据以及从邻近的无线现场设备接收路由数据。现场设备接入点 FDAP 可在 ISA100.11a 无线现场设备网络与无线主干网络或有线控制网络之间提供路由器的功能
接入点（现场设备）	现场设备接入点 FDAP	负责接收从 ISA100.11a 无线现场设备网络路由到基础设施接入点或 WDM 的实体
接入点（基础设施）	多功能接点 Multinode	提供 IEEE802.11a/b/g Wi-Fi 客户端、ISA100.11a 无线现场设备和以太网设备无线覆盖的实体。多功能接点相互连接，形成 IEEE802.11a/b/g 无线 Mesh 回传网络
接入点（基础设施）	Cisco Aironet 1552S Outdoor AP 节点设备	提供 IEEE802.11a/b/g/n Wi-Fi 客户端、ISA100.11a 无线现场设备和以太网设备无线覆盖的实体。Cisco Aironet 1552S Outdoor AP 节点设备相互连接，形成一个高带宽、IEEE802.11a/n 无线 Mesh 回传网络
系统管理器	WDM	负责管理 ISA100.11a 无线现场设备网络的各个方面，包括时隙分配、路由算法和地址分配的实体
安全管理器	WDM	安全密钥对于被添加到安全网络的所有无线现场设备是必需的，对安全密钥的生成、发行和管理负责的 ISA100.11a 无线现场设备网络通信安全性的实体
网关	现场设备接入点 FDAP、WDM 和多功能接点 Multinode	负责有线控制系统协议和 ISA100.11a 无线通信协议沟通的实体

由表 16-1 可见，OneWireless 无线网络设备的类型是比较多的，而且在网络中起相同作用的组件可能有好几个，以路由器来说，在 OneWireless 无线网络里可以选择无线现场设备或现场设备接入点 FDAP。当选用无线现场设备作为路由器时，由于它采用电池供电，相互间距离受限，通常只能为少量的下游无线现场设备提供路由，且需消耗更多的电池电量，因此只用于较慢的刷新率、较低性能要求的中小规模网络；当选用现场设备接入点 FDAP 作为路由器时，由于它采用电网供电，能为较多无线现场设备路由，且相互间距离可以稍微远一些，无线现场设备信号直接传送到接入点，传送速度快，可用于要求更快刷新率、更高性能的中小规模网络。

表 16-2、表 16-3 分别介绍了接入点、网关选择时应考虑的要点。

第16章 OneWireless系统设计

表 16-2 接入点类型选择

接入点类型	接 口	备 注
现场设备接入点 FDAP	• IEEE802.3 有线以太网 • ISA100.11a 无线现场设备网络	• 提供 ISA100.11a 无线现场设备的无线网络覆盖 • FDAP 可集成到现有的有线以太网回传网络 • FDAP 支持天线分集,改善接收信号,提供了在多路径环境中可靠的通信
多功能接点 Multinode	• ISA100.11a 无线现场设备网络 • IEEE802.11a/b/g(Wi-Fi 接入点) • IEEE802.11a/b/g(Mesh 网状) • IEEE803.3 有线以太网	• 提供 ISA100.11a 无线现场设备的无线网络覆盖 • 提供 IEEE802.11a/b/g Wi-Fi 客户端无线网络覆盖 • 提供多功能接入点相互连接的 IEEE802.11a/b/g(Mesh 网状)回传网络覆盖最大带宽可达 54Mbp
Cisco Aironet 1552S Outdoor AP 节点设备	• ISA100.11a 无线现场设备网络 • IEEE802.11a/b/g/n(Wi-Fi 接入点) • IEEE802.11a/n(Mesh 网状) • IEEE 的 802.11a(Mesh 网状) • IEEE 802.3 有线以太网	• 提供 ISA100.11a 无线现场设备的无线网络覆盖 • 提供 IEEE802.11a/b/g Wi-Fi 客户端无线网络覆盖 • 提供 Cisco Aironet 1552S Outdoor AP 节点设备相互连接的 IEEE802.11a/n(Mesh 网状)网络覆盖,形成一个最大带宽可达 300Mbps 的高带宽、高速无线 Mesh 回传网络

表 16-3 网关类型选择

网关类型	特 性	备 注
现场设备接入点 FDAP	与控制系统的通信方式:IEEE802.3 有线以太网	• 小型无线网络的网关,以有线以太网接入交换机后,通过 WDM 同有线控制网络连接,实现数据集成 • 非关键、慢速监控系统
多功能接点 Multinode	与控制系统的通信方式:Modbus、TCP/IP、OPC	• 有 1 根同 ISA100.11a 无线现场仪表通信的天线 • 可冗余配置 • 多功能应用场合
Cisco Aironet 1552S Outdoor AP 节点设备	与控制系统的通信方式:Modbus、TCP/IP、OPC	• 采用了 Duocast 技术,有 2 根同 ISA100.11a 无线现场仪表通信的天线,通信速度提高 1 倍,通信距离加大 • 多功能应用场合 • 关键、快速监控系统
WDM	与控制系统的通信方式:Modbus(包括 RTU/串行和 TCP)、HART、OPC-UA、OPC-DA 和 CDA(霍尼韦尔 PKS Experion 通信协议)	• WDM 提供了两个以太网接口,通过有线以太网接口(FDN)连接现场设备网络,通过另一个有线以太网接口(PCN)连接过程控制网络 • 同时具有系统管理器、安全管理器的功能

16.3 OneWireless 无线网络现场调查

16.3.1 现场调查的目的

对新建项目现场或改造项目现场，用户需要和霍尼韦尔的无线技术专家共同进行现场调查。调查的目的是确定流程工业内使用工业无线技术方案的设备、设施和区域，通过调查和讨论，以确定用于构建 OneWireless 主干网络的接入点（如 Cisco Aironet 1552S Outdoor AP 节点设备、多功能节点、FDAP）的最佳位置，以满足项目的设计要求。

在推荐设计和方案实施准则的过程中还会考虑霍尼韦尔 OneWireless 的最佳实践。

"需要现场调查吗？"这个问题霍尼韦尔公司的答案是：这取决于客户对网络性能、可靠性和未来能力的期望。对小型无线网络、一个纯粹的现场仪表应用不实施现场调查也许是可以的，但网络运行能否充分发挥其潜力或满足客户的需求？还是要打一个问号。

目前安装的一部分无线网络没有现场调查，正因为如此，所提供的服务水平达不到期望值。严格的无线现场调查，以及他们对设计的影响，变得越来越重要。所有无线服务新业务的应用程序都将高度依赖于现场调查的结果和应对措施。

霍尼韦尔公司极力建议用户在提出正式设备清单、安装设备之前进行无线现场调查，正确的现场调查涉及临时设置的 Mesh 网络链路，并使用测试设备进行测量，因为无线通信路径的实际性能，只能通过试验来验证。根据现场调查中发现的问题，如干扰、菲涅耳区或物流的问题，确定项目中的天线的选择、路由器之类设备的选择是否正确。

16.3.2 现场调查的内容

(1) ISA100.11a 无线现场设备网络

应作以下内容的调查：
① 项目无线设备的类别、数量、用途、刷新率；
② 无线设备的位置和分布；
③ 外部或内部的无线电干扰源；

④ 每一台无线现场设备安装的操作区域危险场所认证。

(2) ISA100.11a 无线现场设备网络中组件的类型和数量

应作以下内容的调查：

① 规划网络中 Cisco Aironet 1552S Outdoor AP 节点设备、多功能接点、FDAP 等接入点之间以及与其相连的无线现场设备之间信号路径上形成屏障的物理障碍状况，密集的金属和水泥结构的场合，无线电信号的传播将受限制；

② 每个 Cisco Aironet 1552S Outdoor AP 节点设备、多功能接点、FDAP 等接入点需要覆盖的区域；

③ 有线网络连接的位置。

依据以上现场调查确定：

④ 网络中 Cisco Aironet 1552S Outdoor AP 节点设备、多功能接点、FDAP 等接入点最佳数量和位置；

⑤ 如确定了采用 Cisco Aironet 1552S Outdoor AP 节点设备的数量和分布，确定其角色（MAP/RAP）和 WLAN 控制器的规格以支持覆盖回传网络和 Wi-Fi 无线设备网络的要求；

• 确定是否需要增加路由器？需增加的的数量和位置；

• 天线选择、天线安装和位置的要求；

• 频率要求和信道分配；

• 发射功率设置，如 RF 功率级别设置、Cisco Aironet 1552S Outdoor AP 节点设备/FDAP 的功率接入要求；

• 确定网络中 WDM 的数量；

• 确定网络交换机、防火墙的数量，确定如何将它们集成到支持无线网络的工厂控制网络；

• 评估网络管理工具的要求，如思科 Prime NCS。

(3) 无线设计和实施团队的现场调查报告

霍尼韦尔的 OneWireless 无线设计和实施团队在经过现场调查和分析了现有的射频频谱后，可以确定适当的节点位置，可以提供完整的 OneWireless 无线系统和网络的设计安装服务报告，报告提供的内容大致如下：

① 网络拓扑图，图中表示了连接到每个区域网络入口点的交换机和接入点；

② 要求的设备材料清单；

③ 详细的分析报告中还包括：
- 信号强度、完整性和速度；
- 建议天线的类型和位置；
- 精确的基础设施布局和安装；
- RF 干扰的来源和特点；
- 与射频网络安全维护相关的最佳实践。

以精确的基础设施布局为例，应该在总平面图上标注各区域的无线测点的数量，然后根据测点的集中程度，决定配置基础设施（如多功能节点 Multinode 和 WDM）的数量（见图 16-1）。

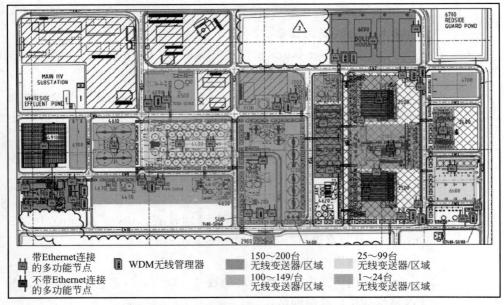

图 16-1 标注了无线测点数量及基础设施的总平面图

跳频扩频 FHSS 无线电灵敏度约为 -93 dBm，在生产现场，必须应付不同的噪声源、非视准线无障碍路径条件、众多衰减信号的障碍物，而要达到最好的结果，建议 XYR6000 无线变送器的 RSSI 接收信号强度指示的测量值必须至少为 -70 dBm，更好的 RSSI 值可使链路质量更好、重试次数减少、数据传输的可靠性更高。

在 OneWireless 网络部署之前，建议进行射频频率（RF）的调查，以确定可提供足够覆盖整个网络的接入点的数量和位置。

RF 调查取决于网络的类型，标准的 ISA100.11a 用于管理 2.4GHz 频谱，ISA100.11a 设备与其他工作在 2.4GHz ISM 频段的无线设备共存时，该场所的频谱资源需充分利用。霍尼韦尔 OneWireless 服务可以执行全面的现场调查，提供代表用户的现场频谱资源利用率并尽量减少干扰。进行 RF 现场调查时需考虑以下工作：

① 当装置在运行时进行现场调查，这样能检测到干扰并定位的可能性最大；

② 进行 2.40～2.4835GHz 系列频带和 5GHz 频带（如果被使用）RF 频谱分析，以发现任何潜在的 RF 干扰，强干扰源必须在安装前处理（排除、避免或最小化）；

③ 在现场不同的位置按点至点的网格排列测量 RF 射频传播能力，RSSI 接收信号强度指示可以作为 RF 射频环境的指标，对于 Wi-Fi 和 IEEE802.11 网状网络，应该在所有选定的地点进行 TCP/IP 吞吐量测试和 UDP/IP 吞吐量、丢包率测试，以测量现场信号强度值；

④ ISA100.11a 无线与 IEEE802.11b/g 的无线共享 2.4GHz ISM 频段，WDM 具有根据使用情况排除某些频率的能力，为了尽量减少干扰，从 ISA100.11a 频率中排除与 Wi-Fi 网络使用的 IEEE802.11b/g 对应的信道。

采用先进的工具和技术，无线设计专家可以优化无线系统性能，并对在这个现场共存的干扰系统作出可靠的预测，找到减少干扰的办法。同时通过深入分析，使决策者的基础设施投资最优化。设计和实施团队的工作将回答两个最重要的无线系统设计问题：无线系统将如何工作？怎样才能让无线系统工作得更好？

要做好网络站点的规划，必须充分了解如何为具体的无线网络应用选用合适的 OneWireless 网络组件，安装任何类型的网络都需要规划，以确保网络的技术特性、可靠性和安全性。

（4）某炼油厂的现场调查

现场调查某炼油厂，在卫星地图上显示了相关区域以及 OneWireless 需要覆盖的范围，布置了网关（WGS、WGSSEC）及部分多功能接点（MN），标注了这些设备之间的距离（见图 16-2 和图 16-3），在图 16-3 中还突出标注了储罐的编号。

无线主干网络由 12 个多功能节点和 2 个无线系统网关构成，最终通过网关与 DCS 控制网络相连，实现数据集成。无线网关与位于控制室内的交换机相连。这个交换机为无线系统网关、OneWireless 服务器和过程控制网络之间提供了一个接口（见图 16-4）。

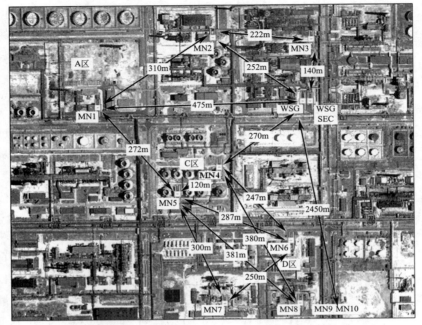

图 16-2　炼油厂 A 区、C 区、D 区网关及多功能节点布置图

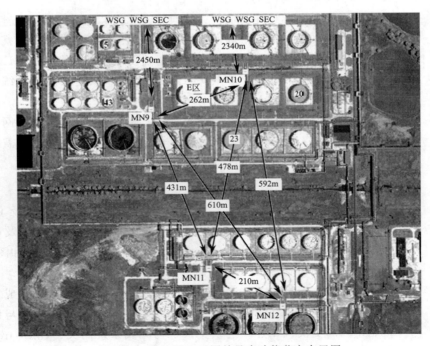

图 16-3　炼油厂 E 区网关及多功能节点布置图

第16章 OneWireless系统设计

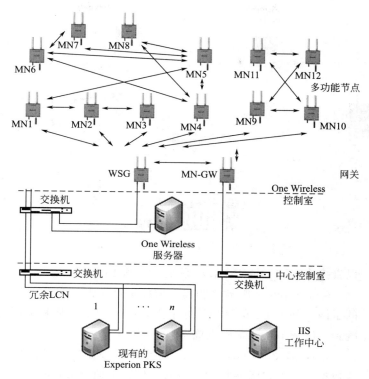

图 16-4 炼油厂无线主干网络架构及与控制系统连接

16.4 OneWireless 无线网络设计

OneWireless 无线网络设计须考虑以下问题：Mesh 网络的配置；Mesh 跳限制；OneWireless 网络的子网或域；OneWireless 通信；单个或冗余网关；交换机配置；防火墙配置；NTP 设置的类型；接入点覆盖区域；无线节点的最大通信距离。

16.4.1 OneWireless 无线网络拓扑

OneWireless 拓扑组成小型和大型系统。小型系统，由一个单一的过程控制器和最少的 HMI 组成；大型分布式控制系统考虑了安全的多层次。

(1) 小系统

小系统的拓扑结构包括一个最小的过程控制器和 HMI 设备，可

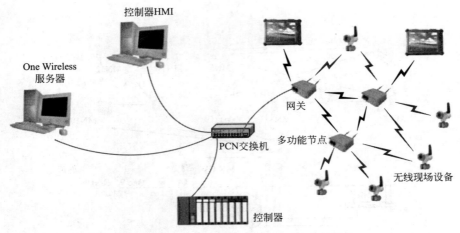

图 16-5　OneWireless 组成的小型系统拓扑结构

以直接连接到 OneWireless 系统（见图 16-5）。

OneWireless 服务器和网关像控制器和人机界面一样连接到相同的子网。基于 PC 的其他无线节点，如笔记本电脑和平板电脑可以连接到 OneWireless 基础设施上。

使用 ModbusTCP 或串行 Modbus，控制器通过网关可以访问无线数据，只有过程变量和设备状态信息可通过 Modbus 访问。

HMI 设备通常通过 OPC 连接的 OneWireless 服务器访问无线数据，配置、诊断和运行时的无线设备所提供的数据可通过 OPC 访问。

（2）大系统

大型控制系统的拓扑结构，使用了分层网络体系结构。当 OneWireless 与 Experion 集成时，建议无线系统网关连接到 L2 层交换机，这样 OneWireless 无线网络连接到 L2 层网络。OneWireless 无线防火墙是一种新的 Experion 认证设备，是这种拓扑结构需要的，设计无线防火墙是为保护无线网络不接受非要求的数据，如 FTE 广播。但是，它允许无线系统网关与 OneWireless 服务器和 Experion 服务器之间的 CDA 通信。所有无线 I/O 数据通过无线系统网关，而其他数据类型通过多功能节点连接到 L3 层过程控制网络无线 DMZ（见图 16-6）。

16.4.2　OneWireless Mesh 网络的配置

OneWireless Mesh 网络的部署容许很大的灵活性，基于现场情

第16章 OneWireless系统设计

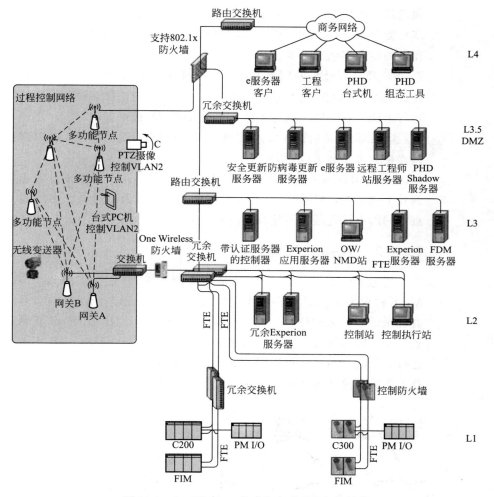

图 16-6　OneWireless组成的大型系统拓扑结构

况可能发生很多的变化，以下是配置最优的 OneWireless Mesh 网络指南：

① Mesh 网络电台须尽可能使用 5.8GHz 频率范围内或地方法规所允许的 802.11a 频段，在 5.8GHz 运行 Mesh 可以简化比较拥挤的 5.8GHz 频段的频率规划；

② 无线传感器频率必须被配置为使用非重叠 2.4GHz 802.11 的频段，而不是使用 Mesh 或 Wi-Fi 客户端接入，如果 802.11 所有的信道均使用，对传感器无线电波的操作选择保护频段模式；

③ 避免到最终目的地过多数量的 Mesh 跳，从客户端设备到网

关的最大跳数为4。也就是说，在客户端设备和网关之间可以有4个多功能节点，每次网络通信跳的时候，从一个Mesh连接到另一个，提供的带宽将削减一半；

④ 将高吞吐量的网络设备，如摄像机，应安放在能直接单跳的位置上或与网关距离不超过1跳的位置上，不应选择多跳，对摄像机运行来说，直接连接到网关是获得所需带宽的最好方式；

⑤ 如果设备由铜接口连接Wi-Fi，只要有可能应将Wi-Fi以铜接口连接到多功能节点；

⑥ 如果在该区域提供骨干以太网的话，任何多功能节点应连接到骨干以太网，Mesh算法可以同时使用无线和有线连接。多功能节点之间的有线连接，能显著提高网络的吞吐量。

16.4.3 Mesh跳限制

理想条件下，802.11a/g网络的理论带宽大约是21Mbps，每个Mesh跳理论带宽削减了一半，图16-7说明了Mesh的跳计数和对高吞吐量设备首选的位置。比如无线摄像机应置于直接与网关连接的位置，以太网摄像机、移动工作站应置于与网关最多只通过Mesh 1跳连接的位置，而变送器与网关最多只通过Mesh 4跳连接的位置。这样才能确保这些设备在无线网络上的性能是最好的。

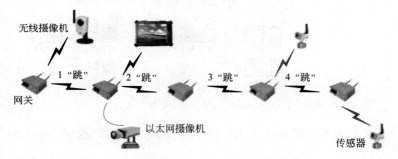

图16-7 OneWireless网络的Mesh"跳"限制

虽然网络可以支持8跳，但超过4跳将大大降低这些链接的吞吐量，所以即使是低吞吐量的设备，如变送器的跳数也不应超过4。多功能节点所构建的Mesh主干网的吞吐量，当信号强度大于72%时，通信速度最大可以达到54Mbps；而吞吐量为22Mbps，每跳减半。如1"跳"后吞吐量为22Mbps，2"跳"后吞吐量为11Mbps，3"跳"后吞吐量为7.3Mbps，4"跳"后吞吐量为5.5Mbps（见

第16章 OneWireless系统设计

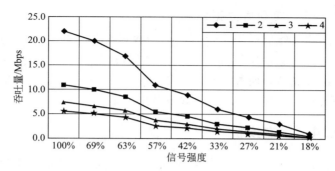

图 16-8　OneWireless 网络的 Mesh "跳" 与吞吐量的关系

图 16-8)。当采用 Cisco Aironet 1552S Outdoor AP 节点设备时，由于支持 802.11n，最大带宽可达 300Mbps，通信速度更快了。

根接入点 RAP 提供从无线网络到工厂网络高吞吐量的整体连接，这种连接通常是通过千兆以太网或光纤连接。随着网络规模的增大和网格接入点 MAP 数量的增加，有必要使用多台根接入点 RAP 以保证无线网络所需的性能和吞吐量，推荐 RAP 对 MAP 的最大比值为 20。

16.4.4　OneWireless 网络的子网或域

霍尼韦尔的每个 Mesh 网络支持多达 20 个多功能节点，它们可以作为有线和无线网络之间的网关。

每个多功能节点支持的无线变送器的数量取决于这些设备发送到多功能节点的频率，1s 刷新率每台多功能节点支持 20 台无线变送器，5s、10s、30s 刷新率每台多功能节点支持 80 台无线变送器。

16.4.5　OneWireless 通信

无线网络基础设施支持的开放系统通信分为两类：监测用数据访问使用 OPC 和控制用数据访问使用 Modbus。

(1) 监测用数据访问

OneWireless 网络依靠 OPC 提供开放系统通信的无线传感器数据，OPC 服务器是数据访问解决方案的不可分割的一部分。OPC 服务器使用本地的 EPKS CDA 协议收集从网关来的无线设备的数据，然后，通过标准的 OPC DA 协议，任何 OPC 客户端可访问这些数据。

(2) 控制用数据访问

当无线数据用于控制时，开放系统接入协议选择的是 Modbus，无线网关支持串行和 Modbus TCP 协议。串行 Modbus 协议适合老式的控制器，而 Modbus TCP 协议可以使用新型的控制器。在无线网关中，直接在 Modbus 服务器中实现。

16.4.6　交换机

交换机是一个多端口器件，支持 IEEE802.3 快速以太网、IEEE802.3 千兆以太网，可将单台或多台接入点连接到 WDM，在网络内以全线速传送以太网数据包。

16.4.7　无线防火墙配置

无线防火墙（见图16-9）是霍尼韦尔公司专门为 Experion 控制系统将控制网络延伸到无线网络而设计的，WDM 支持嵌入式无线防火墙检查从 WDM 传入和传出的数据包和限制访问，无线防火墙确保在连接 ISA100.11a 现场设备网络和工厂控制网络的 WDM 网络端口之间不发生路由，它可同时保护 Experion 控制系统网络和无线网络的安全。如将无线防火墙安装在无线网络网关和控制系统网络 L2 层 FTE 交换机之间，就可以支持 Experion 控制器快速与无线 I/O 设备通信。无线防火墙是已组态好的，可即插即用，它只允许无线 I/O 设备的数据双向通过，而阻挡来自 L2 层的网络风暴、可能的病毒和垃圾信息，有效保护 Experion FTE 控制网络和无线网络，避免通信中断或数据丢失。

图 16-9　无线防火墙

16.4.8　NTP 设置的类型

大多数大型网络通过使用网络时间协议（NTP）保持协调的时间感，多功能节点可同步是因为它们的内部时钟与一个用户定义的 NTP 服务器同步。NTP 时间同步的配置依赖于特定客户的装置，OneWireless 装置 NTP 配置有两种手段：直接同步需要直接与本地 NTP 服务器同步；间接同步需要与 OneWireless 服务器同步。而 OneWireless 服务器本身是与本地 NTP 服务器同步的。

16.4.9　接入点覆盖区域

在规划接入点的物理位置时，可以考虑信号覆盖范围的重叠量。霍尼韦尔公司建议至少有 30% 的重叠覆盖。用户可以调整发送功率，减少或增加信号强度以优化重叠，而不必使多功能节点靠近或远离。但当调整发射功率大小时，不能超过在 OneWireless 接入点指定射频的最大输出功率值。

16.4.10　无线节点的最大通信距离

表 16-4 列出了每种类型的无线设备之间的最大通信距离，这取决于天线的类型和位置，采用高增益天线则支持接入点通信距离达到 10km。

表 16-4　无线节点的最大通信距离

通 信 路 径	通信距离	通 信 路 径	通信距离
无线变送器到多功能节点	600m	多功能节点到多功能节点	约 1000m
802.11a 的 Wi-Fi 客户端到多功能节点	约 1000m	802.11b/g 的 Wi-Fi 客户端到多功能节点	约 1000m

16.5　OneWireless 无线网络规模

OneWireless 无线网络规模非常灵活，最多 300 个节点构建主干网络，多个节点可同时有线接入 DCS。可配置多台无线管理平台 WDM，每台 WDM 均可带 100 台无线变送器（1s 刷新率），每个节点均可带 18 台无线变送器（1s 刷新率）或 60 台无线变送器（大于 1s 刷新率）。但是当节点作路由器使用时，所带无线变送器的数量将大大减少，例如现场设备接入点 FDAP 作路由器使用时，只能带 10 台无线变送器（1s 刷新率）或 20 台无线变送器（大于 1s 刷新率）。

第17章 OneWireless无线网络的现场安装

17.1 概述

OneWireless 无线网络设备的种类较多，但从现场安装来说，仍可将其划分为两大类：多功能节点及接入设备和无线现场设备。多功能节点及接入设备有多功能节点、现场设备接入点 FDAP、Cisco Aironet 1552S Outdoor AP 节点设备；无线现场设备除了变送器外，还包括适配器、中继器、路由器等设备。这些设备的安装由于不需要或只需敷设少量的电缆和桥架，也不需要过多考虑电缆及桥架的走向、固定以及如何穿越障碍物等细节，所以现场安装的工作量减少约90%，需要做的工作是确定设备应该安装在工厂的什么地方等这一类相对简单的问题。

主干网络在设计的时候，需要考虑覆盖整个区域，需要在主节点之间构建冗余通信路径。通信频段需要确认组态选择最优的通信频道，同时支持任何一个无线仪表能够实现冗余、DSSS 跳频通信。无线网关可以考虑冗余配置设计，最终通过 Modbus TCP/IP 或 Modbus RTU 有线接入 DCS 控制系统，实现数据集成。

当 OneWireless 无线网络现场安装时，建议使用下面的工具：
① 便携式射频功率计（0～6GHz），用于检查功率输出；
② 便携式矢量信号分析仪，用于电缆和连接器的特性检查；
③ 便携式频谱分析仪，用于无线通信的信道功率、天线磁场强度测量；
④ 望远镜、测距仪或现场测量距离的缩放地图，用于查看现场；
⑤ 便携式 GPS 设备，用于提供精确定位。

17.2 安装多功能节点及接入设备

多功能节点及接入设备有的赋予其网关功能，有的仅作为接入点构成 Mesh 无线骨干网络，两者的安装要求稍有不同。

17.2.1 赋予网关功能的多功能节点及接入设备

① 安装位置尽可能的有开阔的视野，便于与其他多功能节点及接入设备构建 Mesh 无线回传网络以及与无线现场设备建立连接；

② 靠近安装控制系统并装有有线接口的控制室，从无线网关设备到上一级有线设备（交换机、路由器等）之间的网线一般不要超过 100m；

③ 防爆区域必须将网关置于防爆箱内；

④ 位于易于提供 220VAC 电源处；

⑤ 网关必须是固定安装于抱杆上，抱杆底部应焊接在管架上或者焊接在钢板上，再用膨胀螺丝固定在室外永久性建筑物楼顶上，高增益天线也必须安装在抱杆上，天线尽可能装得高一些，高度应高出管线或设备正上方或墙体顶部 1m 并远离墙壁 200mm 以上，但是必须处于厂区避雷针的 45°角保护范围内，还要求在抱杆上能够安装该节点的天线、防爆保护箱等所有设备；

⑥ 抱杆所用材质应为镀锌钢管，直径 50mm 左右，钢管壁厚不小于 2mm，抱杆需良好接地。

图 17-1 显示了多功能节点的现场安装，多功能节点固定安装在抱杆上，在多功能节点下方的保护箱内安装有 24V 电源、避雷器、接线端子、熔断器、过电流及过电压保护装置等。安装时还应考虑对射频接口做好防水处理，即在连接处缠 2~3 层黑色防水胶带，再缠防水胶泥，然后又缠 2~3 层黑色防水胶带。

17.2.2 不作为网关的多功能节点及接入设备

① 应满足 17.2.1 节中③~⑥点要求；

② 当无线现场设备组态为不具有路由功能时，安装位置尽可能的有开阔的视野和位于该节点覆盖的所有的无线现场设备的中心，以便于与无线现场设备建立通信联系，如果没有视准线无障碍路径，非视准线无障碍路径也可能通过反射或折射覆盖，但是覆盖范围将缩

图 17-1 多功能节点的现场安装

小，需要较多的站点才能满足覆盖，应在实际使用过程中进行测试，信号强度达不到要求的，应增加中继器；

③ 当无线现场设备组态为具有路由功能时，多功能节点、现场设备接入点不要求与每一台无线现场设备保持视准线无障碍路径；

④ 与网关或其他需要建立无线连接的多功能节点、现场设备接入点尽可能保持视准线无障碍路径，其中间转接的"跳"数应符合要求（见 16.4.3 节）；

⑤ 当多功能节点及接入设备安装在室外时，天线、网络线和电源线容易受到雷击，必须考虑加装雷电浪涌保护器（见图 17-2）；

⑥ 节点选择还应考虑干扰的影响，如果所选站点附近存在干扰，应该选择其他位置或者把干扰的影响限制在极限范围之内；

⑦ 当规划多功能节点及接入设备的物理位置时，可以考虑信号覆盖范围的重叠量，建议至少有 30% 的重叠覆盖（见 16.4.9 节）；

⑧ 应注意像多功能节点这样的设备有多个不同定义的接口，在安装过程中不应将天线接口接错，否则将会给后期的调试工作带来很大的麻烦，对于多功能节点没有使用的接口，要盖好盖子，并做好防水处理，以免设备进水损坏。

图 17-3 中，现场 I/O 天线用于与 ISA100.11a 无线现场设备网络

第17章 OneWireless无线网络的现场安装

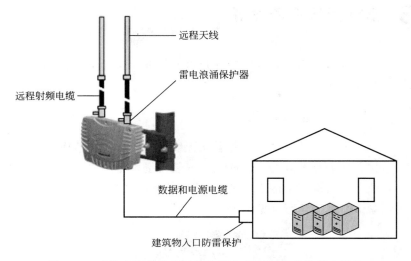

图17-2 安装在室外的现场设备接入点FDAP的防雷击保护

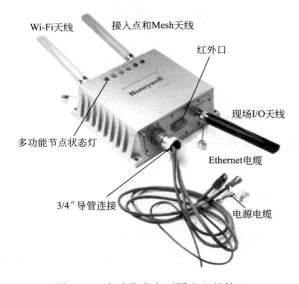

图17-3 多功能节点不同定义的接口

连接，作为无线现场设备的接入点；接入点和Mesh天线用于IEEE的802.11a/b/g无线回传网络，实现多功能节点相互无线通信；Wi-Fi天线用于与IEEE802.11a/b/gWi-Fi设备网络连接，作为无线Wi-Fi设备的接入点。

203

17.3 安装无线现场设备

无线现场设备的安装涉及以下任务：连接电池、选点并安装设备和安装天线。

17.3.1 连接电池

电池安装在霍尼韦尔公司无线现场设备上，然而，出厂前电池连接器电源是断开的。因此，当安装现场设备之前，你需要重新连接电池。松开端盖上的M3螺钉，取下端盖，放入电池，再盖上端盖，拧紧M3螺钉即可（见图17-4）。

图17-4 连接电池

17.3.2 选点并安装设备

① 当无线现场设备组态为不具有路由功能时，无线现场设备的天线应该尽可能与所指定的多功能节点、现场设备接入点保持视准线无障碍路径；

② 当无线现场设备组态为具有路由功能时，无线现场设备的天线应该能与其他相邻的至少3台无线现场设备保持视准线无障碍路径；

③ 当测点处于与指定的多功能节点及接入设备的连接被严重阻隔时，可以考虑使用带延长电缆的天线或高增益天线的方式；

④ 现场安装过程中，应该特别注意设备与搭件、器件与线缆、线缆与天线等的连接处，必须做好防水处理，所有使用设备的射频接口必须加装避雷器，避雷器的接地端子应良好接地，信号分配器等器

件安装在室外时，必须安装在保护箱内，避免器件进水，影响使用效果。

17.3.3 安装天线

① 根据相互通信设备间的距离、障碍物等现场调查结果和具体的安装环境，选择适当的天线类型（集成与远程、全向与定向、低增益与高增益等），如现场设备接入点、多功能节点之间同无线现场设备之间的无线的通信距离根据天线类型不同为305m、610m、3km，2个现场设备接入点之间或多功能节点之间的通信距离为1km，采用高增益天线时为10km；当无线现场设备组态为具有路由功能，两个无线现场设备之间的通信距离为400m；现场设备接入点FDAP之间，或同无线现场仪表之间通信距离为450m；当采用Cisco Aironet 1552S Outdoor AP节点设备时，由于它带2根用于与ISA100.11a现场设备网络连接的现场I/O天线，通信速度可提高1倍，通信距离可增加2/3；图17-5是带远程天线的无线现场设备的安装。

图17-5 带远程天线的无线现场设备的安装
1—远程天线；2—无线现场设备；3—带避雷器的连接电缆

② 天线的安装要牢固，水平方向传送信号时，全向天线保持竖直方向的通信效果最佳；定向天线应注意调整好均方位角和下倾角，以调准到最佳的通信方向。实验室测试表明，一个不大的倾角改变可使接收天线的接收信号强度变化14dBm。

③ 当某个节点有多个天线时，应考虑尽可能地增大天线间的隔离。

④ 当网关使用集成天线时，不能与任何其他天线或无线现场设备过于靠近，相互间必须有 200mm 以上的间隔。

⑤ 低增益全向天线（通常为 5dBi 或 6dBi）被推荐为应用于必需覆盖 360°的范围，例如需要将周围的多个无线现场设备连接到 Wi-Fi 接入点，高增益全向天线（大于 8dBi 的）提供距离和覆盖面之间很好的综合方案。

⑥ 扇形天线有各种增益和波束宽度（通常 45°～180°水平波束宽度），在这些应用中限制覆盖空间为一个很小的区域，例如安装在油库的现场设备接入点 FDAP 可以选择扇形天线。

第18章
OneWireless无线网络的现场测试及投运

18.1 现场测试

在 OneWireless 无线网络投运前,应进行现场测试,以尽量对可能出现的最大干扰进行测量或考虑对策,比如对 2.40~2.49GHz 频段和5.7~5.9GHz 进行 RF 射频频谱分析,以检测任何潜在的 RF 射频干扰。再比如在特定环境中对 2 个节点的点对点的射频传播能力进行测试,得到相应的接收信号强度指示、数据连接试验值,就可以作为所选定位置环境质量的量化指标。以下介绍某炼油厂罐区现场测试的情况。

18.1.1 炼油厂罐区概况

某炼油厂罐区有一百多台设备,包括:1.3m 高、30m 宽的卧式罐,12~15m 高、30m 宽的子弹形罐,240VAC、480VAC 电压源,架空电缆桥架,金属设备、建筑物和其他障碍物。炼油厂罐区采用的无线系统由多功能节点、IntelaTrac PKS 无线手持巡检设备、XYR6000 无线变送器组成。现场安装两个网关:一个在炼油厂罐区控制楼;另一个位于一栋建筑物之上。

18.1.2 现场测试数据

在现场对霍尼韦尔公司 802.11a/b/g 设备进行现场测试,多功能节点最大输出功率为 100mW,而有效辐射功率 ERP 为 4W;变送器最大输出功率为 13mW,而有效辐射功率为 20mW。输出功率和天线类型将进行调整,以达到所需的区域覆盖。

首先对炼油厂罐区进行射频频谱分析时,确认信道 6 被占用,所以采用没有被占用的 11 信道。

客户现场测试包括炼油厂罐区和另一罐区 2 套无线系统，现仅介绍炼油厂罐区的测试。其测试内容分为 3 个独立部分：5.8GHz 的 OneWireless Mesh 无线网络、2.4GHz Wi-Fi 的 IntelaTrac PKS 无线手持巡检设备和 2.4GHz 跳频扩频 FHSS OneWireless 无线变送器。

(1) 5.8GHz 的 OneWireless Mesh 无线网络测试

多功能节点配置尽最大努力安置在靠近电源与无线传感器集中的位置（见图 18-1），天线选择的是霍尼韦尔 5dBi 的三频段全向天线。

图 18-1　炼油厂罐区网关及多功能节点的安装位置

表 18-1 列出了 OneWireless Mesh 无线网络测试数据。

"通信速度"值为 6Mbps 的吞吐量是最低可接受的性能；而"数据链接试验"一栏的数据大致是 95%~100%属非常好，85%~94%属很好，72%~84%属良好；"接收信号强度指示"一栏－75dBm 是可以接受的最低信号质量，0 端是最佳的信号品质。

对表中的数据按竖向直排来看，现场测试的 iNode1 数据属良好；iNode2 的 2 组数据属很好；iNode3 数据属非常好；iNode4 的数据属良好；GW2 的 2 组数据上面的属非常好，下面的属良好。

(2) 2.4GHz Wi-Fi 的 IntelaTrac PKS 无线手持巡检设备测试

在炼油厂罐区多功能节点的网状网络内，多功能节点的第二根 Wi-Fi 天线是霍尼韦尔的 2.5dBi 三频段全向天线。表 18-2 为经过 Wi-Fi 射频现场测试所得到的 IntelaTrac PKS 无线手持巡检设备与其他无线设备的最大距离。可以说，当无线手持巡检设备与对应设备之间的距离小于表 18-2 中最大距离时，无线手持巡检设备能正常工作。

第18章 OneWireless无线网络的现场测试及投运

表 18-1 OneWireless Mesh 无线网络测试数据表

设备	iNode1 距离m	R dBm	D %	S Mbps	iNode2 距离m	R dBm	D %	S Mbps	iNode3 距离m	R dBm	D %	S Mbps	iNode4 距离m	R dBm	D %	S Mbps
5.8GHz 信道64																
GW1	149	−77	81	8.8												
iNode1					89	−64	87									
iNode2					152	−65	93	9.8	105	−61						
iNode3									538	−90		7	159	−56	100	
iNode4													185	−76	78~81	8.7

表中，GW 表示网关；iNode 表示多功能节点；R 表示 RSSI 接收信号强度指示；D 表示数据链接试验；S 表示通信速度。

表 18-2 IntelaTrac PKS 无线手持巡检设备与其他无线设备的最大距离

PKS 无线手持巡检设备 Wi-Fi 2.4GHz 信道1 维持 RSSI 优于 −74dBm 的最大距离/m

	PKS 无线手持巡检设备 Wi-Fi 2.4GHz 信道1 维持 RSSI 优于 −74dBm 的最大距离/m
GW1	129
iNode1	198
iNode2	220
iNode3	250
iNode4	187
GW2	196

表 18-3 OneWireless 无线变送器射频现场测试数据表

设备	GW1 距离m	R dBm	D %	iNode1 距离m	R dBm	D %	iNode2 距离m	R dBm	D %	iNode3 距离m	R dBm	D %	iNode4 距离m	R dBm	D %	GW2 距离m	R dBm	D %
FHSS 变送器 信道11																		
LN1	100	−70	100															
LN1	136	−75	98	92	−80	94												
LN2	147	−81	98	107	−75	88	28	−65	98									
LN2b							70	−84	100									
LN2c							78											
LN3a							142	−78	82	131	−77	98						
LN3b										81	−89	54						
LN3c										114	−76	100	61	−75	100	112	−89	85
LN3d										106	−73	100				126	−90	34
LN3e																		

表中，GW 表示网关；iNode 表示多功能节点；LN 表示无线变送器；R 表示 RSSI 接收信号强度指示；D 表示数据链接试验。

(3) 2.4GHz 跳频扩频 FHSS OneWireless 无线变送器测试

为了实现冗余通信，在任何时候每一台无线变送器应该至少能与 2 台多功能节点通信，无线变送器一般配备 2dBi 全向天线。此外，为了得到更好的信号质量，一些无线变送器可能会配带外接高增益全向或定向天线。表 18-3 列出了 OneWireless 无线变送器射频现场测试数据。

"数据链接试验"一栏的数据大致是 95%～100% 属非常好，85%～94% 属很好，72%～84% 属良好，更低的则属差；"接收信号强度指示"一栏－75dBm 是可以接受的最低信号质量，0 端是最佳的信号品质。

对表中的数据按竖向直排来看，现场测试的网关 GW1、iNode3、iNode4 数据属非常好；iNode1 的 4 组数据中，上面的 2 组属很好，下面的 2 组属非常好；iNode2 的 2 组数据中，上面的 1 组属差，下面的 1 组属良好；GW2 的 2 组数据中，上面的 1 组属良好，下面的 1 组属差。

对上面表格所提供现场调查期间的实际读数进行分析，就可以提出现场存在的问题及解决方案，如 iNode2、GW2 部分数据属差，就需要采取改善措施。再如天线的计算是否准确，选型是否合理，设备定位是否正确，是否需要添加或减少接入点、中继器等设备，从而使确定的技术解决方案可优化网络通信组件的覆盖区域，以最大限度地提高成本效益。

18.2 贵州盘县电厂无线网络运行及测试

为验证无线变送器在现场的抗干扰能力、确保可靠稳定的工业等级的数据传输以及友好的共存能力，贵州电力试验研究院和霍尼韦尔公司于 2009 年 5 月 7 日在贵州省盘县电厂安装了霍尼韦尔公司 OneWireless 无线产品（2 台多功能节点、2 台无线温度变送器和 1 台无线模拟量输入变送器），并对运行状况进行了测试。在测试期间，无线变送器每隔 1s 采集一次电厂 1 号炉烟道温度数据，并通过多功能节点构建的无线 Mesh 主干网络，同上位工作站进行数据集成（如历史数据存储、实时数据显示、Excel 报表输出等）。

18.2.1 测试现场概况

无线变送器安装位置：3 台无线变送器安装在 1 号机组锅炉岛 1 号~4 号烟道 9m 层温度测点处，无线温度变送器 T1 的第一个通道测量 4 号烟道温度，第 2 个通道测量 3 号烟道温度；无线温度变送器 T2 的第一个通道测量 2 号烟道温度；由于只带了 3 支热电偶，故温度变送器的其他通道没有接入温度测点，短接测量大气温度；无线模拟量变送器 H1 安装在 3 号、4 号烟道之间，没有接入测点（见图 18-2）。

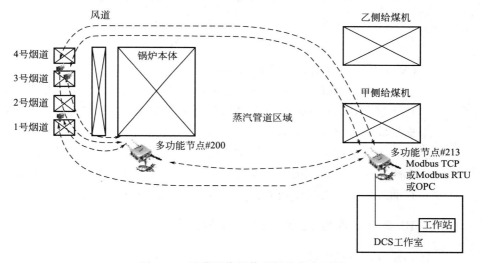

图 18-2　无线网络通信现场设备布置图

多功能节点安装位置：多功能节点♯200 安装在 1 号机组锅炉 13m 层，锅炉本体侧。多功能节点♯213 安装在控制室附近/甲侧给煤机处，由图 18-3 可见，现场安装环境的障碍物（如设备、管道等）较多。

Mesh 主干网络：2 个多功能节点直接无线通信，构建快速通信 Mesh 无线主干网络，通信状态良好。

3 台无线变送器同多功能节点♯200 通信状态良好（信号强度在 －30dBm 左右），而且能够同时绕开锅炉本体同控制室附近的多功能节点♯213 直接通信（信号强度在 －70dBm 左右），实现多路径冗余跳频通信。

数据采集时，工作站有线连接在多功能节点♯213 上，输出实时

(a) 控制室附近安装的
多功能机节点#213

(b) 锅炉本体附近安装的
多功能节点#200

图 18-3　多功能节点现场安装图

PV 值及历史数据，输出 Excel 报表。

工作站能够在控制室里，直接同多功能节点♯213 通信并通过多功能节点♯213 以无线的方式同多功能节点♯200 无线通信，实现数据集成和实时状态监测。

测试结束前，把 2 台无线变送器移动到 1♯炉 50m 层省煤器处，无线变送器可以同时与多功能节点♯200 和♯213 通信；并且在整个移动过程中，无线变送器仍然同多功能节点不间断通信。

18.2.2　现场安装、投运及测试程序

设备现场安装及投运：
① 安装 2 个多功能节点，并外部供电；
② 安装无线变送器，连接测温一次元件，并上电启动（设定 1s 的刷新速度）。

检查与验证包括以下内容：
① 主干网络通信的多功能节点授权及设置，检查无线 Mesh 主干网络的通信（自组织）；
② 无线变送器授权，检查无线变送器的通信；
③ 设备管理功能的无线变送器的在线远程组态，多功能节点及无线变送器的诊断信息；
④ 网络通信管理功能的可视化现场无线网络的通信拓扑结构（动态、自组织），监控无线网络的通信状态及设备状态监控；
⑤ 对无线管理平台的功能、安全管理功能的检查与验证；

⑥ 数据集成，每隔 1s 采集数据，历史存储、Excel 报表输出。

18.2.3 测试结论

无线变送器在电厂测试现场的工作状况正常、通信可靠稳定，数据通过标准通信方式集成至工作站，评估测试项目和测试结果见表 18-4。

表 18-4 评估测试项目和测试结果

序 号	测 试 项 目	测 试 结 果
1	无线网络架构	正常
2	多功能节点状态	正常
3	无线变送器状态	正常
4	无线网络管理平台	正常
5	数据集成：OPC 通信/TCP 通信	正常
6	数据采集结果	历史数据保存完整，可 Excel 报表输出
7	控制室工作站与无线网络的无线通信	正常

通过无线变送器在盘县电厂的测试，验证了工业无线网络在复杂的电厂环境中，可以保证正常、可靠、安全的数据采集和通信，不影响现有设备的正常运行，能够实现同上位系统的数据集成。

18.3 OneWireless 无线网络的投运

以多功能节点、无线变送器构成的 OneWireless 无线网络与 Experion DCS 系统的数据集成介绍无线网络投运预组网的主要步骤。

所谓预组网就是按照项目网络规划设计及网络拓扑结构连接无线系统，对设备加电并进行设置与组态。其目的是检查所有无线设备的使用性能，出现异常能及时控制处理；完成设置与组态工作，便于设备安装，加电以后尽可能快的完成组网，大大节省工作时间。

预组网的具体工作：

① 安装无线仪表系统工作站 Experion Server（内嵌无线管理功能、内嵌式数据集成）的硬件和软件，加电；

② 按照设计给多功能节点逐个加电进行 Web 配置，包括 Operating Mode、IP Address、Wireless Bridge 等，配置安全机制如授

权、SSID、MAC 地址过滤、AES 密码保护等；

③ 在 PDA 上安装授权软件，从 Experion Key Server 获取授权密码，对网关、多功能节点和无线变送器授权；

④ 打开 NMD 检测所有授权过的设备是否都已经出现在监测界面以内，察看各个无线仪表与多功能节点之间的通信状况；

⑤ 在 Experion 现有组态工具 Configuration Studio 和 Control Builder 上对多功能节点以及无线变送器进行组态；完成组态后，在 NMD 和 Control Builder 上查看各个节点是否正常。

无线网络系统支持同无线仪表系统工作站 Experion Server 采用完全内嵌式数据集成，无线主干网络中的网关支持同 Experion Server 采用 CDA 直接一体化点对点通信。通过 Experion 现有组态工具 Configuration Studio 和 Control Builder 即可以实现无线网络统一的安全管理、通信管理和设备管理；实现无线变送器的远程、在线组态和校验；支持在 Control Builder 直接为无线 I/O 建点和建立控制策略；无线变送器的 I/O 点及测量参数、状态参数都在 Experion HMI Web Display Builder 中显示为 native Experion points（本地 Experion 点），而无需组建 SCADA 点或 OPC 参数；无线网络数据完全集成在 Experion 数据库中，无线变送器所有过程信息和诊断信息均可以在 Experion 和 FDM/AMS 等资产管理系统中监测。

第19章 OneWireless无线网络的应用

19.1 中石化镇海炼化8公里乙烯运输管线

中石化镇海炼化计划修建一条低温乙烯运输管线，总长约7650m，连接装卸码头和低温罐区。乙烯运输温度要求为－150～－100℃。为确保管线运输正常工作，需要对管线温度实时监测。管线两端约500m处各有一个温度测点，其他5个测点分布为平均每隔1km一个温度测点，共有7个温度测点（其中2个温度测点采用有线温度变送器，5个测点采用无线温度变送器）。管线温度数据要求传输至低温罐区控制室DCS控制系统，实现集中、实时监测。如果采用常规的有线方案，数公里外的温度信号传输至DCS控制室，信号衰减已经非常弱，不能正常测量。采用其他方案也存在设备昂贵、工程实施困难、后期维护费用高等问题。

采用霍尼韦尔公司的OneWireless工业无线解决方案，无需安装电缆、桥架和接线，非常容易就可以实现对乙烯管线的监测。系统配置如下：

① 多功能节点，4台；
② 热电阻，7支；
③ 无线温度变送器，5台；
④ 有线温度变送器，2台（距离多功能节点近的管线两端使用）；
⑤ 无线管理平台，软件25点；
⑥ 工作站，DELL D630；
⑦ 无线网络授权设备，XSK00。

乙烯运输管线无线通信设备布置见图19-1，图中T1～T7为无线或有线温度变送器，M1～M4为多功能节点。但初期安装时只有3台多功能节点，M4是后期增加的。初期安装后，安装在管线上的无线温度变送器同多功能节点M2、M3进行无线通信，多功能节点之间以无线通信构

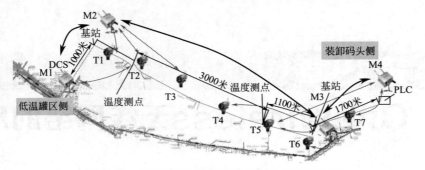

图 19-1　乙烯运输管线无线通信设备布置示意图

建 Mesh 无线主干网络，位于低温罐区的多功能节点 M1 作为网关，把 M2、M3 采集的所有数据传输至低温罐区侧 DCS 控制系统。

无线网络通过多功能节点 M1 以 Modbus RS485 接口同 DCS 控制系统数据集成，无线管理平台安装在罐区控制室，完成如下功能：可视化监测无线网络的通信状态；支持无线变送器在线远程组态；负责无线网络的诊断和安全管理。

由于多功能节点与无线温度变送器之间最远距离约 3km，多功能节点 M2 与 M3 之间距离约 6km，所以多功能节点与无线温度变送器均配置了定向板状高增益天线，可实现远程通信（通信距离分别可达 4km、10km）。使用过程中，由于多功能节点 M2 与 M3 之间距离较远，且中间有一道钢板围裹的固体输送栈桥，一定程度上阻挡了 M2 与 M3 之间的信号联络，造成了末端 T5 和 T6 两点温度在系统中显示时有时无，当 T5 和 T6 两点温度"丢失"后，M2 会不断尝试去建立与 M3 的联系，加大了 M2 的工作负荷，加剧了 M2 的损坏速度。后在装卸码头机柜室（无人值守）屋顶增设 1 个多功能节点 M4 并安装了交换机，通过 M3—M4—交换机—码头与罐区之间的光纤（其他项目的备用光纤）—罐区交换机—WDM—DCS，将无线温度变送器 T5 和 T6 两点温度以无线方式采集后又以有线方式传送到 DCS，实现了全线温度的检测，改造后该系统运行比较稳定。

19.2　中石油西固油库

2009 年，中石油西固油库改造项目提出以下几点要求：
① 在罐区增加输油管路压力测点；
② 需要支持员工在铁路栈桥作业时，能够实时获取控制系统的

数据和实时录入装车数据和信息；

③ 需要实时获取远离控制室的油库计量 PLC 中的数据，实现数据共享。

油库占地面积较大，新增无线设备涉及油库、库区管网、泵房、铁路栈桥等，从最远端的油库到控制室距离达 8km。由于输油管线的压力测点与控制室之间被铁路分隔、现有桥架和电缆沟已经接近满载等原因，项目改造实施方案采用霍尼韦尔公司的 PKS 控制系统和无线信号传输方案。

该项目 PKS 控制系统可实现库存管理系统、油品移动系统、公路自动付油系统、铁路定量装车系统、订单管理系统、在线设备管理系统、闭路电视监控系统、无线通信及广播系统、门禁系统和绩效管理系统等功能。

所提供的无线设备包括：5 台多功能节点、20 台无线压力变送器、6 台无线阀门回讯变送器、4 台移动工作站/RESS Server 和无线管理平台。通过 5 个多功能节点构建的 Mesh 无线主干网络同时支持 3 类无线应用：

① 提供 IEEE802.11a/b/gWi-Fi 设备网络，支持 4 个移动工作站，实现现场移动作业，实时浏览 PKS 控制系统画面、组态、报表、报警等，以及输入铁路装卸站台的过程数据；

② 提供 ISA100.11a 无线现场设备网络，支持同 20 台无线压力变送器、6 台无线阀门回讯变送器的通信和过程数据监测；

③ 采用 Modbus TCP 方式将油库计量 PLC 控制系统有线接入无线网络后，以转接方式接入西固油库控制室的 PKS 控制系统。

西固油库无线通信设备及布置见图 19-2。

无线变送器可以自动选择同多功能节点 M1、M2、M3、M4 进行无线通信，多功能节点之间的无线通信构建 Mesh 无线主干网络，位于控制室楼顶的多功能节点 M1 作为网关，采用 Modbus TCP 协议有线接入 PKS 控制系统，进行数据集成。油库计量 PLC 系统现场附近高处安装一个多功能节点 M5，以 Modbus TCP 协议有线接入油库计量 PLC 系统，多功能节点 M5 再通过无线骨干网络通信，将油库计量 PLC 系统的数据传至无线网关 M1，实现同西固油库控制系统的数据集成，从而使油库计量 PLC 系统的数据以无线方式集成到 PKS 控制系统中。

多功能节点 M2、M3 置于横跨铁路的高架栈桥上，多功能节点 M4 置于综合泵房附近的屋顶上。多功能节点 M2、M3、M5 都采用定向大角度板状高增益天线，实现长距离无线传输。

2010 年 6 月投运一年多以后的回访表明，20t 油罐车装运所需时

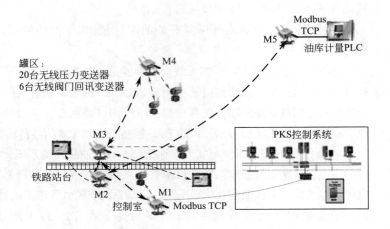

图 19-2　西固油库无线通信设备及布置示意图

间由 40min 缩短为 25min，油罐车装运工由 7 人/班减少为 2 人/班；火车装运原由人工抄写车号再计算机录入的工作现由无线手操器完成；视频监控系统、门禁系统的投入提高了罐区安全管理水平。

19.3　华东电力试验研究院

电力试验研究院的科研人员经常要到各电厂进行现场设备性能测试（如汽机、锅炉性能测试），以往每到一个现场除了安装检测仪表外，都需要敷设电缆并接线。测试结束后，又要拆除接线，收回电缆。这样的测试准备工作及测试后的收尾工作，在不同现场要重复多次；而采用无线通信方案，无需接线，无需敷设电缆，灵活方便，准备工作和收尾工作大大简化，无线系统的优越性就充分体现出来。现在该院配备了全套无线系统，包括 2 台多功能节点、22 台表压变送器、10 台差压变送器、5 台绝压变送器、15 台温度变送器、4 台模拟量输入变送器及无线管理平台。

19.4　中石油大连石化

中石油大连石化在溶剂再生装置/酸水气提装置管线（包括富溶剂、

轻烃、贫溶剂、酸性水等介质）上安装 CETW6000M 无线腐蚀变送器进行管线无线腐蚀监测，包括 2 台多功能节点、8 台 CETW6000M 无线腐蚀变送器（配电极、探针）。无线腐蚀监测采用先进的测量技术和数据分析技术进行精确的总体腐蚀速率测量和点蚀的测量，可同时给出总体腐蚀率、点蚀系数、斯特恩—盖里常数以及腐蚀机理因子 4 个参数，即可对管道的腐蚀状态进行监测，预防管道泄漏，从而实现管线远程在线诊断、预测维护和报警。多功能节点 M1 作为网关采用 Modbus RS485 协议，与监控微机系统有线通信（见图 19-3）。

图 19-3　汽提装置管线无线通信示意图

这套无线腐蚀在线监测系统对以下各类人员的工作给了很大的帮助：帮助设备工程师与现场操作人员实时监测装置腐蚀状况；帮助工艺工程师基于腐蚀状况进行运行过程优化，如优化缓蚀剂、中和剂注入；帮助完整性与可靠性工程师使运行时间（周期）最大化并减少意外停车；帮助腐蚀工程师了解腐蚀机理、诊断腐蚀原因；指导维护工程师迅速修复因腐蚀泄漏与其他失效造成的故障；帮助生产装置管理人员延长资产与设备寿命（选择性检修，而非计划性大修），帮助企业节省因腐蚀造成的设备更新费用。

19.5　中联煤层气山西沁县气田

中联煤层气山西沁县气田分布在山区、沟壑纵横，敷设电缆非常困难。10口煤层气井分布的区域方圆5km,现场也没有GPRS无线信号,该项目需要实时采集各井口的过程数据和视频监控,这些都是有线技术方案很难实现的。

2010年11月实施的无线系统包括:31台各类无线压力、温度、多输入变送器;6台多功能节点;5套采用IP摄像机的无线视频;10套太阳能供电系统;无线管理平台。涵盖了方圆5km的10口煤层气井的温度、压力、流量及抽油机停机状态信号的数据采集及5口煤层气井的无线视频监控,其中5口煤层气井的温度、压力、流量的测量是选用无线变送器采集,另5口煤层气井的温度、压力、流量的测量选用常规仪表以有线方式采集后,再通过多点无线模拟量输入变送器转换成无线信号后输出。IP摄像机与多功能节点有2种通信方式:距离很近的直接采用有线接入方式;距离较远的采用Wi-Fi通信方式。安装在集气站的多功能接点是作为网关有线接入上位监控系统中的DVR视频监控工作站、无线管理工作站和数据采集SCADA系统。其中与DVR视频监控工作站和无线管理工作站通信是采用Modbus TCP/IP协议,与数据采集SCADA系统通信是采用Modbus RS485协议(见图19-4)。除无线变送器采用电池供电外,其余设备采用太阳能供电。

采用霍尼韦尔公司无线技术架构可同时支持无线变送器和视频监

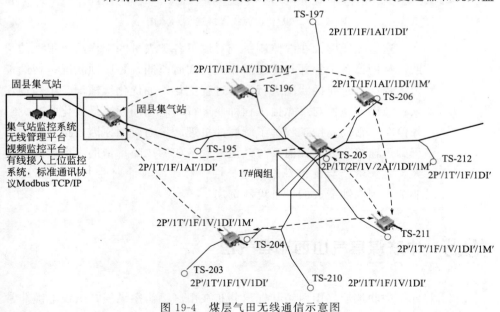

图19-4 煤层气田无线通信示意图

控，能够带来成本优势和技术优势，给用户带来极大的便利。实现煤层气井管控和视频监视后，生产过程更加高效、自动化程度更高、技术水平更先进。

19.6　申能上海临港燃气电厂

　　上海临港燃气电厂有 4 套 350MW 燃气机组，生产现场参数检测采用有线变送器，所测量的过程信息传送到西门子 DCS 系统。电厂 4 套燃气机组配有 4 套 DCS，2 套 DCS 公用一个控制室，各套 DCS 之间完全隔离。但电厂又要求控制系统发生故障时能保障其他机组的 DCS 操作站可以监视故障机组最重要的 25 个参数。这些参数中包括锅炉部分的主蒸汽流量、压力和温度，中压蒸汽流量、低压蒸汽流量、温度和压力，高压汽包压力，中压汽包压力，低压汽包压力，再热蒸汽压力和温度，高压给水流量，中压给水流量，低压给水（低压气包入口）流量，低压给水（凝结水）流量共 16 个测点，还包括汽轮发电机部分的汽轮机真空、润滑油压力、控制油压力、振动 1、振动 2、振动 3、闭式水压力、发电机功率、转速共 9 个测点。

　　4 套机组每套配一台多功能节点作为其网关（见图 19-5），采用 Modbus RTU 协议以 RS485 信号电缆有线接入 DCS 控制系统。这 4 台多功能节点构成无线主干网络，每套锅炉机组的无线数据通过自己的多功能节点可集中汇入统一的无线数据库，从而每套 DCS 不但可

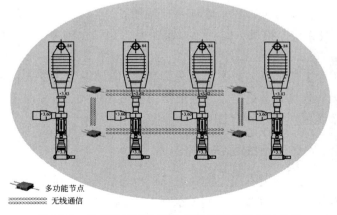

图 19-5　燃气机组锅炉部分多功能节点布置示意图

以通过自己的多功能节点获得本机组的无线数据,同时还可以获得其他 3 个机组的无线数据,从而满足上述要求。

霍尼韦尔公司为该项目提供了 253 台有线变送器、101 台无线变送器、4 台多功能节点和一套无线管理平台。

19.7 中石化武汉 800kt/a 乙烯罐区

中石化武汉 800kt/a 乙烯的原料罐区、中间罐区及产品罐区采用霍尼韦尔公司基于 ISA100.11a 协议标准的 OneWireless 无线解决方案实现生产过程的监视、报警、报表打印及生产管理。

19.7.1 无线仪表系统概况

如表 19-1 所示。

表 19-1 中石化武汉 800kt/a 乙烯无线仪表系统规模

区域	无线工作站	无线防火墙	无线交换机	主网关	冗余网关	多功能节点	无线压力变送器	无线温度变送器
原料罐区	1	1	1	2	2	7	67	22
中间罐区	1	1	1	2	2	6	33	38
产品罐区	1	1	1	3	3	8	75	41
合计	3	3	3	7	7	21	175	101

由表可见,三个罐区共计使用了 3 台无线工作站、3 台防火墙、3 台无线交换机、35 台多功能节点(包括主网关、冗余网关、多功能节点)、276 台无线现场设备(无线压力变送器、无线压力变送器),再加上罐区外还有 2 个汽车衡器 AI 信号以无线方式接入,共 278 台无线现场设备信号,是当前国内应用规模大、技术较先进的无线仪表系统成功应用案例。

19.7.2 无线解决方案

冗余网关有线连接到现场机柜间的无线交换机,通过无线防火墙有线连接至 FTE(故障容错以太网)交换机,与 DCS(Experion PKS)连接。冗余网关配置支持无扰动切换无线防火墙,可以确保有线控制网络和无线网络的通信安全和有效隔离。无线防火墙只允许无线 I/O 数据双向通信，防止有害病毒、通信中断、数据丢失等。

在不同罐区的现场机柜间分别设置无线交换机、无线工作站管理各个罐区无线网络的通信、安全和组态等，实现无线变送器的远程在线组态和诊断，并提供与仪表设备管理系统（FDM）的通信接口，实现对无线仪表系统的资产管理。3 个罐区独立配置无线仪表系统，通过设在现场机柜间的无线工作站管理各个罐区的无线仪表设备，这样可以减轻了每个无线网络的系统负荷；3 个相对独立的无线网络自成系统，提升了无线仪表系统安全性和可靠性，便于无线网络的操作管理；工程实施相对简单，安装及调试周期较短（见图 19-6）。

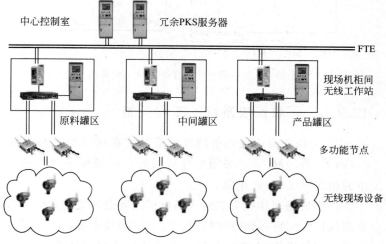

图 19-6　无线网络与控制系统连接示意图

所有的无线设备由无线工作站的组态工具进行组态，在 DCS 服务器的组态工具中建立相应通信点；在现场机柜间与 DCS 的 FDM 客户端建立 HART 数据通信。

现场的多功能节点和现场机柜间的冗余网关构建无线仪表系统 Mesh 骨干网络，分别覆盖各个罐区生产区域，以原料罐区为例，图 19-7 为原料罐区 Mesh 主干网络配置图。图中多功能节点 M11/M12、M13/M14 同时作为主网关和冗余网关，多功能节点 M15、M16、M19、M20 和 M21 安装在主管廊顶层上，多功能节点 M17 和 M18 分别安装在裂解汽油罐组和石脑油罐组的围堰上。安装在现场的无线变送器可以自动选择就近的任意一个多功能节点进行无线通信，只需要 1 "跳"即可将数据传输到无线 Mesh 网上，实现无线网络的冗余多路径、DSSS、自组织、自愈合等功能。冗余网关配置支持无扰切换、消除单点故障。配置无线防火墙，确保有线网络和无线网络的安全。

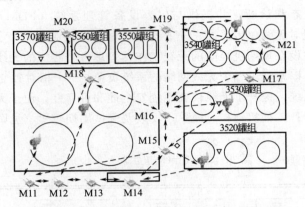

图 19-7　原料罐区 Mesh 主干网络配置图

19.7.3　无线仪表系统的工程实施

① 多功能节点及冗余网关的安装。在现场机柜间配置冗余网关（主网关/备用网关），采用壁挂式安装在现场机柜间内墙上，由直流电源柜提供 24VDC 电源。

为使现场多功能节点与现场机柜间冗余网关的通信安全可靠，避免现场机柜间抗爆建筑结构对信号的屏蔽及干扰，将无线网关的天线设置在现场机柜间室外顶部，通过数据线将天线系统与冗余网关的 Mesh 骨干网络接口连接。

② 安装无线变送器。无线变送器的配线、布线等工作可以完全省略，现场施工安装（如导压配管安装等）与有线仪表基本相同。安装时应确保每台无线变送器视准线无障碍路径冗余，安装高度在大型障碍物之上至少 0.5m。避免太阳直晒，延长电池使用寿命，安装位置应尽量远离转动设备及振动场所。

③ 冗余网关（主网关/备用网关）有线接入现场机柜室的无线交换机、无线工作站，经无线防火墙有线接入到 FTE 交换机上，与 DCS 冗余服务器连接。

④ 安装无线工作站的软件，检查多功能节点和冗余网关的软件版本。

⑤ 用授权工具手持数据终端从无线工作站获取授权码，对冗余网关和无线变送器授权（所有冗余网关和无线变送器都有 1 个红外通信端口，可以无线接收授权设备的加入通信密码）。自动选择同多功能节点之间的无线通信，并按照设定的通信刷新率将现场参数传送给无线仪表系统（如压力变送器的数据刷新率设定为 1s）。

⑥ 对冗余网关和无线变送器组态，设置多功能节点的通信频率等信息。

⑦ 对 DCS 服务器进行 Modbus TCP/IP 数据集成检查。

⑧ 对 FDM 进行 HART 数据集成检查。

⑨ 使用无线网络管理工具检测无线网络运行状态、参数调整、故障处理等。

19.7.4 应用效果

从 2013 年投产到目前为止，整个无线仪表系统运行良好，在 3 个罐区的正常生产和日常维护中发挥了重要的作用。对于操作人员来讲，他们感觉不到正在使用的是无线仪表系统，因为从整个操作界面来看，跟原来的常规仪表的操作界面是一样的，友好的操作界面给操作人员带来了方便。整个罐区显得干净整洁，由于减少了穿线管、接线盒和接线端子等附属设备，使得接线盒进水、通信电缆虚接等问题不复存在。开车时候检测到几个多功能节点的信号强度不是太好，就移动了多功能节点的位置，避开了较高的建筑，由于是无线系统，这样的移动也显得非常轻松。原来所担心的无线仪表信号的刷新率会不会比有线的要慢一点的问题，在罐区这样的装置上也没有出现过。有一个仍需改进的地方是：在进行反复测试的时候发现冗余的 One-Wireless 无线防火墙并不能实现在线的自动诊断和切换。

19.8 美国加州威明顿 Valero Energy 炼油厂

美国加州威明顿 Valero Energy 炼油厂数年前引入了一厂家点对点无线系统，扩展了过程检测性能。但这一系统过于繁琐，传输数据耗时过长。他们在寻求性能更强的无线工具时，于 2009 年采用了霍尼韦尔公司的 OneWireless 无线系统（包括多功能节点和 XYR6000 无线变送器）。炼油厂装置一般需要监视众多测点的信息，其中包括液位、流量、压力和气体探测，但由于厂区地域分散，这些测点安装费用的九成都用于电缆管线和相关工程。无线技术能在不影响常规运作的情况下，容易获得最遥远、最难接近位置的测量信息，即使在原本检测被认为不切实际的区域，有线变送器也能持续稳定地工作，但使用无线变送器的成本更低。

  威明顿 Valero Energy 的 DCS 系统最先采用的是霍尼韦尔公司 TDC2000DCS，随后升级为 TDC3000、Experion PKS，系统带有新型人机界面 HMI、图标站和 Experion 服务器，最近控制器又升级为 C300。2012 年 8 月，炼油厂进行了新一轮的现场勘测，并将 One-Wireless R120 系统升级为 OneWireless R200，以现场设备接入点 FDAP 取代了多功能节点。新的 OneWireless 网络包含 30 台无线变送器，11 个 FDAP，2 个有线连接 DCS 的 FDAP，以及通过串行 Modbus 与霍尼韦尔 DCS 相连的无线管理平台 WDM。R200 和 WDM 提供了更好的系统稳定性和连接性，现场工程师能快速对无线系统进行设置，无线装置网络试运行、监测和故障排查的时间也减少了。

第20章
横河电机的ISA100.11a无线网络系统

20.1 概述

横河电机（YOKOGAWA）作为国际自动化仪表主流厂家之一，一直积极参与工业无线系统标准的制定、产品开发和应用推广工作，是ISA100理事会唯一的副主席和核心成员单位。2007年，首款无线设备开发成功；2008~2009年，进行了广泛的现场试验；2010年推出了第一套符合ISA100.11a的工业自动化无线通信的产品；2011年，又推出大规模、高可靠性、新一代、全厂范围的现场无线系统。新系统的组网配置更加灵活，并实现了全系统范围的冗余以及高可靠性。

20.2 系统构成

横河电机现场无线系统主要产品包括无线现场设备、多协议无线适配器和无线现场网络设备三类。

20.2.1 无线现场设备

无线现场设备符合ISA100.11a标准，主要产品有以下几类（见图20-1）：EJX-B系列无线压力（表压、绝压、差压）变送器；YTA510无线温度变送器（有单点、双点两种选型）；YTMX580多点（8点）无线温度变送器（可接热电偶、热电阻、mV、电阻、4~20mA）。

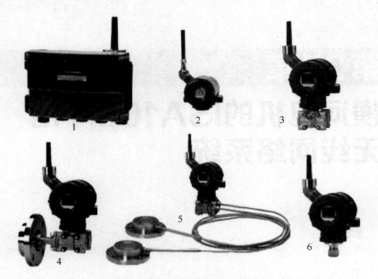

图 20-1 横河电机无线现场设备

1—多点无线温度变送器；2—无线温度变送器；3—无线压力（差压）变送器；
4—无线法兰式差压变送器；5—无线隔膜密封式差压变送器；6—无线绝压变送器

横河电机现场无线设备的刷新率可选 1~3600s（有资料介绍最快刷新率可选 0.5s），在刷新率为 10s 时，不同的无线变送器的电池寿命大约在 4~10 年，在视准线无障碍路径的条件下的标准天线传输距离为 600m。

横河电机 2013 年为传感器制造商提供一个内置天线模块（见图 20-2），这个模块是由一个天线和相关联的无线通信电路组成，包括符合 ISA100.11a 的接口电路和电源模块。内置天线模块只有 116mm 长，直径 23mm，质量仅有 100g，这使得无线变送器朝小型化、轻量化方向发展。如果传感器制造商使用了这个模块，将大幅度地减少开发 ISA100.11a 标准无线变送器所需的时间。

20.2.2 适配器

横河电机 2014 年推出支持基于有线 HART 和 RS485 Modbus 标准的多协议无线适配器（见图 20-3），横河电机还计划推出覆盖其他标准，如 FF、Profibus-PA 等现场总线标准的产品。多协议无线适配器采用了大容量的锂离子电池，使多协议无线适配器能长时间为现场仪表供电，还可在主机系统显示器上显示估计的电池寿命剩余天数。

图 20-2　内置天线模块　　　　　图 20-3　多协议无线适配器

图 20-4 为多协议无线适配器的应用，它可以将现场无线接入点的多个无线现场设备的信号以 RS485 Modbus 协议方式传送到支持 RS485 Modbus 协议的控制系统。

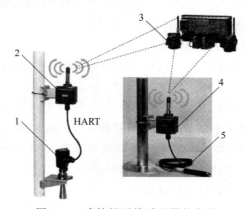

图 20-4　多协议无线适配器的应用

1—有线 HART 仪表；2—HART 协议无线适配器；3—YFGW510 现场无线接入点；
4—RS485 Modbus 协议无线适配器；5—RS485 Modbus 连接电缆

20.2.3　无线现场网络设备

现场无线网络设备主要有以下几种：YFGW410 现场无线管理站、YFGW510 现场无线接入点、YFGW610 传输介质转换器和 YFGW710 现场无线一体型网关。

(1) YFGW410 现场无线管理站

YFGW410 现场无线管理站（见图 20-5）是一个现场设备，它用于大规模和高可靠性的无线系统。YFGW410 现场无线管理站提供与上层控制

图 20-5　YFGW410 现场无线管理站

系统连接的网关功能、设置和管理现场无线网络的无线系统管理功能（即系统管理器和安全管理器的功能），它将整个网络划分成多个子网，通过 YFGW510 无线接入点连接每个子网的无线现场设备。

现场无线管理站具有以下特点：

① 各种外部通信端口

对于外部通信，YFGW410 现场无线管理站配备 8 个 100BASE-TX 端口，1 个 RS485 口和 1 个 RS232C 端口。3 个 100BASE-TX 端口是上层（与主机系统通信），4 个端口是下层（与现场无线接入点通信），另 1 个用于维护。对其他系统的通信端口内置浪涌保护电路，这允许 YFGW410 现场无线管理站安装在各种网络环境中，而不需要任何额外的网络设备或浪涌保护装置；

② 高性能和高耐环境性

一台 YFGW410 现场无线管理站管理数量众多的现场无线设备，支持多个外部通信端口，使用一个微处理器，它有比现有的现场无线系统设备高得多的计算性能，包括多端口 L2 层交换机功能，通过采用最佳的电路板和电源设计，开发一种具有超强散热能力的独特散热片并仔细选择部件，很好地解决了这些高性能器件的功耗和发热问题，所有这些措施使我们能够确保在 $-40 \sim 65$℃ 很宽的工作温度范围工作；

③ 冗余功能

通过专用的同步电缆相互连接两台 YFGW410 现场无线管理站即可实现冗余，两者将自动识别冗余结构和实现组态，在安装过程中或因维修需更换时，可以防止不正确的接线和设置，同步电缆进行数据实时同步复制,即使有一台 YFGW410 现场无线管理站出现异常,整个现场无线系统仍可以继续运行不致断开。

(2) YFGW510 现场无线接入点

YFGW510 现场无线接入点(见图 20-6)具有将现场无线设备连接到 YFGW410 现场无线管理站的功能。它通过无线通信连接现场无线设备,再通过以太网或无线局域网连接到 YFGW410 现场无线管理站。在其内已安装组态软件,该软件可对该接入点本身进行配置。

图 20-6　YFGW510 现场无线接入点

它符合 ISA100.11a 标准的骨干路由器功能。在一个大型的现场无线系统里,它必须覆盖尽可能多的现场无线设备。此外,多个这样的接入点需要安装在装置中的不同位置,包括危险区域,通过各种骨干网络通信接口与骨干网络进行通信。为了满足这些要求,该接入点具有以下特点:

① 高性能、矿用隔爆型紧凑结构的 YFGW510 现场无线接入点采用的无线芯片和射频前端电路符合 ISA100.11a 标准和低功耗的要求,高性能 32 位单芯片微处理器在一块基板上,新产品设计带紧凑型隔爆外壳,单个 YFGW510 现场无线接入点能覆盖多达 100 台现场无线设备,也可以安装在危险区域的 1 区;

② 多种骨干网络通信接口的 YFGW510 现场无线接入点可以安装几种骨干网络通信接口的组件。可提供 IEEE802.11a/b/g(无线 WiFi 局域网)、100BASE-TX 和 100BASE-FX 的选择,甚至在 YF-GW510 现场无线接入点与 YFGW410 现场无线管理站之间布线困难

的地方，也可方便地安装无线局域网接口，但更倾向于通过现有的工厂电缆来实现 YFGW510 现场无线接入点与 YFGW410 现场无线管理站之间的通信；

③ 支持 Duocast 同一子网中可配置两台 YFGW510 现场无线接入点，现场无线变送器设备发送的数据将同时被这两台 YFGW510 现场无线接入点所接收，任何一台接入点出现异常都不会对整个子网造成任何影响，以此实现一个高度可靠的无线局域骨干网。

（3）YFGW610 传输介质转换器

YFGW610 传输介质转换器（见图 20-7）具有将 100BASE-TX（双绞线）转换成 100BASE-FX（光纤光缆）的功能，当 YFGW410 现场无线管理站与 YFGW510 现场无线接入点之间距离较远时，可考虑使用该转换器通过光纤进行连接。

图 20-7　YFGW610 传输介质转换器

YFGW610 传输介质转换器在 YFGW410 现场无线管理站和 YFGW510 现场无线接入点之间骨干网通信的连接接口处作传输介质转换，4 端口的 YFGW610 传输介质转换器将 YFGW410 现场无线管理站低层的骨干网络连接（100BASE-TX）的接口转换成与 YFGW510 现场无线接入点的远程光纤网络接口连接（100BASE-FX）。它具有 $50\mu s$ 低延时，可实现高精度时间同步以及从 $-40\sim65℃$ 很宽的工作温度范围。

（4）YFGW710 现场无线一体型网关

YFGW710 现场无线一体型网关（见图 20-8）提供网关功能和无线系统管理器的功能，并直接连接现场无线设备，它适用于小规模的无线网络。它有连接现场无线设备与主机系统的网关功能、现场无线网络的设置和管理功能，与主机系统链接采用 Modbus TCP 通信协

图 20-8　YFGW710 现场无线一体型网关

议，现场无线网络的设置和管理功能是由运行在 PC 端的现场无线组态器和管理工具软件完成的。

20.3　系统设计

20.3.1　横河无线系统方案

(1) 小规模的现场无线系统

横河电机无线系统的早期方案是包括 YFGW710 现场无线一体型网关和现场无线设备在内的，可接入最多 10 台（刷新率 1s）或 50 台（刷新率 5s）现场无线设备（见图 20-9）。

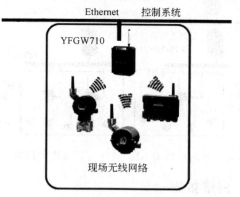

图 20-9　采用 YFGW710 现场无线一体型网关的 ISA100.11a 无线系统

（2）全厂范围的现场无线系统

全厂范围的现场无线系统包括 YFGW410 现场无线管理站、YFGW510 现场无线接入点、YFGW610 传输介质转换器以及新一代的各种无线温度、无线压力变送器。并以 YFGW410 现场无线管理站加 YFGW510 现场无线接入点取代并扩展原有 YFGW710 现场无线一体型网关的功能（见图 20-10），将整个网络划分成多个子网的方式分层管理，这样的 ISA100 工厂范围无线解决方案系统规模大、扩展性好，1 台 YFGW410 现场无线管理站可接入最多 20 台 YFGW510 现场无线接入点，通过 YFGW510 现场无线接入点的总接入点数在 1s 刷新率时可达 200 点，5s 刷新率时可达 500 点；本无线系统支持全冗余配置，即无线现场设备通信路径冗余、YFGW510 现场无线接入点冗余、YFGW410 现场无线管理站冗余以及 YFGW410 现场无线管理站上层系统之间、YFGW410 现场无线管理站与 YFGW510 现场无线接入点之间连接线路冗余。

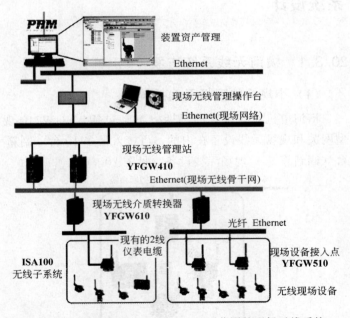

图 20-10　横河电机 ISA100.11a 工厂范围的现场无线系统

（3）网络拓扑

① 星形拓扑和网状拓扑。网络拓扑形式可以是星形拓扑，也可以是网状拓扑，表 20-1 列出了网络拓扑形式考虑的要点。

表 20-1　网络拓扑形式考虑的要点

网络拓扑	星　　型		网　　状	
路由器				
硬件组成	YFGW510 G I/O 设备 IO	YFGW710 G I/O 设备 IO	YFGW510 G I/O 设备 IO 路由器 R	YFGW710 G I/O 设备 IO 路由器 R
冗余路由	无冗余		有冗余	
连接设备最多数量	100 台/YFGW510	50 台/YFGW710	100 台/YFGW510	50 台/YFGW710
刷新率	0.5s 或更长	1s 或更长	10s 或更长	
电池寿命	长，无路由消耗		短，有路由消耗	
扩展无线接入范围	增加 YFGW510	增加 YFGW710	增加 YFGW510	增加 YFGW710
应用场合	滞后时间短、可靠性高、电池寿命长		滞后时间稍长、无线接入范围扩大、电池寿命短	

由于星形网络结构清晰、管理方便、扩展性能好、延时小，所以优先推荐采用。

② 网状网络。选用网状网络时，需考虑以下问题：

在 I/O 设备主要的一侧应安排 2 台或 2 台以上路由设备，以确保路由器、YFGW510 现场无线接入点或 YFGW710 现场无线一体型网关能与所有的无线现场 I/O 设备有 2 条通信路径；

如果无线现场 I/O 设备超过 10 台，再加上构成冗余路由所必需的 2 台路由器，即现场设备总数超过 12 台时，应向厂家咨询；

无线现场设备既可作为 I/O 设备也可以扮演路由器角色，但由于横河电机专用的中继器（路由器）的产品尚未推出，目前多使用由无线现场 I/O 设备中的 YTA510 无线温度变送器代替，只需在组态时指定其路由器角色即可；

最多"跳数"："跳数"指的是从无线现场 I/O 设备经过路由器到达 YFGW510 现场无线接入点或 YFGW710 现场无线一体化网关的中转次数（见图 20-11），当从无线现场 I/O 设备不经过路由器 R

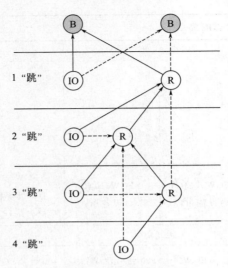

图 20-11 "跳数"示意图

直接到达 YFGW510 现场无线接入点或 YFGW710 现场无线一体化网关的传送次数是 1 次，横河电机定义为 1 "跳"，这与 9.3.1（3）节所述定义不同。图中无线现场 I/O 设备经过路由器后分别称为 2～4 "跳"。

中继器（即路由器）电池的寿命：电池的寿命取决于所需转发的无线现场 I/O 设备数量和其刷新率，所中继的无线现场 I/O 设备数量越多，刷新率越快，则电池的寿命越短，表 20-2 表示了刷新率与预期的电池的寿命的计算系数。由表 20-2 可大致推算，扮演路由器角色的无线现场 I/O 设备电池的寿命至少要减少一半，甚至只有原来的 1/10。

表 20-2 扮演路由器角色的无线现场 I/O 设备电池的寿命

刷 新 率	扮演路由器角色的无线现场 I/O 设备电池的寿命系数
10s	×0.1～0.4
30s	×0.1～0.5
60s	×0.1～0.6

（4）网络容量及限制

① 网络容量

a. 对 YFGW710 现场无线一体型网关来说，可最多连接 50 台无线现场 I/O 设备；

b. 对 YFGW410 现场无线管理站来说，可最多连接 500 台无线现场 I/O 设备；

c. 由于连接无线现场 I/O 设备的数量还与刷新率、路由器的使用、输入输出设备类型等限制有关，所以实际可连接的无线现场 I/O 设备数量会减少。

② 限制

对 YFGW710 现场无线一体型网关来说，限制如下：

a. 当所有无线现场 I/O 设备刷新率都是 1s 时，可连接的无线现场 I/O 设备数量为 10 台；

b. 所有无线现场 I/O 设备刷新率都是 10s 时，可连接的无线现场 I/O 设备数量为 50 台；

c. 当所有无线现场 I/O 设备刷新率分为 2 组设定，且其中 1 组为 10s 或更长，可连接的无线现场 I/O 设备数量为 50 台。

对 YFGW410 现场无线管理站来说，则需满足如下限制：

a. 对星形网络，当无线现场 I/O 设备刷新率为 1s 时，可连接的无线现场 I/O 设备数量为 200 台；当无线现场 I/O 设备刷新率为 5s 时，可连接的无线现场 I/O 设备数量为 500 台。对于网状网络，当无线现场 I/O 设备刷新率为 10s 时，可连接的无线现场 I/O 设备数量为 500 台；

b. 每台 YFGW410 现场无线管理站可连接最多 20 台 YFGW510 现场无线接入点，也即可连接最多 20 个现场无线子网，而每个现场无线子网最多可连接 8 台 YFGW510 现场无线接入点；

c. 针对每个现场无线子网，在星形网络连接时，当无线现场 I/O 设备刷新率为 1s 时，可连接的无线现场 I/O 设备数量为 20 台；当无线现场 I/O 设备刷新率为 5s 时，可连接的无线现场 I/O 设备数量为 100 台。在网状网络连接时，当无线现场 I/O 设备刷新率为 10s 时，可连接的无线现场 I/O 设备数量为 100 台；当子网内有路由设备和无线现场 I/O 设备时，1 台路由设备应按 3 台 I/O 设备统计，计算公式如下：

$$I/O 设备数 + 路由设备 \times 3 \leqslant 100$$

例如，如果子网有 4 台路由器，那么 I/O 设备数最多只能是 88 台；

d. 因为无线现场 I/O 设备有 2 种类型：输入设备和输出设备，

输入设备的过程参数仅有模拟输入数据和数字输入数据，而输出设备的过程参数除模拟输入数据、数字输入数据外，还多了模拟输出数据、数字输出数据，所以每台YFGW410现场无线管理站可连接最多500台输入设备，但每台YFGW410现场无线管理站只能连接最多250台输出设备；

e. 在网络布置时，因为路由设备所占用的网络资源与其下面总共连接的设备数有很大关联，连接的设备越多它所占用的资源也就越多；为了保证整个网络的通信稳定性，需对路由设备作一定的限制，否则会导致设备无法加入网络，所以每台路由器可以最多连接的设备数应满足以下公式：

$$I/O设备数 + 路由设备 \times 3 \leqslant 30$$

例如，如果布网时存在4跳路由的情况，则网络中某个路由器设备下面最多可以连接4台路由器和最多15台无线现场I/O设备，如果不满足以上要求，则需重新调整拓扑结构。

20.3.2 横河无线系统与主机系统的集成

为集成符合由国际自动化协会（ISA）提出的工业自动化无线通信标准ISA100.11a的现场无线设备，横河电机开发了CENTUM VP R5.02分布式控制系统和OPC服务器R2.0。

将现场无线系统与CENTUM VP连接有两种方式：一种是通过子系统（FCS）通信；另一种是通过通用子系统网关（GSGW）连接。

（1）现场无线系统通过子系统通信

与子系统FCS的连接需要以太网通信模块（见图20-12），ALE111的YFGW通信包要求CENTUM VP使用R4.02.30或更高的版本；在现场无线管理站和CENTUM VP R5连接的情况下，CENTUM VP应该使用R5.02.00或更高的版本。

与YFGW通信的基本功能如下：与YFGW410现场无线管理站通信时，通过使用Modbus TCP通信协议，获取现场无线设备采集的参数和设备自身的状态信息，同时也向无线设备下发控制指令；若发现现场无线设备异常，则将向监视界面进行报警。

对于数据更新，YFGW的通信功能可以从128台现场无线设备获取数据，并在1s内将它们发送到HIS。

YFGW通信连接的装置为YFGW410现场无线管理站或YFGW710现场无线一体型网关，每一个FCS最多可连接4个ALE111,

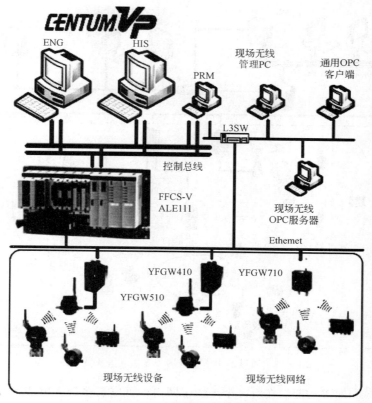

图 20-12　通过子系统通信连接现场无线系统

每一个 ALE111 最多可连接 128 台现场无线设备。

(2) 现场无线系统通过通用子系统网关连接

与 GSGW 连接需要现场无线 OPC 服务器（见图 20-13），有了现场无线 OPC 服务器，OPC 客户端可以监视现场无线设备的操作以及通过访问设备的参数来评估它们的功能和属性。

(3) 全冗余配置的系统

无线通信全冗余配置，即无线现场设备通信路径冗余、现场无线接入点 YFGW510 冗余、YFGW410 现场无线管理站冗余以及这些设备之间、YFGW410 现场无线管理站与上层主机控制系统之间通信冗余，这提供了覆盖从主机系统到现场无线网络的全面冗余配置。

一组两个 YFGW410 现场无线管理站通过同步电缆彼此连接，对主机系统和 YFGW510 现场无线接入点提供冗余的无线网络管理

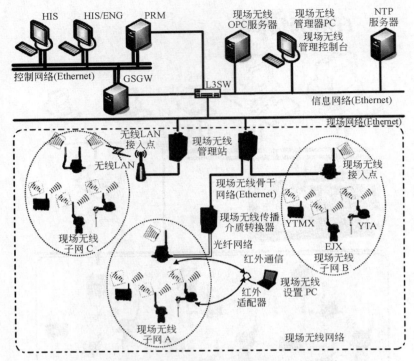

图 20-13 通过通用子系统网关连接现场无线系统

和网关功能。在每一个无线子网内，可安装多个 YFGW510，对现场无线设备实现无线网络的冗余（见图 20-14）。

① 冗余的 YFGW410 现场无线管理站。图 20-15 示出 YFGW410 现场无线管理站冗余系统的配置和操作。

　　YFGW410 现场无线管理站采用一个独立的冗余系统，如果运行中 YFGW410 现场无线管理站故障，备用的 YFGW410 现场无线管理站将无缝接管并使过程继续运行。整个主从切换过程在 1s 内完成，而这切换速度也是当前最快的。在冗余操作时，两个 YFGW410 现场无线管理站作为单 YFGW410 现场无线管理站虚拟操作。主机系统通过使用分配给它们的一个唯一的虚拟 IP 地址通信，因此，不管哪一个硬件处于维修状态，即使发生了切换，主机系统仍可以继续该过程。同样地，通过唯一的虚拟 IP 地址接受请求，运行中的 YF-GW410 现场无线管理站执行现场无线设备连接和下载配置的工作。当保存在运行中的 YFGW410 现场无线管理站中的参数改变时，通过同步电缆立即复制到备用 YFGW410 现场无线管理站中。因此，

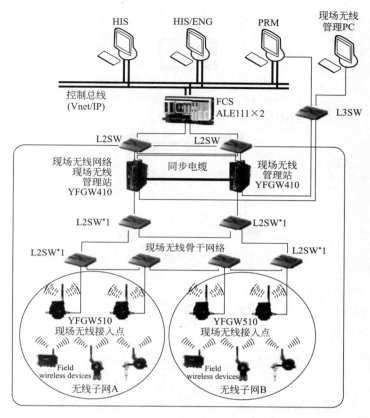

图 20-14 现场无线系统配置

*1：L2 层交换机支持由 IEEE1588 定义的精确时间协议

即使是在一个大系统，在故障检测的 1s 内即可完成切换。

故障的 YFGW410 现场无线管理站不经任何特殊设置，可以被一台新的现场无线管理站替换，而同时保持系统一直运行。新的现场无线管理站自动从运行中 YFGW410 现场无线管理站获取完整的配置信息，并进入备用角色操作。

② 无线路径冗余。传统的自组织路由保证视准线无障碍路径，然而现场无线设备的条件常常改变，因为其自组织路由的发现需要时间比较长，如果通信质量变差或路径不能被发现，作出改变路径的决定是很难的；此外，为保障及时获取各邻居的信息，设备不得不时常处于工作状态，导致设备需要消耗很多额外能耗用于网络管理的开销；在本系统中，除了自主路由外，还提供一种路径可提前人为设置

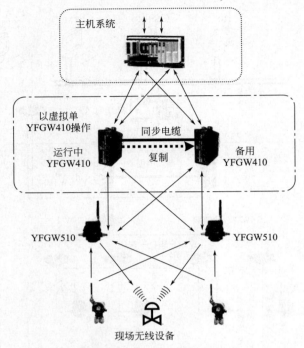

图 20-15　YFGW410 的冗余系统配置

的方式，由用户分别为每个设备指定设备间的多条路径；该方式减少了大量的网络管理的开销，可人为控制关键节点的数目和位置；相较于自组网的方式，固定路径不仅可以大大节省设备的能耗，同时还能提供确定的通信时延，为用户提供一个可靠性更高、更为稳定的通信网络。

③ 控制的应用。由于 YFGW510 现场无线接入点支持冗余通信技术，现场无线设备所发送的传感器数据被组成 Duocast 的两台 YFGW510 现场无线接入点接收，都将接收到的数据转发给 YFGW410 现场无线管理站，由 YFGW410 现场无线管理站对重复的数据进行过滤；冗余 Duocast 通信技术是指由 ISA100.11a 标准提供的一种独特的无线通信功能，Duocast 支持骨干路由器的高可靠性通信，Duocast 在传输时同时使用了双链路的骨干路由器，用两个接收器接收并确认来自底层设备发送的数据。

图 20-16 显示了冗余 Duocast 和传统技术 Unicast 之间的比较。如果在第一 YFGW510 现场无线接入点与现场无线设备之间的通信出现故障，YFGW410 现场无线管理站通过第二 YFGW510 现场

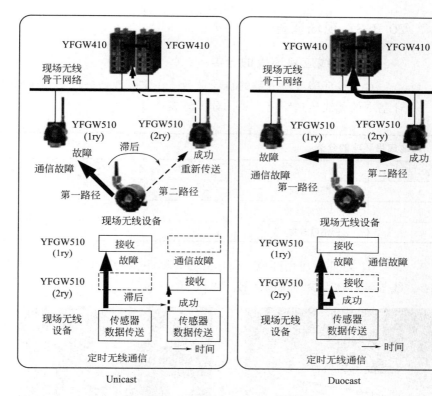

图 20-16 冗余 Duocast 的优势

无线接入点将接收的传感器数据发送到主机系统。由于 Duocast 提供没有任何数据重传的冗余通信路径，传感器数据不会丢失，即使通过一个路由失败也不增加通信延迟。与涉及通信故障重传的 Unicast 比较，Duocast 实现了相同的可靠性，但只需要二分之一的通信时间。

对于传输到现场无线设备的数据，如输出值和控制参数，YFGW510 现场无线接入点到现场无线设备冗余的通信路径要连续交替传输，使用 Unicast。

在以往的网状拓扑结构的网络中，如果主通信路径无效，则数据将通过另一条路径发送。然而，这会影响数据的实时性，因为数据不是在同一时隙中发送。

另一方面，Duocast 同时将两个相同的数据在同一个时隙接收，并各自都返回一个确认包，尽量避免数据重传。因此，Duocast 是确保关键任务无线路径冗余的理想选择，并有助于提高可靠性，同时确保低延时。

20.3.3 现场调查

(1) 无线应用环境的分类

对无线环境进行分类的目的是为了在实际现场进行安装规划时估计基本的无线传送距离。具体分类见表20-3。

表 20-3　无线应用环境的分类

类型	特点	在10mW时(包括全向天线)最大传送距离
A	开阔的空间	500m
B	有少数障碍物	200m
C	密集障碍物	50m

① 类型 A 应用环境　如油罐之间间距很大的油罐区或沙漠中管线等障碍物很少存在的区域（见图20-17）。

图 20-17　典型的类型 A 应用环境现场

② 类型 B 应用环境　有一些障碍物，如金属机械、金属设备、管道、建筑物等，但不是太多，也不是太密集，这些障碍物以反射和吸收的方式会干扰无线通信（见图20-18）。

图 20-18　典型的类型 B 应用环境现场

③ 类型 C 应用环境　有很多障碍物，如在无线设备附近的金属机械、金属设备、管道、建筑物等，障碍物多且密集，致使无线设备相互间的视准线路径通常被障碍物阻断（见图 20-19）。

图 20-19　典型的类型 C 应用环境现场

（2）实现无线长距离通信的应对措施

无线长距离通信特点是 ISA100.11a 无线系统本身的优点，但由于相当一部分现场属于类型 B、C 应用环境，需根据现场实际情况采取一些应对措施：

① 在类型 A 应用环境中，实际现场测试时，最大传送距离 500m，超过这一距离，需要增加中继器；

② 在类型 B、C 应用环境中，如果无线现场设备之间的视准线路径被障碍物阻断，应该在无线现场设备之间增加中继器，且中继器应安装在与无线现场设备双方都没有障碍的高处，如塔类高设备或建筑物的顶部，以便与多个无线现场设备之间的视准线路径不被障碍物阻断，此外，也常利用延长电缆将现场设备的天线引到一个相对理想的位置。

③ 在图 20-20 所示类型 C 应用环境中，由于障碍物多且密集，致使无线现场设备与网关之间的视准线路径被阻断，当在一处高塔顶部安装中继器后，由于中继器与所有无线现场设备之间的视准线路径不被障碍物阻断，中继器可以实现无障碍地与无线现场设备通信，而与此同时，由于中继器安装位置较高，它与远在 500m 之外的建筑物顶部安装的网关之间也可以实现视准线无障碍路径通信。

（3）"空中网格"设计

① 生产现场的"管道丛林"　在炼油厂和化学工厂现场，有很多的金属管道和装置（以下简称"管道丛林"），使得在现场无法有效地构建通信可视的环境。由于现场无线通信的无线电波频带为 2.4GHz，具有频率高波长短的特点，很难期待它有绕过物体的能力。

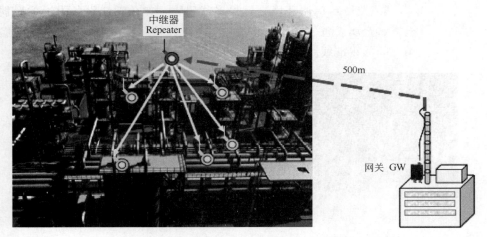

图 20-20　增加中继器实现无线长距离通信

因此，只有当确保视准线无障碍路径时，超过 500m 以上距离的无线通信才是可能的；否则无线通信路径上的障碍物很容易降低其质量，这时长距离通信就不可能实现。在实际工厂中最麻烦的障碍是"管道丛林"，在很大程度上阻碍了视准线且被金属物覆盖。然而，许多变送器和仪表就安装在管道上或其附近，所以现场无线网络所处的环境正好是"管道丛林"。

② 基于"空中网格"方法的设计　为进一步提高现场无线通信的可靠性，推荐一种被称为"空中网格"的设计方法，可靠的通信路径是用在装置上方的一组中继器作为一种无线基础设施，与安装在管道丛林中的现场无线设备通信的路径。当应用"空中网格"方法时，通过中继器固定通信路径是至关重要的。由于横河电机现场无线系统同时支持自组织网络和固定路径网络，使"空中网格"的方法可以有效地应用。

无线接入点通常安装在控制室或类似设施的屋顶上，而现场无线设备的测量目标位于"管道丛林"中，这样视准线无障碍路径就很难保证，而且现场无线设备和接入点之间的距离往往超过 400m；因此，直接无线通信是很难确定的。与此同时，在厂区的"管道丛林"区域内，通常也会有一些高塔之类的设备；在大多数情况下，这种高塔类设备顶部附近的位置，可提供与在控制室的屋顶安装的无线接入点的视准线无障碍路径通信，并能够确保在它们之间空间中的菲涅耳区，从而使这个位置对于带接入点的无线通信是理想的。如图 20-21

所示在这些塔顶部附近安装无线中继器，有望实现良好的通信质量。经验证明，如果在高度约 30m 的一个中继器和一个在测量点的现场无线设备之间距离小于 50m，可确保令人满意的无线通信质量。这是因为即使不能确保视准线无障碍路径，但由于有金属结构的反射波也可以提高通信的品质。然而，应注意当"管道丛林"中的通信距离超过 50m 时，在大多数情况下通信质量较差。

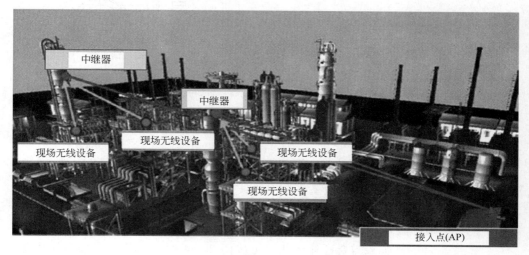

图 20-21　应用空中网格网络概念的配置图

如上所述，在高处安装中继器，可以确保与无线接入点进行通信的菲涅耳区。此外，这消除了人、车辆或其他障碍物可能会堵塞通信路径的担忧，为了降低由通信路径中的障碍而导致通信失败的可能性，要确保到主机系统的冗余路径。

20.4　现场安装

20.4.1　安装无线现场设备

① 无线现场设备通常安装在直径 50mm 水平或垂直管道上（见图 20-22），也可靠墙安装（见图 20-23）；

② 天线周围应无障碍物；

③ 天线离墙壁、管道等障碍物至少 300mm；

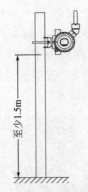 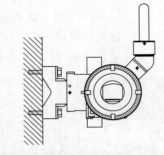

图 20-22　无线变送器垂直管道上安装方式　　图 20-23　无线变送器靠墙安装方式

④ 无线设备的天线必须安装在至少距离地面或楼面 1.5m（见图 20-22）；

⑤ 所有天线应为竖直位置；

⑥ 无线现场设备安装时天线的方向可改变，松开天线底部与变送器本体连接部位的 2 颗小螺钉，可旋转天线 90°，然后再将 2 颗小螺钉紧固；

⑦ 如果需要延伸天线，可按图 20-24 所示加装由自抽头接头保

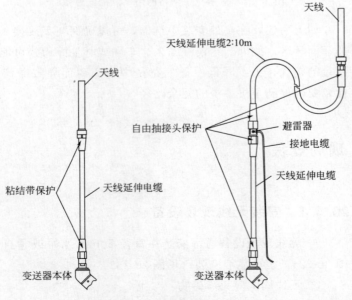

图 20-24　延伸天线的安装

护的天线延伸电缆、避雷器、接地电缆等；

⑧ 当网络内任意 2 台无线设备需要进行通信时，应尽力保证这 2 台无线设备之间的视准线无障碍路径，且在有效通信范围内。

20.4.2 安装 YFGW710 现场无线一体型网关

① 应尽可能安装在接近现场无线网络的中心位置；

② 当采用星形拓扑网络结构时，应确保 YFGW710 现场无线一体型网关与现场无线设备之间的视准线无障碍路径，且在有效通信范围内。

20.4.3 安装 YFGW510 无线接入点

① 应尽可能安装在接近现场无线网络的中心位置；

② 当采用星形拓扑网络结构时，应保证所有无线设备应该与 YFGW510 无线接入点的视准线无障碍路径，且在有线通信范围内；

③ Wi-Fi 型的 YFGW510 无线接入点有 3 根天线，ISA100.11a 天线通常安装在顶部，也可带延伸电缆安装，无线 LAN 天线为可选项，左右侧各装 1 根，但要求垂直安装且距离 ISA100.11a 天线 1m，所以均以延伸电缆方式安装（见图 20-25）。

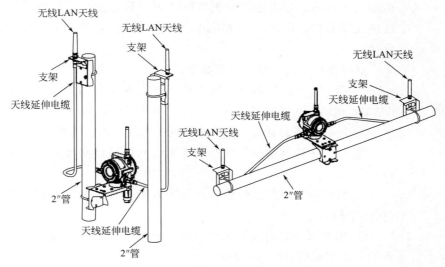

图 20-25　YFGW510 无线接入点有 3 根天线时的安装

20.5 现场调试和投运

20.5.1 启动现场无线系统

在完成现场无线设备的安装及接线（与电源、控制系统有线连接等）后，应按以下次序启动现场无线系统（以采用 YFGW410 现场无线管理站和 YFGW510 现场无线接入点的无线系统为例）：

① 主机系统；
② YFGW410 现场无线管理站；
③ YFGW510 现场无线接入点；
④ 现场无线设备（具有路由功能的设备）；
⑤ 现场无线设备（仅有 I/O 功能的设备）。

对于后 2 类设备，首先启动的是最接近 YFGW510 的设备。

接通 YFGW410 现场无线管理站电源，并等待约 1min 后，RDY LED 指示灯亮绿色，此时，运行无线管理控制台程序的 PC 能接入 YFGW410 现场无线管理站。检查结果时，如果现场无线网络和所有的通信都稳定，那么系统将正常运行。但由于通信路径环境的影响，可能导致无线通信质量劣化。所以为保持一个通信稳定的现场无线网络，需要定期对无线网络运行状态进行监控和维护，而现场无线管理控制台中的 Monitor 软件可用于监测无线网络设备运行状态。

监控现场无线网络的过程如下：

① 用"骨干网设备表"列表检查骨干网设备的状态（包括 YFGW410 现场无线管理站和 YFGW510 现场无线接入点）；
② 用"现场设备表"列表检查现场无线设备的状态；
③ 用"拓扑浏览器"检查现场无线网络通信路径质量（拓扑结构）；
④ 用"图形浏览器"检查设备的安装位置和网络通信路径质量（拓扑结构）；
⑤ 当显示屏显示报警或错误时，请进入属性画面细检查每个设备的状态和通信路径的状态；
⑥ 在"日志浏览器"中检查设备已发生的报警和故障，以帮助分析问题。

20.5.2 显示器监控画面及操作

在显示器监控主画面上,可以直接调出 5 种画面(见图 20-26)。

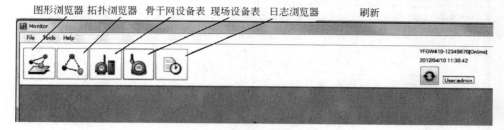

图 20-26 显示器监控主画面

5 种画面的图标、名称及功能见表 20-4。

表 20-4 5 种画面的图标、名称及功能

图 标	名 称	功 能
	图形浏览器	显示无线设备在平面图或地图上的位置,并显示设备之间的通信路径,点击设备图标或通信路径可显示详细信息
	拓扑浏览器	显示无线网络通信路径(拓扑结构),点击设备图标或通信路径可显示详细信息
	骨干网设备表	显示现场无线骨干网设备(YFGW410、YFGW510)的状态,点击指定设备行可显示该设备的详细信息
	现场设备表	显示现场无线设备的状态,点击指定设备行显示该设备详细信息
	日志浏览器	显示监控操作及发生设备报警和故障的日志

(1) 图形浏览器

在显示器监控主画面上,双击"图形浏览器"图标,可显示如下画面(见图 20-27):

在用户指定的平面图、地图或航拍照片上显示设备及通信路径。图中所使用的图例见表 20-5、表 20-6。

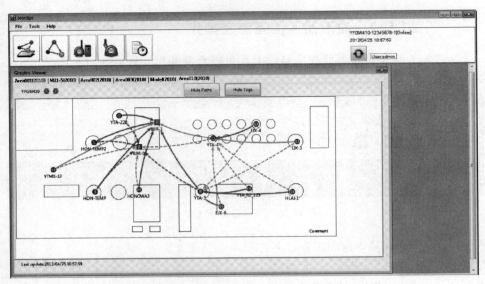

图 20-27 图形浏览器画面

表 20-5 设备及设备状态的图标

设备状态	YFGW410	YFGW510	带路由功能的设备	带 I/O 功能的设备	设备组	图标颜色
正常	⬡	B	R	I	◉	青
报警	⬡	B	R	I	◉	黄
故障	⬡	B	R	I	◉	红
加入		B	R	I	◉	淡绿

表 20-6 主、辅路径状态的图标

路径状态	主路径	辅路径	说明	图标颜色
正常状态	⟶	⇢	通信路径质量正常	青
报警状态	⟶	⇢	通信路径存在故障	黄

这样再看图 20-27，在界面上不但能看到各类设备的位置、通信的主路径、辅路径，而且可以从不同颜色看到哪些设备之间的通信路径是正常的，哪些存在故障。

双击现场无线设备的图标，在窗口上就可以显示设备的下列相关信息：设备位号、网络 ID 号、制造商及产品型号、设备角色、64 位扩展唯一标识符、无线组件固件版本、传感器组件固件版本、加入状态、操作发布状态、启动日期、跳数、Duocast 操作设置状态、主路由器的设备位号、RSSI/PER（接收信号强度指示/数据包错误率）、辅路由器的设备位号、电池寿命（天）、电源状态等。

如果双击 YFGW410 现场无线管理站、YFGW510 现场无线接入点或任意一条通信路径，同样可以显示与之相关的信息。

（2）拓扑浏览器

单击"拓扑浏览器"图标，可打开图 20-28 所示拓扑浏览器画面。拓扑浏览器显示每一个现场无线子网的现场无线网络拓扑结构，从拓扑浏览器显示属性窗口可选择设备或通信路径，其操作与图形浏览器相同。

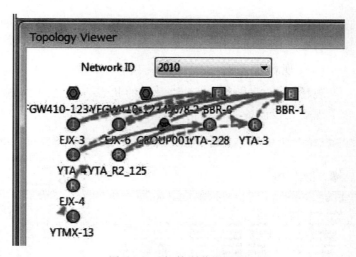

图 20-28 拓扑浏览器画面

（3）骨干网设备表

骨干网设备表显示 YFGW410 现场无线管理站的状态表和骨干网路由器状态表（见图 20-29），骨干网设备包括 YFGW410 现场无线管理站和 YFGW510 现场无线接入点，单击"骨干网设备表"图标，可打开如图所示的骨干网设备表。

以 YFGW410 现场无线管理站状态表为例，在窗口上就可以显示设备的下列相关信息：设备位号、网络 ID、制造商及产品型号、

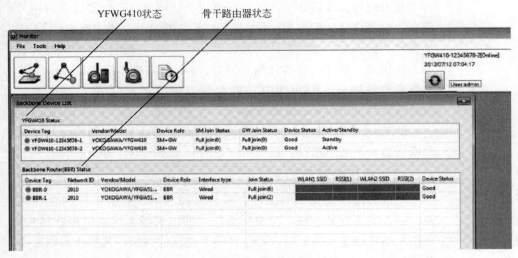

图 20-29 骨干网设备表画面

设备角色、系统管理器（SM）加入状态、网关（GW）的加入状态、设备状态、冗余的工作/备用状态。

（4）现场设备表

现场设备表显示现场无线设备的状态表（见图 20-30），表中包含了现场无线设备的详细信息，如：设备位号、网络 ID 号、制造商

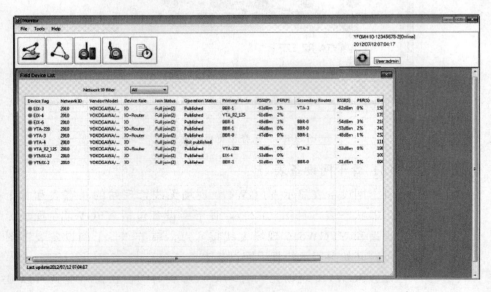

图 20-30 现场设备表画面

及产品型号、设备角色、加入状态、操作发布状态、主路由器的设备位号、RSSI（接收信号强度指示）、PER（数据包错误率）、辅路由器的设备位号、电池寿命（天）、电源状态。单击"现场设备表"图标，可打开如图 20-30 所示的现场设备表画面。

(5) 日志浏览器

日志中记录各网络设备的状态变化信息（见图 20-31）：
① 重要的配置操作和显示器功能；
② 现场无线设备状态的变化；
③ 设备报警状态或故障状态的发生；
④ YFGW410 现场无线管理站冗余状态的变动。

日志浏览器每页可显示 1000 条记录，共 65 页。当超出这个容量，最先发生的日志记录被替换。

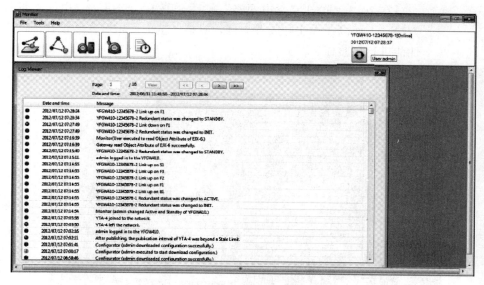

图 20-31　日志浏览器画面

20.5.3　无线通信质量的评价指标及具体应用

(1) 无线通信质量的评价指标

现场调试和投运过程中最重要的一点是要确认无线通信的质量，一般来说，误码率 BER 通常用于评估现场无线设备的性能。在预定位模式的通信过程中，通过检查该位被不正确地接收的几率来测量误码率。因此，需在设备中安装一个专用的程序，并要求分析相当大的处理量。出于这个原因，通常只对于单一专业用途的仪表测量才采用 BER。

数据包错误率 PER 是在厂区评估无线通信的最根本的指标。在设计整体现场无线系统时，要使确定已知 PER 是可靠的，需要重试一定数量。重试的次数，与通信路径上的信息相结合，使我们能够估计整个系统的可靠性、数据包从现场无线设备到主机系统的延迟时间和每个无线现场设备电池的使用寿命。由于这些原因，横河电机通常使用 PER 指数来评估无线通信质量，比如我们在双击 Monitor 上的某个具体现场无线设备的图标时，弹出的对话框中将显示该设备的 PER 信息值。

（2）对"空中网格"法中无线通信质量的评价

在 20.3.3（3）"空中网格"设计一节中，介绍了空中网格设计方法，下面以一个实际装置为例，对按"空中网格"安装设计的网络性能进行了验证。

图 20-32 示出了在装置中的现场无线设备的实际布局。

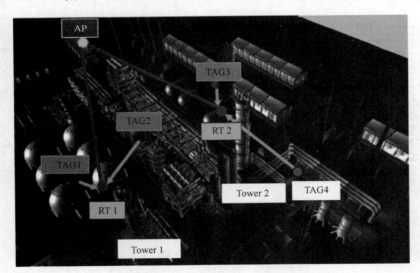

图 20-32　现场无线设备实际布局的图像

图中，在单层控制室的屋顶上方安装了约 2m 高天线的无线接入点（AP），现场无线变送器（TAG1～TAG4）在"管道丛林"中，变送器的 4 根天线与控制室相距达 400m。

① 布局设计　在 4 台现场无线变送器 50m 的范围内有两座塔（Tower1 及 Tower2），两个中继器（RT1 和 RT2）分别安装在塔 1 及塔 2 的顶部，因为这些点可以确保与 AP 接入点的视准线无障碍路径。虽然从 TAG1 或 TAG2 与到 RT1 没有提供视准线无障碍路径，但相互间的距离是在 50m 范围内，由金属结构的反射波同样可以通过稳定的通信。同样，可预计 TAG3 或 TAG4 与到 RT2 之间通信也是良好的。

② 无线通信效果的评价　图 20-33 显示了系统的拓扑结构和通过约 1000 个数据包通信获得的每一个条路径的 PER 值和 RSSI 值。

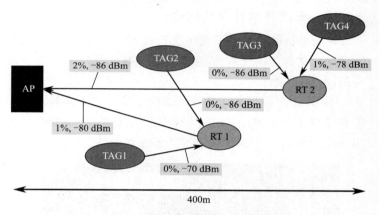

图 20-33　无线通信效果的评价

表 20-7 显示了在图 20-32 中示出每条路径的 PER 值及通信可靠性。

表 20-7　每条路径的 PER 值和每条路径的通信可靠性

测点	路径 1	PER	路径 2	PER	误差率	当进行 4 次试验时通信的可靠性
TAG1	TAG1→RT1	0.0%	RT1→AP	1.1%	1.1%	99.9999985%
TAG2	TAG2→RT1	0.0%	RT1→AP	1.1%	1.1%	99.9999985%
TAG3	TAG3→RT2	0.0%	RT2→AP	1.8%	1.8%	99.9999895%
TAG4	TAG4→RT2	0.9%	RT2→AP	1.8%	2.7%	99.9999469%

如表所示，从设备 TAG1 发送的数据包到达 RT1 是 0%PER，然后到达 AP 是 1.1%PER。这意味着，如果不重试，整个数据包的 1.1%没有传送到 AP。换句话说，当 TAG1 将数据发送到主机系统

的1000次，数据丢失发生了11次。事实上，始终执行重试。例如，在带横河电机的YFGW710场无线一体型网关的系统中，当数据的更新周期设置为10s时，进行4次重试，并且所述通信可靠性的计算方法是从1减去1.1%的4次方。即使按最差的TAG4错误率进行通信，由此得到的可靠性高于99.9999%。

但是，如上所述的结构拓扑，从现场无线设备来的这些数据连接到一个中继器时，如果中继器发生故障，或所配置的电池正在更换过程中就不能得到这些数据。为了防止这种情况，可以再安装一个相邻的中继器，这样的配置能得到两倍的通信可靠性。

（3）无线传输可靠性试验

横河电机曾经在多个现场进行过ISA100.11a无线系统产品的传输可靠性试验，按无线应用环境的分类，现列出每类中的一个试验实例。

① 类型A应用环境试验　试验环境：是在日本Arakawa河的河床和堤岸上进行的，那里没有干扰源和障碍。在距离网关200m、400m、600m、700m分别安装了无线变送器进行测试（见图20-34）。

图20-34　类型A应用环境试验

试验结果：早前的无线系统即使在网关与无线变送器之间的距离是200m时，仍表现出大约10%的PER；而采用ISA100.11a无线系统时，当网关与无线变送器之间的距离一直到600m时，系统的PER都非常低（几乎等于0%）；而当距离变到700m时，PER快速上升到25%。据此确定在实际现场最大的通信距离是500m。

② 类型B应用环境试验　试验环境：由变送器传送的过程值送到控制室要穿过密集的丛林，油井与控制室的距离大约是600m；丛林中的树对无线通信来说是强障碍物；用户要求数据刷新率是10s或更长。在丛林边缘6m高的地方安装了路由器，用于无线变送器与网关之间转发通信（见图20-35）。

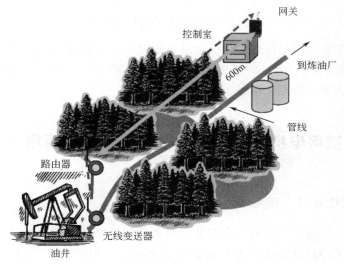

图20-35　类型B应用环境试验

试验结果：ISA100.11a无线系统所有通信路径的PER非常低（几乎等于0%）。

③ 类型C应用环境试验　试验环境：装置在60m×25m区域内有10个槽罐，槽罐的高度是20m；通道（用格栅板覆盖）、管架、电缆架是安放在槽罐的侧面；无线变送器是安放在槽罐的3个不同的平面上，最低平面离地仅600mm；所有无线设备是安装在密集障碍物区域。在槽罐区最远端的槽罐顶部安装了1台路由器，它可以实现与包括安装在最低位置的无线变送器通信（见图20-36）。

试验结果：即使有很多障碍物，如通道、管架、电缆架存在，安装在中间和最高位置的无线变送器还能与网关以低PER值直接通信；

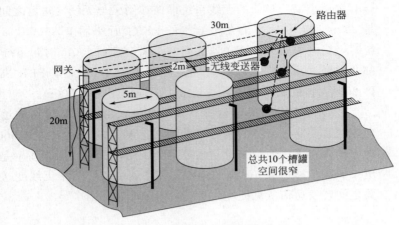

图 20-36 类型 C 应用环境试验

安装在最低位置的无线变送器通过路由器也能与网关以低 PER 值通信；ISA100.11a 无线系统能成功的通信，而几乎所有通信路径的 PER（数据包误码率）低于 1%。

20.6 横河电机 ISA100.11a 无线网络的应用

20.6.1 造纸厂

造纸厂内有 3 台柴油发电机，燃料柴油储罐彼此相距 400m，要求测量储罐液位及柴油的压力和流量。但液位的测量点几乎贴近地面，压力和流量的测量点离地面 1m 高，而在测量位置之间有很多树木。

无线解决方案是：定位网关在储水罐的顶部，通过延伸电缆使天线离地面高约 25m，定位中继器在每个测量区域的高处（见图 20-37），从而实现了低 PER 值可靠的通信。

20.6.2 回转窑温度测量

制造氧化钛的回转窑需高精度测量窑体内部温度，希望采用多个温度传感器直接安装在回转窑上，但采用有线方式布线困难。

无线解决方案是在回转窑的侧面安装一个 YTMX580 无线多点输入温度变送器，可以通过无线传输来自多个温度传感器的测量值

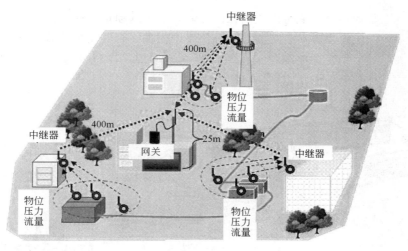

图 20-37 造纸厂应用示意图

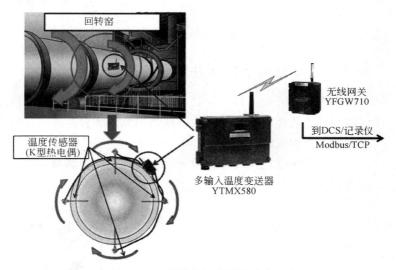

图 20-38 回转窑温度测量示意图

（见图20-38）。直接用温度传感器测量窑体的内部温度可提供最高的测量精度，为客户进一步优化生产流程提供了重要的参数；无线传输方式无需布线，满足了客户的要求。

20.6.3 化工厂罐区温度监控

在化工厂油罐区的油库温度需测量，测点与办公室相距约400m，许多车辆和货车通行或停留在办公室和油罐区之间的道路上，车辆和货车成为无线路径的障碍,使无线通信不稳定。

解决方案是在测点与办公室中间加 2 台冗余配置的中继器,而网关采用延伸电缆使天线离地面高度增加,以避开障碍降低 PER 值,提高通信的稳定性(见图 20-39)。

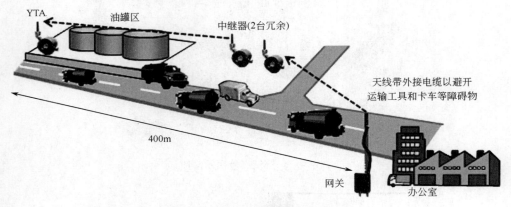

图 20-39 化工厂罐区温度监控示意图

20.6.4 采盐卤水提取井流量监控

卤水提取井的井口位于公共场所,其流量监控若采用有线传输,电缆和变送器存在损坏的风险,陡峭的悬崖和公共道路也使布线施工难度大,且测点间距长达 690m。

解决方案是在控制室屋顶安装网关,另加中继器转发部分变送器的数据(见图 20-40)。

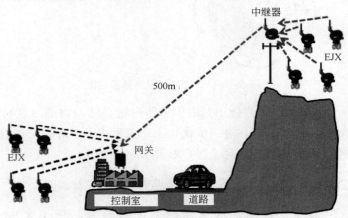

图 20-40 采盐卤水提取井流量监控示意图

第4篇

WIA-PA标准

第21章
WIA-PA标准概述

21.1 WIA-PA 标准的起源和发展

21.1.1 中国工业无线联盟

由中国科学院沈阳自动化研究所牵头，联合浙江大学、机械工业仪器仪表综合技术经济研究所、北京科技大学、重庆邮电大学等近二十家单位于 2006 年 7 月组建了工业无线联盟，该联盟由技术提供商、OEM 厂商、系统集成商、测试认证组织、标准化组织及企业用户等组成，形成技术、标准及应用集成一体化。这也标志着，在中国国内已经形成集标准、技术开发、产品开发和应用为一体的综合力量。

21.1.2 WIA-PA 的目标

WIA-PA 是中国工业无线联盟针对过程自动化领域的迫切要求而率先制定的 WIA 子标准，定义了用于过程自动化的 WIA 系统体系结构与通信规范。

WIA-PA 追求的目标是：针对应用条件和环境的动态变化，能够保持网络性能的可靠和稳定；能够在低成本的商用器件上实现，降低技术开发与实现难度；用户能以较低的投入换来易于使用和维护的工业无线监控系统。

WIA-PA 技术提供一种自组织、自治愈的智能 Mesh 网络路由机制，能够针对应用条件和环境的动态变化，保持网络性能的高可靠性和强稳定性。

21.1.3 WIA-PA 网络技术规范

无线电标准：基于 IEEE802.15.4 标准，通信速率为 250Kbps；

频段：2.4GHz；

拓扑：星形网、网状网、星形网状混合网；

网络规模：一个网关最多可以管理100台设备，系统可以通过以太网互连多个网关形成大规模复杂网络；

传输距离：工业环境室内200m，室外800m；

可靠性：数据可靠性大于99%，自适应跳频技术，避免干扰，冗余路由技术，自组织修复网络；

安全性：网络设备鉴权与认证，基于工业认证的数据加密技术；

兼容性：支持HART命令，兼容无线HART标准；

电源：网关外接电源供电，设备DC-3.3V普通锂电池供电，寿命为1～5年，具体情况取决于网络规模及设备采集数据的刷新率；

刷新率：刷新率可配置，可调范围为1s～1h。

21.2 WIA-PA的系统构成

图21-1是WIA-PA的系统构成示意图，现场无线设备通过路由器将信息传送到网关，再通过防火墙以OPC方式传送主机系统。WIA-PA系统主要包括以下设备：现场无线设备、路由器和网关。现场无线设备为装有传感器或执行器的现场设备；路由器完成网络内无线信息的中转；网关连接WIA网络和主机系统，同时提供WIA网络与其他网络的接口。主机系统是信息交互平台，用户可以通过主

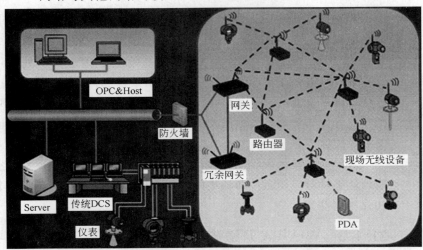

图21-1　WIA-PA的系统构成示意图

机系统网络管理软件对 WIA 网络进行配置及与无线现场设备进行数据信息交互。

21.2.1 现场无线设备

中科院沈阳自动化研究所、中科博微公司、北京天宇蓝翔公司、中科奥维公司等都生产 WIA-PA 现场无线设备。

(1) 中科院沈阳自动化研究所的现场无线设备

中科院沈阳自动化研究所的现场无线设备包括无线压力变送器、无线温度变送器等，工业产品设计公司——北京洛可可科技有限公司专门为中科院沈阳自动化研究所设计了 WIA-PA 无线压力变送器（见图 21-2）和无线温度变送器（见图 21-3）的外形，所呈现的产品外观非常典雅、协调、大方。

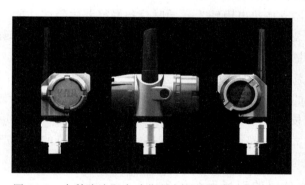

图 21-2　中科院沈阳自动化研究所的无线压力变送器

图 21-3　中科院沈阳自动化研究所的无线温度变送器

(2) 中科博微公司的现场无线设备

沈阳中科博微自动化技术有限公司是由中国科学院沈阳自动化研究所等出资组建的一家股份制高技术公司，主要从事以现场总线技术为核心的先进工业控制装置及系统方面研究开发工作，WIA-PA 工业无线网络也是其主要产品。所生产的 WIA-PA 现场无线设备品种有（见图 21-4）：

- 无线压力变送器 NCS-PT105ⅡW；
- 无线温度变送器 NCS-TT105W；
- 无线温度监测器 WIA-DS18B；

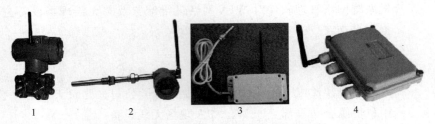

图 21-4　中科博微公司的部分现场无线设备
1—无线压力变送器；2—无线温度变送器；3—无线温度监测器；4—无线 I/O 设备

- 无线 I/O 设备 WIA-IO4108；
- 无线模块 WIAPA-M1800。

无线压力变送器压力种类包括表压、差压、绝压、微差压、高静压，精确度 0.075%，高量程比（100∶1）。

无线温度变送器支持热电偶、热电阻、毫伏、欧姆信号的检测。无线温度监测器支持热电阻输入，同时具备网络路由器的功能。

无线 I/O 设备支持 2 路 4～20mA 输入，支持 1 路 4～20mA 输出，支持 1 路数字量输入，同时具备网络路由器的功能。

无线模块是一款 OEM 无线产品，生产仪表、传感器等产品的厂商仅需要提供本厂的产品（如仪表卡、传感器、执行器、开关）和电源，就可以在无线模块 WIAPA-M1800 的基础上用最低成本、最短时间和最简单的方式实现符合 WIA-PA 工业无线网络规范的无线产品的开发。

（3）天宇蓝翔公司的现场无线设备

北京天宇蓝翔科技发展有限公司是目前生产 WIA-PA 现场无线设备产品较多的厂家，其生产的无线现场设备有（见图 21-5）：

- DW360 无线压力变送器；
- DW42 无线温度变送器；
- DW49 无线多点 16 路温度变送器；
- DW56 无线阀门位置回迅器；
- 无线 I/O；
- DW48 无线模拟量变送器；
- DW45 无线称重变送器。

DW360 无线压力变送器包括压力、差压、绝压以及多参数流量测量，精确度 0.05%；DW42 无线温度变送器支持热电偶、热电阻、

第21章 WIA-PA标准概述

图 21-5 天宇蓝翔公司的现场无线设备
1—无线压力变送器；2—无线温度变送器；3—无线阀门位置回迅器；
4—无线多点16路温度变送器；5—无线称重变送器；6—无线 I/O

毫伏、欧姆信号的检测；DW49无线多点16路温度变送器支持热电偶、热电阻、毫伏、4～20mA信号的检测；DW56无线阀门位置变送器可用于检测各种设备，例如阀门、直通式调节器、浮子式浮筒液位传感器、安全阀的运行位置；而DW48无线模拟量变送器、无线IO、DW45无线称重变送器未见详细介绍。

(4) 中科奥维公司的现场无线设备

2012年，在中科院沈阳自动化研究所WIA-PA成功实现多个行业数据采集与监控应用基础上，将WIA-PA技术评估以无形资产作价，与奥维通信股份有限公司及多名自然人股东共同出资合作成立沈阳中科奥维科技股份有限公司，实现了WIA-PA的产业化。

其生产的无线现场设备有（见图21-6）：
- 无线温度变送器；
- 无线压力变送器；
- 无线远程控制器（RTU）；
- 无线示功仪。

图 21-6 中科奥维公司的现场无线设备
1—无线温度变送器；2—无线压力变送器；3—无线远程控制器（RTU）；4—无线示功仪

其中无线远程控制器（RTU）是专用于油井工况检测使用的一体化设备，集成了载荷、位移、冲次、功图等测量功能。无线远程控制器（RTU）集成电量参数采集功能、内置无线路由，可采集8路AI、4路DI、4路DO信号，能够将现场采集的数据进行存储、处理、分析、远传转发，完成现场设备与网关之间数据的中转，用于对远程现场设备的监测与控制。可完成单井管理功能，实现对抽油井单井管理，能够存储和传输井口仪表数据、电量参数，提供本地查询，并根据需求启停井。

21.2.2 适配器

中科奥维公司、沈阳中科博微自动化技术有限公司和北京天宇蓝翔科技发展有限公司均生产WIA HART适配器，适配器集成了WIA核心协议，可以连接带HART协议的有线现场设备，使其无线接入WIA网络中，并且具备网络路由功能。图21-7为中科奥维公司的无线适配器。

图21-7 中科奥维公司的无线适配器

沈阳中科博微自动化技术有限公司还生产RS485/232无线透传模块，这是一款针对现有的RS485/RS232总线开发的无线解决方案，可实现RS485总线和无线通信之间的透明传输，可替代PLC等控制系统的RS485总线，接入PLC控制系统，可实现点到点、点到多点等多种模式的数据通信。本模块同时具有RS485和RS232接口，两者之间可方便切换。

21.2.3 智能无线网关

WIA-PA网关设备连接上位机和WIA网络，主要负责对整个WIA-PA网络进行配置和管理，它同时提供WIA-PA网络与工厂内其他网络的接口。

（1）中科院沈阳自动化研究所的网关

中科院沈阳自动化研究所的网关也是北京洛可可科技有限公司专门为中科院沈阳自动化研究所设计的，图 21-8 是 WIA-PA 网关的外形。WIA-PA 网关包括 WIAPA-M1800、工业 485 通信接口、RS232 通信接口、10M/100M 自适应以太网接口等组件。上位机可以通过串口或者以太网接口对 WIA-PA 网关进行配置、命令和数据的传输。一个 WIA-PA 网关最多可以管理 100 台无线现场设备，多个 WIA-PA 网络可以通过以太网互连形成大规模复杂网络。

图 21-8　中科院沈阳自动化研究所的网关

（2）中科博微公司的 WIA-PA 网关

WIA 网关负责整个 WIA 网络的管理、调度和优化，设定和维护网络通信参数，统一为网络设备分配通信资源和路由，配置 WIA 网络的运行，调度 WIA 网络设备间的通信，监控并报告 WIA 网络的运行状态。WIA 网关还作为全网的时间同步源及均衡网络负载，提供消息缓冲与保存，桥接所有网络设备。

WIA 网关采用设备冗余机制，冗余网关负责网关的热备份，一旦网关出现故障，冗余网关自动替代网关。

WIA 网关支持一个或多个网格接入点和服务接入点。网格接入点提供连接其他网络的接口，比如工厂自动化网络，目前提供串口和以太网两种连接方式；服务接入点为上位机应用提供访问和管理 WIA 网络的接口，目前提供 OPC、XML 和 HART 三种接口方式。

网关提供 10M/100M 自适应以太网接口、RS485 接口、RS232 接口，可用于与有线控制系统通信。一个网关最多可以管理 150 台现场无线设备。

中科博微公司的 WIA-PA 网关有 2 种型号：WIAPA-GW1498、WIAPA-GWS1200。WIAPA-GW1498 只有 1 根天线，用于 WIA-PA 网络通信；而 WIAPA-GWS1200 有 2 根天线：一根用于 WIA-PA 网络通信；另一根用于 GPRS 通信，它集成了远程传输 GPRS 无线通信模块（见图 21-9）。

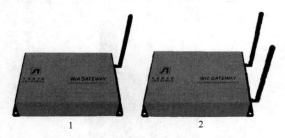

图 21-9　中科博微公司的 WIA-PA 网关
1—WIAPA-GW1498 网关；2—WIAPA-GWS1200 网关

(3) 天宇蓝翔公司的 WIA-PA 网关

天宇蓝翔公司的 WIA-PA 网关型号为 DW1068，网关提供 10M/100M 以太网接口，支持 ModbusTCP/IP 和 OPC 协议，提供 RS485 接口，支持 Modbus RTU 协议，可用于与有线控制系统通信，一个网关最多可以管理 100 台现场无线设备。网关还内置 GPRS 模块，可远程通信，网关还可实现冗余配置及网关之间的无缝切换。其结构形式有 3 种（见图 21-10）。

图 21-10　天宇蓝翔公司的 WIA-PA 网关
1—隔爆型；2—不带显示器型；3—带显示器型

（4）中科奥维公司的网关

中科奥维公司的智能无线网关（见图 21-11）网络规模默认 120 台设备，最多 300 台设备，刷新率 1s～60min，支持多种供电方式：AC220V、POE 馈电（新以太网馈电）或 DC24V。

图 21-11　中科奥维公司的智能无线网关

此外，奥维公司的无线远程控制器（RTU）也支持网关功能，可直接连接公网。

21.3　WIA-PA 网络的特点

21.3.1　支持多种拓扑结构

WIA-PA 网络支持星形和 Mesh 网状结合的两层拓扑结构或者星形拓扑结构，在网络管理者非结构化属性"Network Topology"中指示。

星形和 Mesh 网状结合的两层拓扑结构如图 21-12 所示，第一层是 Mesh 网状结构，由网关设备及路由设备构成，用于系统管理的网络管理器和安全管理器，在实现时可位于网关或主控计算机中；第二层是星形结构，又称为簇，由路由设备、现场设备或手持设备（若存在）构成，路由设备承担簇首功能，现场设备承担簇成员功能。簇结构是一种能量利用率高、数据传输简单的网络，每个簇通过簇首管理或控制簇内所有簇成员，协调成员之间的工作，负责簇内信息的收集、数据的融合处理及簇间转发。所有该簇成员通过簇首才能与网关通信。

星形拓扑结构示例如图 21-13 所示，仅由网关设备、现场设备（或手持设备）构成。现场设备和路由设备构成的星形网络，使现场

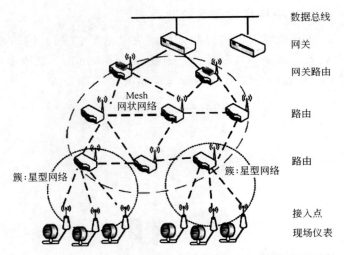

图 21-12　WIA-PA 网络星形和 Mesh 网状结合的两层拓扑结构

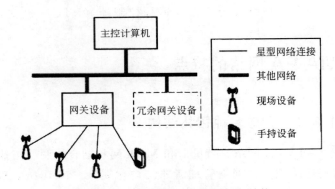

图 21-13　WIA-PA 网络星形拓扑结构

设备协议的复杂性降低了，而现场设备加入和退出网络的灵活性增加了。网关设备和路由设备构成的 Mesh 网状网络，提高了通信的可靠性和网络的可扩展性。

21.3.2　采用集中式与分布式结合的系统管理方式

WIA-PA 网络采用集中式与分布式结合的系统管理方式。集中式系统管理方式完成以下功能：设备状态、路径健康状况以及信道状况在内的网络性能监视；认证试图加入网络中的路由设备和现场设备、整个网络的密钥管理（密钥产生、密钥分发、密钥恢复、密钥撤销等）、认证端对端的通信关系在内的入网设备的认证，这需要由网络管理器、安全管理器集中实现。在分布式管理过程中，当网络管理器、安全管理器直接管理路由设备时，同时将现场设备的管理权限下放给路由设备，路由设备承担簇首角色，执行网络管理器代理和安全管理器代理的功能。这样在路由设备组成的 Mesh 网状网络中采用了集中式的管理策略，保证了簇间通信资源的优化配置及统一管理；在现场设备组成的多个星形网络中又采用了分布式的管理策略，簇内资源分配由簇首完成，增加了网络的灵活性。

WirelessHART 网络仅支持集中式系统管理方式，由网络管理器统一管理网络。

ISA100.11a 既支持集中式系统管理方式，也支持分布式系统管理方式，但分布式系统管理方式仅作为扩展功能。

21.3.3 支持报文的聚合和解聚

将多个应用对象的数据或簇成员的包合并成一个包的过程称为聚合；将聚合后的包分解为应用对象数据的过程称为解聚。

WIA-PA 网络提供了两级聚合功能，以减少需要转发报文的数量。按照聚合的执行设备分类，聚合过程包括数据聚合和包聚合。当现场设备为超过一个应用对象时，根据现场设备的聚合标志，选择启用数据聚合机制，以减少通信频率，提高网络效率；当路由设备接收超过一个现场设备的数据包时，根据路由设备的聚合标志，选择启用路由设备的包聚合机制，以减少路由设备到网关的数据包数目，提高网络效率。

通过聚合和解聚，将多个周期性报文合并，提高了报文中的有效数据比例，降低了报文头部的通信开销，也减少了通信的次数。

WirelessHART 网络和 ISA100.11a 网络不支持报文聚合功能。

21.3.4 通信可靠

WIA-PA 网络采用以下措施提高通信的可靠性：

① 利用多信道通信提高系统容量，在直接序列扩频 DSSS 技术基础上引入了跳频扩频 FHSS 技术，采用根据信道状态自适应跳频机制，通过在线信道状态评估、信道黑名单在线建立，进行调频序列自适应调整，可以有效地抑制突发性干扰，消除频率选择性衰减，提高了通信的可靠性（见图 21-14）；

② 采用冗余、自组织路由技术使得每个设备至少有 2 条可用的

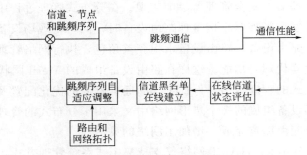

图 21-14　自适应跳频机制

通信路径，设备加入网络后，可以自主选择或由网络管理者分配多条数据传输路径，当一条路径由于干扰被中断，设备可以自动切换到其他通信质量较好的路径；

③ 网关设备冗余机制及自组网技术，提高了通信的可靠性；

④ 采用载波侦听多路访问 CSMA、频分多址 FDMA 和时分多址 TDMA 混合多址接入模式提高了系统的可靠性；

⑤ 链路层自动请求重传机制，保证了点到点的报文传输成功率，在应用层采用面向连接的数据传输技术，通过端到端的重传机制保证数据传输的高可靠性；

⑥ 建立了完善的安全管理架构，由安全管理器负责整个网络安全策略的配置、密钥的管理和设备的认证工作，确保网络的安全。

21.3.5　超低功率

WIA-PA 网络采用以下措施降低网络开销、延长电池寿命：

① 基于时分多址 TDMA 的休眠模式，减少了串听和待机时间，使设备能以极低的占空比运行，平均电流微安级；

② 支持聚合和解聚功能，减少通信次数和耗电；

③ 采用先进的时隙内节能调度方法。

21.3.6　兼容无线 HART 标准和多种协议

开发了无线 HART 适配器、RS485/RS232 总线无线透传模块等产品，支持 HART 命令，很容易将带 HART 协议的传统仪表升级为具有 WIA-PA 无线通信功能的仪表，支持 RS485/RS232 总线产品升级为具有 WIA-PA 无线通信功能的仪表，此外还兼容并支持 Profibus、FF、Modbus 等工业网络的应用层协议。

21.3.7 价格优势

WIA-PA 作为我国自己开发的无线标准，产品由国内企业生产，产品及系统价格远远低于目前市场上销售的国外产品，而且最早投运系统已运行多年，其优越性不言而喻。随着时间的推移和技术的成熟，相信 WIA-PA 在市场上的竞争力会日益显现。

第22章 WIA-PA系统设计及现场调试和投运

22.1　WIA-PA 系统设计

由于 WIA-PA 系统目前结构单一，仅由无线网关和现场无线设备构成，当传送距离远、传输路径上障碍物较多时，可用增加路由器或中继器将无线现场设备的信息传送到无线网关。

22.1.1　单台 WIA-PA 无线网关连接的无线现场设备台数

每个 WIA-PA 独立子网的规模多大合适呢？一个取决于无线现场设备的工序划分和分布，另一个取决于无线现场设备的数量和其刷新率。一般来说各个工序在物理位置上有大致明显的划分，通常也会有数十台无线现场设备，这样的规模确定为一个子网就比较合适。数量更多，也许一个工序可以划分为多个子网。WIA-PA 无线网关可以管理 100 台（也有 150 台、300 台的说法）无线现场设备，根据天宇蓝翔公司的 WIA-PA 网关的资料介绍，这个数据是与无线现场设备刷新率有关（见表 22-1）。

表 22-1　WIA-PA 网关连接的无线现场设备台数

WIA 网络设备台数	最快刷新率/s
100	60
50	10
20	4
10	1

22.1.2 多台 WIA-PA 无线网关的应用

多台 WIA-PA 无线网关的应用可以分为两种情况：多台无线网关多个网络同时运行（见图 22-1）和冗余无线网关运行（见图 22-2）。

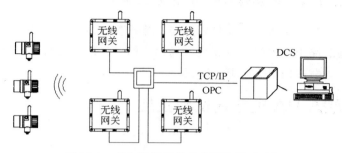

图 22-1 多台无线网关多个网络同时运行

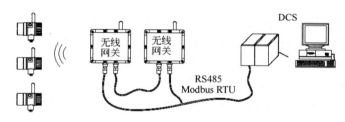

图 22-2 冗余无线网关运行

在 WIA-PA 无线网络设计时，额外增加一个无线网关作为备份，实时备份原有无线网关的网络信息，当原有网关发生异常时，另一个网关能够及时代替原有网关，继续维护网络，使网络不间断运行。

冗余网关系统中，为区分两个网关的主次以及作用，定义了两种网关角色：

主网关：负责 WIA-PA 网络的组建和维护、终端数据的收集与控制系统的数据交互等；

副网关：负责实时备份主网关的网络信息，监测主网关是否正常运行，在发现主网关异常后，立刻代替主网关管理和维护网络，与控制系统交互。

22.1.3 无线 HART 适配器的天线选型

根据传输距离，无线适配器需要采用不同的天线形式和连接方式。以 DW62 无线 HART 适配器为例，当采用一体化集成天线时，传输距离在 500m 以内；采用可旋转 90°、5dB 增益并直接安装在适配器上的天线时，传输距离在 500～1000m；采用外接 7dB 高增益天线（与适配器采用延长线连接）时，传输距离在 1000～2500m。

22.1.4 多跳信号传输的最大跳数

当传送距离远、传输路径上障碍物较多时，可借其他无线现场设备的路由或中继器将无线现场设备的信息以多跳的方式传送到无线网关，跳数的最大限制是 8 跳。

22.2 WIA-PA 现场调试和投运

22.2.1 无线现场设备安装位置选择

在安装无线现场设备时，应确认与网关之间存在视准线无障碍路径，且距离不致太远。在空旷环境条件下，理论上的传输距离为 800m（也有 1000m、1200m、1500m 的说法），但实际只按 500m 考虑。通常还可利用手持设备监听所选安装位置的信号强度，挑选最好的位置安装无线现场设备。应尽量避免由于障碍物的遮挡所导致的孤立测点，否则应增加路由器或中继器。布置测点时还应考虑每个测点应该至少有 2 条通信路径，当其中一条路径被遮挡时，冗余的路径可保证数据的可靠传输。

22.2.2 WIA-PA 网络管理软件

WIA-PA 网络管理软件负责显示整个 WIA-PA 网络拓扑，并且可以通过选择菜单项或工具栏观察实时数据信息、设备状态及网络稳定性等。网络管理软件所能实现的基本功能如下：

① 网络拓扑视图，显示整个网络的拓扑结构（见图 22-3）；

② 网络树形视图；

③ 网络所有设备基本信息显示，内容包括设备名称、设备类型、位号、信号强度、主路径、从路径、相邻仪表（邻居）、环境温度、最新数据值、单位、最新数据到达时间、成功率、数据率等运行状态信息；

④ 设备配置及读取功能，可通过命令对网络设备进行设置或读取设置值；

第22章　WIA-PA系统设计及现场调试和投运

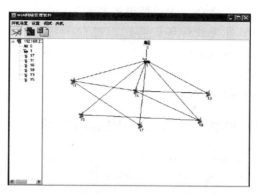

图 22-3　网络拓扑视图

⑤ 网关备份功能；

⑥ 设备数据记录功能，可查询以图表方式显示的网络设备实时和历史数据信息；

⑦ 查询网络设备路由信息。

使用 WIA-PA 网络管理软件可以在安装现场无线设备前帮助用户规划无线网络；在无线现场设备安装调试过程中帮助用户调整无线

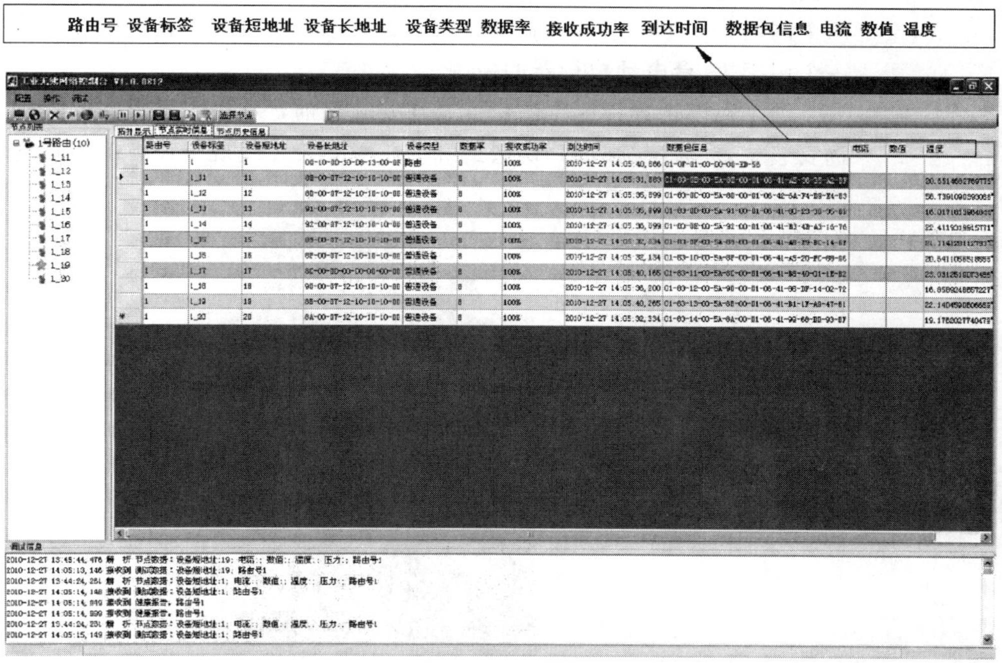

图 22-4　网络设备的基本信息显示

网络，比如说移动无线现场设备的安装位置或增减无线网关、中继器的数量等；在无线现场设备运行过程中帮助用户对无线网络进行监控，比如通过点击图中的任何一台设备，就可以看到以图形化的方式显示传输路径及详细的网络设备基本信息显示（见图22-4），让用户能够发现任何潜在的问题。

22.2.3　力达宁化工公司的现场投运

中科院沈阳自动化研究所与鞍山焦耐院等单位合作，为江苏灌云力达宁化工公司二异丙基苯胺项目设计投运了 WIA-PA 无线系统。该生产装置含原料罐、缓冲罐、反应釜、精馏塔、成品罐等，共使用了无线温度变送器 14 台、无线压力变送器 3 台、无线液位变送器 3 台、无线流量变送器 4 台、配电动执行器的无线 I/O 变送器 13 台（见图 22-5），总计 37 台。除原料罐、缓冲罐的测点在距楼房 100m 的空地上，其余检测点分布在工业厂房的 1～7 层，楼板及现场安装的大量钢制设备及管道形成障碍物，均对无线信号产生遮挡。有些测点不能直接与无线网关通信，只能通过其他检测点路由才能到达无线网关，形成多跳路径。系统配了 2 台 DW1068 无线网关，分别组成两个网络，一个用来管理温度、压力、液位、流量等无线变送器，另一个用于 13 台电动执行器的控制。

为了科学选择检测点的位置，在安装之前，利用手持设备监听所选安装位置的信号强度，挑选最好的位置安装无线现场设备。布置测

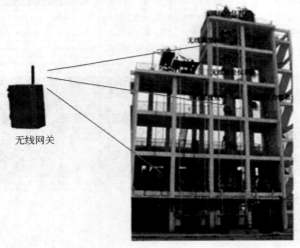

图 22-5　二异丙基苯胺项目现场无线设备安装示意图

点时还应考虑每个测点至少有 2 条通信路径,当其中一条路径被遮挡时,冗余的路径可保证数据的可靠传输。当某个测点仅有 1 条通信路径时,应考虑为其增设路由器或中继器以提供第 2 条通信路径。

无线系统的架构便于扩展,新设备只要参数设置正确,几分钟内就可自动入网,新设备的加入不影响原有网络的使用。仪表需要拆除维护,也无需改动上位微机软件及网关设置,网络能自动识别离线与上线。

以 DCS 命令发出到 I/O 表电流输出的信号下行发送情况统计,通过现场连续 8h 的观察,下行电流输出信号的平均时延在 1s 以内,成功率＞99%(见图 22-6)。

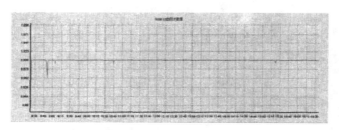

图 22-6　下行信号成功率

在无需增加中继器的情况下,经过仔细挑选后的网络通信良好。

22.2.4　抚顺石化热电厂的现场投运

中石油抚顺石化热电厂要求首先以 WIA-PA 无线方式实现对脱氧泵组的状态监测和生水管线、除盐水箱的过程参数监测(见图 22-7),未来计划实现对磨煤机、风机等设备的状态监测以及其他过程参数监测。目前监测点包括:生水管线压力、温度、流量;除盐水箱液位;完好泵房 pH 值;脱氧机泵垂直、水平、轴向测振(加速度传感器)及负载轴温度等。其中仅 3 台脱氧泵组的监测点总数就达到 39 个。

在脱氧泵组部分,垂直、水平、轴向测振(加速度传感器)及负载轴温度监测点点数虽然多,但位置集中,其安装位置彩钢房距安装无线网关的值班室也比较近(见图 22-8),所以无线网关可直接采集脱氧泵组部分的监测点参数。为解决值班室距其余监测点较远,一方面在酸液清洗间屋顶及传输管道处各安装无线中继器 1 台;另一方面无线网关天线采用 7dBi 增益远程天线,天线安装在值班室外的天线

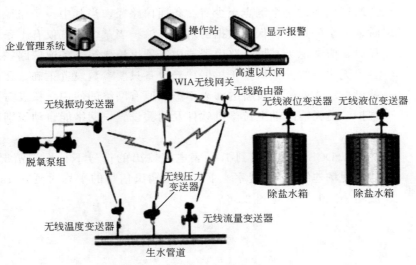

图 22-7　热电厂过程参数监测系统

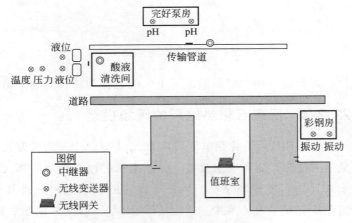

图 22-8　热电厂检测布点示意图

架杆上，架杆高 10m，无线网关安装在控制箱内，距地面高度为 1m，天线与无线网关之间采用延长线连接。

生水主干管线上还有 2 根支线管道，为监测支线管道的末端压力，各安装了 3 台无线压力变送器。由于管线长超过 1km，每条支线管道各安装了 2 台无线中继器。

在系统的监测管理中心配置了 WIA-PA 网络管理软件，主要负责显示整个 WIA-PA 网络拓扑、设备基本信息、设备实时和历史数据信息、设备状态及配置设备数据率等，具有人机交互功能。

22.2.5　新疆油田公司采油二厂的现场投运

新疆油田公司采油二厂目前在网运行的油井有 4000 多口，首次在部分井口采用了油井远程计量和优化控制系统。井口安装的载荷、压力、电机转速、流量计、电参数等传感器将采集的数据，通过 WIA-PA 网络，以短距离无线通信方式发送给 RTU（测控主机），RTU 将数据打包处理后，通过网关、有线网或 GPRS 网络上传到控制室，进入油田公司数据网关，而后数据进入系统服务器被接收、解析、存储和发布，同时被提交给油田公司公共数据平台，用于对油井工况数据实时监测、远程计量、工况分析、产液量计算分析、产生生产报表，用户还可通过远程查询相关数据，图 22-9 为系统概貌图。

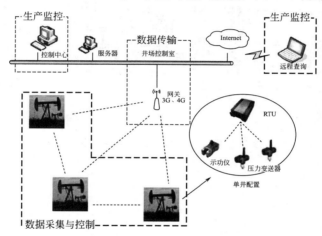

图 22-9　油井远程计量和优化控制系统概貌图

经现场调查，井口区存在较强的 WLAN 信号干扰，WLAN 信号强度高达 -40dBm，且 WLAN 设备 1 号、6 号频点，占用整个 2.4GHz 公用频段带宽的 2/3，现场无线环境十分恶劣（见图 22-10）。现场曾有多个厂商进行了其他无线系统的相关应用，因这些无线系统的无线设备系单信道、无抗干扰机制，使用效果不佳；而采用 WIA-PA 无线设备，具备自适应跳频功能，可以选择图 22-10 中最右边的几个信道，从而避开干扰。

通过控制台管理整个网络设备组网情况，一台无线网关可以同时管理 20 口井。网络整体通信性能稳定，井口生产过程数据准确，通信成功率基本达到 100%，完全满足或超出客户的要求，图 22-11 为 WIA-PA 无线设备网络图，图中显示为 6 口井的无线网络。

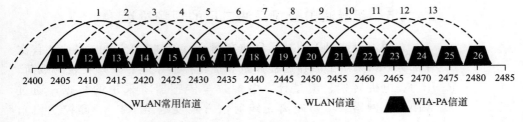

图 22-10　2.4GHz 频带的专用信道

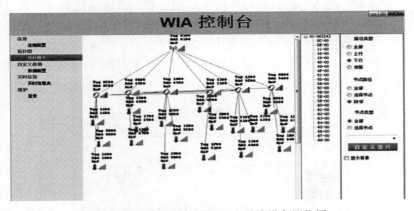

图 22-11　井口生产 WIA-PA 无线设备网络图

第23章 WIA-PA的开发解决方案和应用

23.1 WIA-PA 的开发解决方案

WIA-PA产品开发解决方案通常有三种方式：自行开发全套无线产品、通过通用接口与无线模块集成和OEM定制开发。

23.1.1 自行开发全套无线产品

用户已拥有现场设备，具有很强的经济实力和计算机软件开发能力，对无线通信有较深入的了解，希望按照工业无线通信标准开发本公司符合工业无线通信国际标准协议的产品，如在原有的现场设备基础上开发无线现场设备、无线网关等。其开发模式是：进行软件、硬件平台的搭建，进行硬件开发，进行软件开发，进行整机设计及封装。这种开发模式对一般仪器仪表厂商来说，存在风险大、投入多、周期长、调试难等问题。

目前研制WIA-PA的主要开发单位中科院沈阳自动化研究所支持北京天宇兰翔科技发展公司开发了WIA-PA协议的全套无线产品，近期该研究所还与苏仪集团共建中科院工业无线物联网应用技术研产基地，基地设在位于江苏金湖的苏仪集团核心企业红光仪表厂，以实现WIA无线仪表的产业化。

23.1.2 通过通用接口与无线模块集成

仪器仪表厂商的现场设备上，如果有现成的输入输出接口，这包括常见的开关量信号、4~20mA模拟量信号、HART、RS485、RS232、Ethernet等都可以看成是通用接口，那么通过与WIA-PA

各类无线模块集成，就可以成为准无线设备。

如 WIA-PA 的无线适配器能够把有线 HART 设备的输出信号转接换成 WIA-PA 无线通信信号，这样仪器仪表厂商的有线 HART 设备就可以成为准 WIA-PA 无线设备。

再如 WIA-PA 的 WIA-IO4108 无线 I/O 设备本身已经集成了模拟量和开关量 I/O、WIA-PA M1800 无线模块及 WIA-PA 核心协议，它支持 2 路 4～20mA 模拟量输入信号、1 路 4～20mA 模拟量输出信号和 1 路开关量输入信号。而几乎所有的开关量仪表和模拟量仪表均能支持这一类信号，这样仪器仪表厂商不带 HART 信号的有线设备也就可以成为准 WIA-PA 无线设备。中科院沈阳自动化研究所生产的 RS485/232 无线透传模块是一款针对现有的 RS485 总线开发的无线解决方案，可实现 RS485 总线和无线通信之间的透明传输。本模块同时具有 RS485 和 RS232 接口，两者之间可方便切换。这样在原有设备不做任何改动的情况下，通过通用接口与无线模块集成的这种开发模式对仪器仪表厂家来说，风险小、投入少、周期短、容易调试，因为技术成熟可靠，即插即用、可快速响应市场。

23.1.3　OEM 定制开发

定制开发是将无线模块集成到厂商的现场设备内部，也就是说是合二为一的无线设备。图 23-1 所示为仪表类产品无线压力变送器的产品集成示意图，左下方为压力变送器厂家原有的有线压力变送器，将以 OEM 方式得到的无线通信模块安装在原有的有线压力变送器的内部，得到右方的智能无线压力变送器。

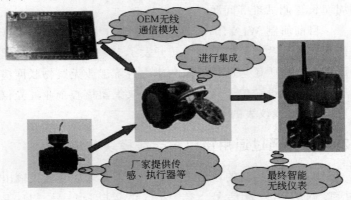

图 23-1　仪表类产品无线压力变送器的产品集成示意图

中科院沈阳自动化研究所生产的 WIA 无线压力变送器 WIAPA-PT105Ⅱ、WIA 无线温度变送器 WIAPA-BT105Ⅱ 就是在有线压力变送器、有线温度变送器的内部集成了 WIA 无线模块 WIAPA-M1800，使其可以接入工业无线网络系统中。

WIAPA-M1800 是一种易使用、易集成的 OEM 产品，仪器仪表厂商只要提供电源和外部现场设备，就可以用最低成本、最短时间、最简单方式完成各类符合 WIA-PA 规范的无线产品开发。

该研究所提出了一个 WIA 工业无线仪表的通用解决方案，采用一个适合于工业现场安装、可连接多种传感器、由电池供电、带本地 LCD 显示、无线 WIA-PA 通信、带隔爆功能和可旋转天线的外壳（见图 23-2）。仪表内部硬件采用插拔方式组装，用户只需插入二次开发的调理电路板和仪表螺纹孔对应接口的传感器即可完成新产品的开发任务。

图 23-2　通用仪表的外形图

23.2　WIA-PA 的应用

WIA-PA 工业无线网络的市场已经在鞍钢冷轧厂连续退火生产线故障诊断系统、22km 长矿浆输送管线泄漏监测、焦炉温度/压力监测、焦化厂水井参数及运行集中监测和控制、油罐液位/温度监测、化工厂能源监测及管理、船舶厂气体管网在线监测、实验室测试系统、智能楼宇系统、智能电网、智能变电站、输电线路智能监测、智能交通服务平台、工厂环境中的人员定位、太阳能光伏发电站光伏汇流箱监测等采用了 WIA-PA 系统，2013 年，北京天宇蓝翔科技发展有限公司在广州中国科学院沈阳自动化研究所分所的技术支持下，向印尼望加锡临海罐区提供了采用 WIA-PA 工业无线网络传输方法的罐区满溢监控系统。

23.2.1　鞍钢冷轧厂连续退火生产线

鞍钢冷轧厂连续退火生产线有数百个轧辊，轴承是轧辊运转过程中最重要的零件之一，轴承在发生故障时通常伴随有温度变化，通过对轴承的健康状态在线检测是保证生产长期、连续、稳定运行的重要手段。安装在轧辊非电机侧轴承座上的 WIA-DS18B 无线温度变送器实时检测轴承温度,在现场 200m×20m×30m 范围内布置了 416 个测点(见图 23-3)。

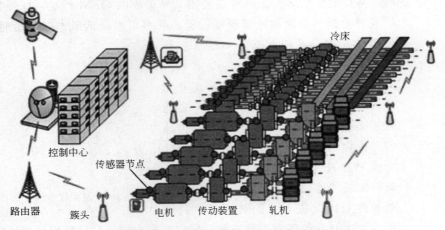

图 23-3　轧辊轴承健康状态在线监测系统

在以往的生产过程中,轴承工况很难实时监测,设备异常工况不能及时发现,而轴承损坏导致停产损失,反过来又导致轴承提前报废。当基于 WIA-PA 技术的健康监测系统应用后,可以大大降低连续过程工业中的非正常停机事故,实现整体效益的提升。据统计,项目实施前,非正常停机事故每年 4 次,项目实施后,无非正常停机事故,增加产量 1738t;项目实施前,每次停机事故产生废品 72t,项目实施后,无停机事故产生废品;项目实施前,每年消耗炉辊 8 根、辊轴承 40 套,项目实施后,每年消耗炉辊 4 根、辊轴承 20 套;项目实施前,辊轴承解体检查周期 2 年,每年更换 40 套,项目实施后,辊轴承解体检查周期 4 年,每年更换 20 套;项目实施前,能耗费用为 198.86 万元,项目实施后,能耗费用为 182.44 万元。

系统稳定运行多年,数据传输可靠性超过 99%。在生产中该系统已多次成功对事故进行预警,大大减轻了现场工人劳动强度。

23.2.2　中石油抚顺石化热电厂

中石油抚顺石化热电厂要求先实现脱氧泵组的状态监测和生水管线、除盐水箱的过程参数监测,未来计划是相对磨煤机、风机等其他设备以及其他过程参数的监测。

脱氧泵组的状态监测包括脱氧泵组的振动、温度等监测内容，如振动监测包括在电机的非驱动端布置2个加速度传感器，用于测量电机非驱动端的垂直和水平方向的振动；在负载端布置2个加速度传感器，用于测量电机负载端的垂直和水平方向的振动；在水泵负载端轴承座处布置2个加速度传感器，用于测量水泵负载部分轴承座的垂直和水平方向的振动；在水泵非负载端轴承座处布置3个加速度传感器，用于测量水泵非负载端轴承座的垂直、水平和轴向的振动，即每台脱氧泵组需布置9个加速度传感器。同时每台脱氧泵组需检测电机、水泵轴承座4点温度，而脱氧泵组共3台，总共需要27个加速度传感器测点、12个温度测点。这些信息传送到上位机后，通过振动数据分析，可以对脱氧泵组的运行状态作出评估，实现故障自动诊断并给出维修策略的建议，从而防止重大事故发生，保证生产正常进行。

生水管线过程参数监测由于在长度1km的多根分支管道的末端装有无线压力变送器，须经过WIA-PA无线中继器中转，其他监测信号还包括温度、流量、水质pH值等。

除盐水箱的过程参数监测主要是2台雷达液位计信号。

上述参数中，温度、压力、振动变送器直接采用WIA-PA无线变送器，而流量、pH、液位则在原有线仪表的基础上配用WIA-PA无线适配器，在WIA-PA无线网络部分采用了WIA-PA无线中继器和WIA-G1498无线网关，系统结构示意图见图22-7。

23.2.3 江苏灌云力达宁化工公司

中科院沈阳自动化研究所与鞍山焦耐院等单位合作，为力达宁化工公司二异丙基苯胺项目设计投运了WIA-PA无线系统。该生产装置共使用了37台无线现场设备（见图23-4），涉及的参数为工艺关键点或控制点，系统配了2台DW1068无线网关。

WIA-PA无线网关带RS485接口，通过电缆以Modbus RTU通信协议连接到DCS系统的Modbus通信卡上，网关所采集到的数据可以实时显示在DCS系统的各种画面上。同时网关的以太网接口接入另一台计算机存储并显示，显示内容不仅包括仪表主参量，还包括WIA-PA无线网络信息，可以直观的在WIA-PA无线网络平台上看到网络拓扑图、检测点趋势图、历史数据等，还提供统计分析功能。

图 23-4　现场使用的无线电动执行器

该工程还分析了经济效益，表明了无线系统的投资、运营费用远低于有线系统，同时国产无线系统的费用远低于进口无线系统费用。

23.2.4　大港油田沧州第三采油厂

在油田开发过程中，需通过注水井将水注入油藏，以保持或恢复油层压力。油井数据采集包括注水井的压力、阀门位置控制器及油井的压力、温度、示功仪。单台注水井安装了 WIA-PA 无线系统 2 台无线压力变送器和 1 台无线阀门位置控制器；单台油井安装了 2 台无线压力变送器、1 台无线温度变送器和 1 台无线示功仪（见图 23-5）；网关则往往是几个邻近的油井、注水井公用一个。无线数据传送到最近的管理站后再传送到油田主数据库，另一种方式是通过 GSM 信号发送到油田主数据接收装置，通过走专用网络和移动数据网络的两种方式也可以同时使用。整个系统共使用了 18 台无线压力变送器、8

图 23-5　现场无线设备

台无线温度变送器、4台无线阀门位置控制器、6台无线示功仪及3台无线网关。

23.2.5 太阳能光伏发电站

在大型光伏电站中,其占地面积很大,多个数量、规格相同的光伏电池串联组成光伏串列,多个光伏串列并联接入光伏汇流箱,然后输出与市电并网。光伏汇流箱分布非常分散且数量较多,当需要实施实时监控时,汇流箱与监控站之间需敷设大量的通信线缆,用于数据采集及信号传输,存在着布线麻烦、功耗大、成本高的缺点。即使采用传统的无线数据采集及传输方式,也存在协议复杂、信号传输不可靠、系统成本高及功耗大的缺点。

由冶金自动化研究设计院混合流程工业自动化系统及装备技术国家重点实验室与北京鼎越工程技术有限责任公司、中科院沈阳自动化研究所联合提出一种基于WIA-PA无线网络的光伏汇流箱监测系统的解决方案(见图23-6)。

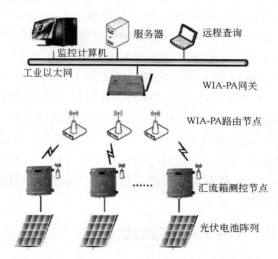

图23-6 太阳能光伏发电站光伏汇流箱监测系统

WIA-PA汇流箱监测系统由无线汇流箱测控节点、WIA-PA路由节点、WIA-PA网关和监控计算机等组成。每个汇流箱测控节点采集16路光伏电池阵列电流,采集的电流信息通过WIA-PA无线传输及中间路由转发至WIA-PA无线网关。

WIA-PA网关一方面作为Modbus的主站,接收来自各个WIA-

PA无线汇流箱节点设备发来的数据，另一方面作为一个Modbus的从站，响应上位机发来的Modbus请求帧，WIA-PA网关应用程序将采集到的阵列电流数据与WIA-PA汇流箱节点地址信息传送到上位机，以供上位机软件使用。WIA-PA网关以一定时间间隔将汇流箱终端设备发来的数据进行缓存，并实时更新，收到上位机查询指令后向其返回最新的现场数据与故障信息。

WIA-PA网关具有WIA-PA网络管理、安全管理、交换设备间信息等功能。系统软件主要包括汇流箱电流采集与通信软件、无线通信模块通信软件、WIA网关应用通信软件等。

WIA-PA汇流箱节点设计包括无线通信模块和采集控制模块。无线通信模块为中科院沈阳自动化所开发的WIA-M1800，带RS232串行接口；采集通信控制模块主要完成A/D采集、定时器、串口通信、拨码地址设置、Modbus通信等功能，具有RS232/RS485串行接口汇流箱中的采集通信，与无线通信模块采用Modbus通信，可将实时监测的电流数据信息经由WIA-PA路由器、WIA-PA网关、工业以太网构成的WIA-PA无线传感器监控网络，传输到监控中心实现可视化显示，可自动采集、分析和处理各个节点的数据，实现监控中心与光伏汇流箱之间的信号传输。

一个WIA-PA网关最多可以管理150台设备（保证通信的强实时性），系统可通过多个无线网关互联形成大规模网络。

无线传感网络的光伏汇流箱监测系统研究方案已完成软硬件设计方案,,并已搭建系统进行了系统通信测试与监控显示，结果表明该系统能较好实现光伏阵列电流信息采集与监控，有利于降低工业现场布线复杂度，具有安装维护方便、灵活等优点，目前该方案已处于试验应用阶段。

23.2.6 印尼望加锡临海罐区

印度尼西亚国家石油和天然气公司（PERTAMINA）望加锡临海罐区长期以来储罐液位的管理主要靠人工进行，需要有经验的工人利用尺子对各储罐的液位高度进行测量（即"人工检尺"）来监视油罐，没有形成真正意义上的监控系统。由于望加锡油港罐区面积大、储罐间距离远和环境恶劣，"人工检尺"的工作量很大，所以很难保证罐区无满罐溢流故障。

北京天宇蓝翔科技发展有限公司向印尼望加锡临海罐区提供了罐

区满溢监控系统,采用了 WIA-PA 工业无线网络传输方法的实施方案,中科院沈阳自动化研究所广州分所提供了 WIA-PA 无线传输的技术支持。罐区满溢监控系统见图 23-7。

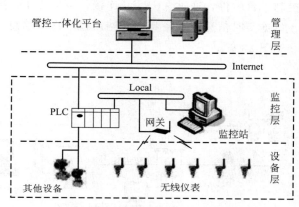

图 23-7　罐区满溢监控系统

望加锡临海罐区为船只卸载油品准备了 22 个不同油类品种的储罐,储罐的配置见图 23-8。

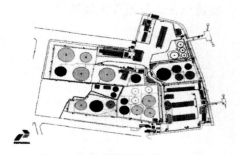

图 23-8　临海罐区储罐配置图

储罐满溢状态可靠的监测采用麦格纳丘(Magnetrol)公司沉筒式液位开关,液位开关配有基于 WIA-PA 工业无线网络的无线传输节点,各节点将采集到的储罐满溢信号传送到位于监控站附近的 DW1068 无线网关,该网关负责无线网络性能监测、智能网络管理以及桥接所有网络设备。无线网关将无线传输节点上传的数据转换为标准 Modbus 通信协议格式数据,通过 RS485 接口、TCP/IP 网桥将数据传输到 PLC 和 WIA-PA 监控平台。从监控站的组态界面上来看,每一个现场仪表无线传输节点和连接到 PLC 上的其他普通设备没有任何区别。现场仪表无线传输节点上传的数据经过数据处理即可实现可靠的生产安全监控,大大简化了系统的工程复杂程度,缩短工程周期,降低了成本;本系统利用 WIA-PA 工业无线网络与 PLC 通信,向第三方系统开放数据,实现了系统的开放性;同时 WIA-PA 系统自带控制平台软件,通过 TCP/IP 连接,可以在 PC 机随时查看网络拓扑、数据实时信息、设备状态及网络稳定性等信息,具有人机交互功能(见图 23-9)。

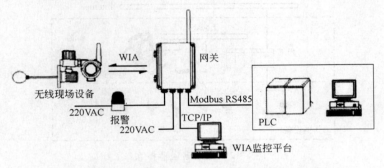

图 23-9　WIA-PA 工业无线网络通信设备连接示意图

罐区满溢报警系统,为该港口的安全生产提供了保障,系统自 2013 年 4 月实施以来运行至今无故障。

第5篇

流程行业无线通信技术展望

第24章
流程行业无线通信技术热点分析

24.1 网络

ISA100.11a（如 OneWireless）是基于 IEEE802.15.4 的物理层，定义了数据链路层、网络层、传输层和应用层，网络采用 Mesh 网状和 Star 星形网络拓扑结构。但它考虑的问题多一些，不但能接收 HART 协议，还能接纳 Profibus、DeviceNet、FF 等，成为统一的无线协议接口。在 OneWireless 无线架构内支持符合 ISA100.11 标准的无线现场仪表，支持多种其他通信协议的现场仪表：HART、Modbus、FF、4～20mA 等；这个无线平台同时还支持 802.11Wi-Fi 无线设备，如多功能节点与多功能节点之间，多功能节点与无线视频、移动工作站、振动监测设备之间的连接；支持有线设备（如 PLC 或其他以太网设备）的无线转接，这对于构建未来的单一多功能无线网络更有积极意义。

WirelessHART 也是基于 IEEE802.15.4 的物理层，定义了数据链路层、网络层、传输层和应用层，网络采用 Mesh 网状网络拓扑结构。WirelessHART 是建立在 HART 标准上的，是 HART 通信协议的进一步延伸。由于目前全球已安装使用 HART 仪表超过 3000 万台，应用基础广泛，有很多现成的工具可用，HART 用户接受起来更快，更容易直接使 WirelessHART 进入产品化阶段。其应用以 HART 通信协议的现场仪表为主，也可以接受 4～20mA 信号。在新推出的采用无线现场数据回传集成系统中，增加了 Cisco AP 节点设备作为接入点，接入点通过 WirelessHART 无线网状网络采集过程数据后，也可采用 Wi-Fi 提供过程远程数据的回传和接受 802.11Wi-

Fi 无线设备。

WIA-PA 基于 IEEE802.15.4 的物理层和 MAC 层，定义了数据链路子层、网络层和应用层，网络采用簇型（Cluster）和网状（Mesh）相结合的两层网络拓扑结构。WIA-PA 开发的多总线集成网关，可以集成 FF H1、FF HSE、Profibus DP、HART、CAN、LonWorks、4～20mA、EPA 总线及设备，构成完整的监控系统。

24.2　路由

路由（Route）是采用路由设备（Router）从一个网络设备转发数据到另一个网络设备的过程，它用于加强现场无线网络（通过添加额外通信路径）或扩展指定网状网络的覆盖区域。路由工作包含两个基本的动作：确定最佳路径和通过网络传输信息（即数据交换）。

WirelessHART 系统中的无线现场设备均具有路由功能，距离无线网关较远或与无线网关之间有障碍物的无线现场设备可通过确定最佳路径由邻近的无线现场设备路由，将其信息传送到无线网关，这是路由功能最大的优点。解决方案的主要特征是现场仪表配置路由功能，即每台无线仪表不仅测量自己的过程参数，同时为其他仪表的通信进行路由。

WIA-PA 系统早期有单独的路由器，而且可以接受多台现场设备信号。但据了解，目前路由功能均作为无线现场设备的一部分提供。

ISA100.11a 的早期版本不支持路由功能，而无线现场设备不带路由功能，这就要求作为无线网关的多功能节点以及随后推出的现场设备接入点 FDAP 等与所有无线现场设备之间有视准线无障碍路径，能直接通信。2010 年 6 月推出的版本 R200 中，无线现场设备通过组态可以执行或不执行路由功能。当组态为执行路由功能时，它与 WirelessHART、WIA-PA 系统在路由这一点上就没有区别；当组态为不执行路由功能时，现场设备接入点 FDAP 和多功能节点应直接与区域内所有无线现场设备通信，其优点是减少数据无线传输的跳数，加快数据刷新速度，降低数据传输的不确定性时延及安全风险，提高可靠性，同时电池能量的消耗减少，可延长电池的使用寿命。某些场合用户可能要求无线现场设备执行路由功能，从为用户服务出发，ISA100.11a 提供了可选路由功能的无线现场设备，但是推荐的优选工作方式仍然是无线现场设备不执行路由功能。

从这里我们可以看出 WirelessHART 系统是完全支持无线现场设备的路由功能，而 ISA100.11a 虽然也可以提供该功能，但仍极力主张由现场设备接入点之类的设备代替该功能，以提高无线现场设备的刷新率、延长电池寿命和强化网络性能。

24.3 刷新率

有路由功能时，大部分变送器需经多台无线变送器的路由才能将信号传送到网关，所以网络的通信时间滞后较大，无线变送器通信速度较慢，从而使无线变送器的刷新率不可能很快。

WirelessHART 目前的数据刷新率为：1s、4s、8s、16s、32s 或 1～60min 可选。

ISA100.11a 目前的数据刷新率为：1s、5s、10s、30s，未来可以达到 0.25s 或 0.1s 的刷新率，而横河电机的 ISA100.11a 资料中已有 0.5s 的刷新率。

WIA-PA 的数据是 1s～1h 的刷新率。

24.4 电池寿命

无线现场设备的电池寿命通常取决于传送数据的刷新率、是否具有路由功能、设置的发射功率、环境温度及无线设备的种类等。刷新率快、带路由功能、发射功率设置高、环境温度高、测量信号数量多的无线现场设备电池寿命较短。以带路由功能为例，电池寿命通常要缩短一半以上。

WirelessHART 无线变送器的电池寿命为 1～10 年。

ISA100.11a 无线现场设备通过组态为不执行路由功能时，如果选择常温下 1s 的刷新率，电池使用时间可以达到 4.5 年；而 5s 以上的刷新率，电池使用时间可以达到 10 年。当组态为执行路由功能时，电池使用时间将缩短。

WIA-PA 电池寿命为 1～5 年。

也有利用太阳能电池、风能电池等就地供电的无线现场设备。

24.5 传输距离

传输距离取决于环境条件、天线种类等。

WirelessHART 采用短天线的无线设备的最大有效信号传递距离是 230m，采用长天线时无线设备的最大有效信号传递距离是 800m；在一般建筑物内，无线设备的最大有效信号传递距离是 75m，在厚实的建筑物内，无线设备的最大有效信号传递距离是 30m。

ISA100.11a 无线现场设备同多功能节点之间的通信距离为 305m 或 610m，采用高增益天线时为 3km，2 个多功能节点之间的通信距离为 1km，采用高增益天线时为 10km；当无线现场设备组态为具有路由功能，两个无线现场设备之间的通信距离为 400m。横河电机 ISA100.11a 无线产品的通信距离为 600m，图 24-1 为横河电机 ISA100.11a 无线产品的通信距离与其他无线标准的比较。在非多路径视准线无障碍的现场条件下，网关到现场设备的距离超过 600m 数据包错误率才超过允许范围，在多路径多障碍物的现场条件下，网关到现场设备的距离超过 200m 数据包错误率才超过允许范围，而与之相比较的其他无线标准则远比上述传输距离短。

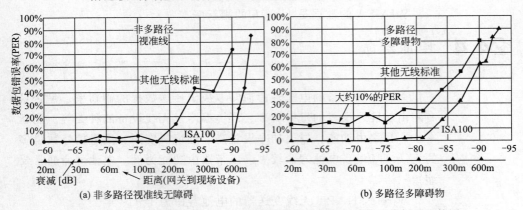

图 24-1 横河电机 ISA100.11a 无线产品的通信距离与其他无线标准比较图

WIA-PA 无线设备室内通信距离为 200m，室外为 1000m。

24.6 变送器种类

艾默生公司推出的无线现场设备的品种有：无线压力变送器、无线温度变送器、无线分析变送器、无线阀门位置变送器、机械健康状态变送器、无线开关量变送器、无线振动音叉液位开关、无线声感变送器和智能无线适配器。

霍尼韦尔公司推出的无线现场设备的品种有两大类：一类支持的 ISA100.11a；另一类支持的 802.11Wi-Fi。支持 ISA100.11a 工业无线设备包括：无线压力变送器、无线温度变送器、无线腐蚀测量变送器、无线开关量输入变送器、无线开关量输出变送器、无线模拟量输入变送器、无线多输入组合变送器、无线雷达液位计、无线阀门回讯变送器（定位器）和 HART 信号的无线转接模块；支持 802.11Wi-Fi 无线设备包括：无线设备振动（健康状态）监测变送器、无线读表器、无线视频、移动工作站、无线巡检和可燃气体检测。当选用 802.11Wi-Fi 无线设备时，应配套选用支持 802.11Wi-Fi 无线设备的接入点，如多功能节点和 Cisco Aironet 1552S Outdoor AP 节点设备，而不能选用仅支持 ISA100.11a 工业无线设备的现场设备接入点 FDAP。

WIA-PA 系统推出的无线现场设备的品种早期只有无线温度变送器、无线压力变送器、无线 I/O 设备（可接收 AI/AO/DI 等类型信号）等，近期开发的品种非常多，如无线阀门位置回迅器、无线称重变送器、无线 HART 适配器、无线振动变送器、无线核探测头变送器、无线油井示功仪、无线投入式液位计、无线红外测温变送器、无线温湿度变送器、无线油井注水阀门控制器、无线可燃有毒气体变送器、无线模拟量输出变送器等。

24.7 安全

无线数据传送是否可靠安全？是很多用户最担心的问题，无线节点面临的威胁包括：窃听、篡改数据以及拒绝服务攻击等。从流程行业无线技术发展历程来看，2003～2006 年间，小规模的试验阶段经历了 4 年左右，然后从 2007 年开始商业推广，三大标准也几乎同时在中国市场应用，到目前为止，这个过程又经历了六七年，每一个标准在中国的用户数都达到数百个至上千个，应用的行业已经有石化、冶金、电力、煤炭、烟草、长距离管线、海上石油平台等各行各业。

德国测量与控制标准委员会 NAMUR 于 2009 年 11 月提交一份报告，表示经过对 ABB、艾默生过程管理、E+H、MACTek、P+F

和西门子公司提供的 WirelessHART 设备的测试表明，WirelessHART 符合 NAMUR 的推荐技术规范 NE124 "无线自动化的要求"和工作草案 NA115 "过程自动系统的 IT 安全"。测试包括在实验室对 WirelessHART 的特性指标进行评估以及在实际过程工厂环境中的多项应用测试，现场测试在位于德国路德维希港的巴斯夫公司进行。通过测试 MAMUR 最终得出结论：WirelessHART 通信具有灵活、安全、性能可靠、与其他无线电技术共存等特点，并且可以在同一个 WirelessHART 网络中与其他符合 WireleeHART 标准的设备进行互操作。

早期使用 DCS 系统时用户也曾担心可靠安全，常常备用记录仪、手操器之类的常规仪表，事后证明这种担心是多余的。在国内的应用实例中，有的用户也采用同时使用有线无线两套仪表的方式考查无线仪表是否安全可靠。江苏金翔石化三期油库储罐计量系统中，采用了爱默生常规罐区总线方式计量及无线方式计量的冗余方案，然后有线无线两套仪表的信号同时送控制室 PCS7 系统集中显示。现场运行后，有线无线两套仪表的数据完全一致，验证了无线数据传送是可靠安全的。

2012 年 10 月 30 日艾默生在全球用户大会上宣布其 1 万套遍布世界各地的 WirelessHART 智能无线网络已累计运行达 10 亿小时，这表明过程工程师已视智能无线为一项信得过的技术。

24.8 PID 控制

根据 ISA 为过程工业无线网络设定的使用等级，用于各类监测的 4、5 类使用等级及用于开环控制的 3 类使用等级目前采用过程工业无线网络应该是没有问题的，而这 3 类已经占据所有数据类型的 80% 以上，也就是说绝大多数数据采集使用过程工业无线网络是可靠的。而作为通常不是关键参数的闭环监督控制，目前的进展应该说仍处于试验考察阶段。但作为无线产品开发的努力方向，很多厂商均以控制应用为其终极目标，比如横河电机在阐明其开发新一代现场无线系统基本理念时就说："要通过整合先进的无线技术和冗余技术，确保最终适用于控制级别的高可靠性应用。"

爱默生过程管理公司针对 PID 控制采取了冗余无线 I/O、冗余电源、冗余通信，冗余的智能无线 Remote Link（远程链接）以及增强型的 PID 等措施。

爱默生过程管理公司与奥斯汀得克萨斯大学在火电厂 CO_2 收集的气提塔进行了蒸汽流量和塔压控制试验，他们平行安装了有线、无线仪表，在进行回路控制时，操作人员可以在有线、无线仪表输入数据之间切换。在试验中，对 PID 整定参数、滤波参数及控制组态参数设置相同，结果如表 24-1 所示：有线、无线仪表回路控制方案的性能没有差别。表 24-1 中第 3 项"绝对误差积分控制"是一种性能指标，用来表示系统期望输出与实际输出或主反馈信号之间的偏差的某个函数的积分式，在测量值更新次数无线仅为有线 1/10 的条件下，有线、无线方案的绝对误差积分控制值基本一致。

表 24-1 有线、无线仪表回路控制方案的性能比较

项 目	有 线 方 案		无 线 方 案	
控制回路名称	FIC202 塔蒸汽流量控制回路	PC215 塔压控制回路	FIC202 塔蒸汽流量控制回路	PC215 塔压控制回路
设定点平均值	511.32	24.01	509.66	24.01
绝对误差积分控制	9134.33	145.46	10645.15	198.60
测量值更新次数	13655.00	6649.00	1184.00	912.00
控制时间/s	6830.00	6829.00	5926.50	5925.00

在江苏力达宁化工公司 2.6-二异丙基苯胺项目中，由中科院沈阳自动化研究所、鞍山焦耐院等采用将 WIA-PA 无线网络纳入 DCS 系统，投运后，不仅检测的数据可靠，还实现了重要参数温度、压力控制。由于刷新速率为 1s，对参与控制的节点设置了高优先级，由 DCS 发送到执行器的电流信号平均时延在 1s 之内，保证了控制回路响应迅速，反馈及时，控制系统的质量可以满足生产需要。但据了解，无线系统的控制回路目前已改为手动，原因是自动仍存在一定的风险。

24.9 费用

美国霍尼韦尔公司就一个槽罐区（64 个槽罐的温度、液位检测，共 128 点）的有线系统与无线系统所作的费用比较见表 24-2。

由表 24-2 可见，各项费用以有线系统为 100% 的话，无线系统的设备费用要高出 16.7%，但现场安装费用要节省 78.4%，工程费用要节省 43.2%，总费用要节省 49.5%。

表 24-2 槽罐区有线系统与无线系统费用比较　　　　　　　　　　　　　美元

费用项目	有线系统	无线系统	无线/有线费用比/%
现场安装	417000	90000	21.6
设备	174000	203000	116.7
工程	81000	46000	56.8
合计	672000	339000	50.5

艾默生过程管理公司也就一个 30 点的系统进行了有线、无线方案的比较，但未列出设备费用比较，仅就材料、施工、调试、5 年维护费及后期改造费用进行了比较（见表 24-3）。

表 24-3　30 点的有线系统与无线系统部分费用比较　　　　　　　　　　美元

费用项目	有线系统	无线系统	无线/有线费用比/%
材料	137050	300	0.22
施工	17000	0	0
调试	60000	10000	16.7
小计（安装）	214050	10300	4.8
5 年维护	90000	12000	13.3
后期改造	100000	0	0
总计	404050	22300	5.5

由表 24-3 可见，各项费用以有线系统为 100% 的话，无线系统现场安装费用要节省 95.2%，5 年维护费用要节省 86.7%，如果后期存在增加测点等改造项目时，无线系统可不增加费用。由于未对设备费用进行比较，就上述安装、维护、后期改造的总费用来说，要节省 94.5%。所以艾默生过程管理公司的宣传资料中常说：至少能节省 90% 的安装成本。

WIA-PA 无线标准主要制定单位中国科学院沈阳自动化研究所与鞍山焦耐院等单位合作，为江苏力达宁化工公司二异丙基苯胺项目设计投运了一套 WIA-PA 无线系统。该生产装置共使用了各类变送器及电动执行器共 37 点，有线系统与无线系统费用比较见表 24-4。

值得介绍的是在计算 DCS 费用时，有线系统 41 个 I/O 点的 I/O 板卡费用增加 35600 元，而无线系统省去了 I/O 板卡，增加的只有一个带 Modbus RTU 协议的板卡及无线网关，费用仅 6000 元，所以在 DCS 费用则一块，无线系统可省 3 万元。

表 24-4　二异丙基苯胺项目有线系统与无线系统费用比较　　　　　　　　　　　　　万元

项目名称	有线系统	无线系统	无线/有线费用比/%
DCS	21	18	85.7
现场仪表	30	32	106.7
安装调试	10	2	20
合计	61	52	86.7

由上述三个费用计算大致可得到这样一些概念：

无线系统现场安装费用约节省 80%～90%；

无线系统现场购置费用约增加 10%～20%；

有线系统需增加 I/O 板卡费用，无线系统需增加网关费用，两者费用大体相当或无线系统能省一点；

无线系统总费用有较大的节省；

无线系统后期维护费用大大低于有线系统；

无线系统后期如需改造，其费用大大低于有线系统；

国产无线系统的费用远低于进口无线系统费用。

24.10　流程行业无线技术选型思路

跟着主体控制系统走，这样有利于无线系统与控制系统无缝连接。主体系统已采用爱默生过程管理公司的产品，大多数用户选用无线系统时会采用 WirelessHART；主体系统已采用霍尼韦尔公司的产品，大多数用户选用无线系统时会采用 ISA100.11a 的 OneWireless；主体系统已采用国产控制系统，这样的用户不妨选用 WIA-PA 无线系统。

原有系统已大量采用了带 HART 通信的现场设备，现场迫切要求在此基础上增添无线设备时，可能更多会采用 WirelessHART。

系统不仅有大量现场设备需要采用无线通信，同时还要求实现一个无线网络架构支持多种无线应用、多个标准、多种协议，如同时支持移动操作站、巡检手持终端、无线摄像头、有线设备的无线转接等，可能选用 ISA100.11a 的 OneWireless 更合适。

大多数无线设备的类型是温度、压力、阀位、物位，而有些类型的无线设备是某一厂家所特有的，如用于就地压力表信号传送的无线读表器、无线腐蚀测量变送器、可燃气体检测变送器目前是霍尼韦尔公司独有的产品；无线分析（pH值和电导率）变送器、无线振动音叉液位开关、无线声感变送器目前是爱默生过程管理公司独有的产品；而专用于油井工况检测使用的一体化设备无线远程控制器（RTU）和无线示功仪目前是 WIA-PA 独有的产品；当用户需要使用这类特殊无线设备时，特别是当这类设备用量比较大时，可能选用对应公司的系统更合适。

对刷新率要求高、对电池寿命要求尽量长，应选不带路由器功能的系统。

对费用要求节省的，可选 WIA-PA。

第 25 章
其他无线技术的应用

WirelessHART、ISA100.11a 和 WIA-PA 三大标准开发之前和开发过程中，还有一些技术也得到一定规模的应用，比如 ZigBee、Trusted Wireless 和 EPA 等，本章将对这些技术作简要的介绍。

25.1 ZigBee 技术

25.1.1 ZigBee 概述

ZigBee 是基于处理远程监控和传感器网络需求的技术标准，ZigBee 这个词源自于蜜蜂群通过跳 ZigZag 形状的舞蹈，来通知其他蜜蜂有关花粉位置等信息，以达到彼此沟通的目的，故以此作为新一代无线通信技术之命名。2001 年 8 月成立了 ZigBee 联盟，2002 年下半年，Invensys、MITSUBISHI、MOTOROLA 以及 PHILIPS 半导体公司，四大巨头共同宣布加盟 ZigBee 联盟，共同研发名为 ZigBee 的下一代无线通信标准，如今已吸引上百家芯片公司、无线设备公司和开发商加入。

ZigBee 标准是 ZigBee 联盟制定的一种短距离、低速率、低成本、低功耗的短距离无线通信技术标准。这一技术标准建立在 IEEE802.15.4 标准基础之上，直接采用其物理层和 MAC 层规范，并在此基础上规定了网络层和应用层规范。网络层能够支持星形、树形以及对等型多跳网络拓扑，主要负责实现网络拓扑的建立和维护，以及设备的查找和路由等功能，属于通常的网络层功能范畴；应用层则提供了一个分布式应用开发和通信的框架，负责实现业务数据流的汇聚、设备发现、服务发现、安全与鉴权等功能。由于应用层要根据用户自己的应用需要对其进行开发利用，因此该技术能够为用户提供机动、灵活的组网方式。

ZigBee 技术具有复杂度低及成本低的特点，目前已经广泛地被视作为无线传感器网络的网络层和应用层技术标准。

25.1.2 ZigBee 特点

- 设备的功耗非常低，由于 ZigBee 的传输速率低，发射功率仅为 1mW，且采用了休眠模式，并具有能量检测和链路质量指示能力，根据这些检测结果，可自动调整设备的发射功率，在保证链路质量的条件下，设备能量消耗最小。根据不同的应用，ZigBee 设备仅靠两节 5 号电池就可以维持长达 6 个月到两年左右的使用时间，这是其他无线设备无法相比的；
- 传输速率低，ZigBee 工作在 20～250Kbps 的较低速率，分别提供 250Kbps（2.4GHz）、40Kbps（915MHz）和 20Kbps（868MHz）的原始数据吞吐率，满足低速率传输数据的应用需求；
- 设备成本低，由于传输速率低、协议简单，降低了对通信控制器的要求，ZigBee 模块的成本较低，且使用 ZigBee 协议可免协议专利费；
- 覆盖范围小，有效覆盖范围在 10～100m 之间，实际范围取决于发射功率的大小和不同的应用，通过增加发射功率、路由和节点间通信的接力，传输距离还可以更远；
- 响应速度较快，一般从睡眠转入工作状态只需 15ms，节点连接进入网络只需 30ms，进一步节省了电能，可用于对时延要求苛刻的工业控制场合应用等；
- 网络容量大，ZigBee 可采用星形、树形和网状网络结构，上层网络节点管理多个主节点，而一个主节点最多可管理 254 个子节点，最多可组成 64000 个节点的大型网络；
- 数据传输的高安全性，ZigBee 提供了三级安全模式，包括无安全设定、使用访问控制列表防止非法获取数据以及采用高级加密标准（AES-128）的对称密钥，可以灵活确定其安全属性；
- 数据传输的高可靠性，采用了碰撞避免机制，同时为需要固定带宽的通信业务预留了专用时隙，从而避免了发送数据时的竞争和冲突，而且，MAC 层采用了完全确认的数据传输机制，每个发送的数据包都必须等待接收方的确认信息，如果传输过程中出现问题可以进行重发。

25.1.3 ZigBee 应用

ZigBee 网络能够覆盖多种小范围和低数据速率的应用，从 PC 的外围接口到工业控制，如用于 PC 机外围设备鼠标、键盘、操纵杆的接口，如家庭娱乐电子产品（电视、VCR、DVD、音响系统）的遥控，如住宅等建筑物自动化的安全及进入控制、照明、供热、通风、空调设备、浇花的监控，如医疗护理的病人监控、健康监视等。

在工业生产中可使用在数据采集和监控、照明自动控制、井下人员定位中，如使用手持式 ZigBee 无线操表器，可与各种工业现场设备（例如阀门定位器、温度变送器等）连接，形成多个 ZigBee 终端节点设备，以实现对其进行数据采集、参数设置和控制。

昆仑海岸基于 ZigBee 的 JZH-0 系列无线传感器荣获 CONTROL ENGINEERING China 2013 年度本土创新奖，国内还有很多企业可提供 ZigBee 无线通信系统和产品，如北京安伏电子技术公司生产 RF-sensor ZigBee 无线测温系统，系统包括无线温度传感器和无线接入设备构成（见图 25-1）。能实现网络化的温度测量，支持无线传感器数量超过 4000 个。无线温度传感器提供的指标是通信距离 50～100m（取决于环境），刷新率约 75s，采用 1.5V AA 碱性电池 2 节，电池寿命大于 1 年。无线接入设备可接入无线温度传感器 16 台/64 台，可管理无线温度传感器 100 台，有带背光的 LCD 显示器显示温

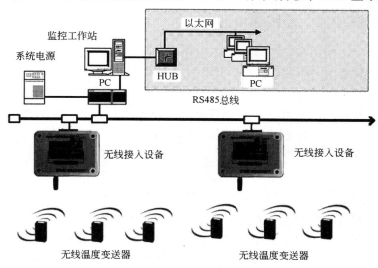

图 25-1　RF-sensor Zigbee 无线测温系统

度，另有隔离 RS485 工业总线接口与上位机相连。

25.2　Trusted Wireless 技术

25.2.1　任务

　　Trusted Wireless 是菲尼克斯电气公司专为恶劣的工业环境而开发的无线传输技术，这样的环境有下述要求：

　　① 传输线路必须稳定，极其强大的信息流不允许因环境中的干扰被中断；

　　② 必须存在多条无线链路可并行运行而互不干扰的可能性，这尤其适用于具有不同技术标准的无线技术；

　　③ 由于需要能够在开阔设施中使用的设备，所以必须具有较大的有效通信范围，在规定的 2.4GHz ISM 频段无需许可证，由于在该频段定义了最大发射功率，所以借助于非常高的接收灵敏度实现较大的有效通信范围；

　　④ 一个有效的协议保持尽可能低的总数据量，这样也可以支持实现大的有效通信范围的目标；

　　⑤ 无线传输设备必须易于安装并投入运行，不需要具有专业无线技术知识，应能"即插即用"。

25.2.2　无线通信

　　使用在 2.4～2.4835GHz 的 ISM 频段工作的 Trusted Wireless 设备时，可用的 83.5MHz 带宽被划分为带宽为 100kHz 或 500kHz 的窄带信道。因此，使用 100kHz 带宽时，可以最多实现 830 个传输信道。划分为许多单个窄带信道的方法是 FHSS 跳频扩频技术的应用基础，传输信道每 27ms 改变一次，这样抗传输频率干扰的能力显著增强。

　　为了使多条无线链路能够互不干扰地并行运行，所有信道被划分成组群，不同组群的系统可以在完全不冲突的情况下平行存在。一个组群内的系统可能会在某一频率上发生冲突，但是由于下一频率上顺序不同而保证了传输的可能性。图 25-2 显示了信道组 1、2、3 共三个组群的划分，由于组群并非通过相邻信道组合进行划分，所以信息传输分配在整个频段。通过建立组群，整个 2.4GHz 频带实现了最优

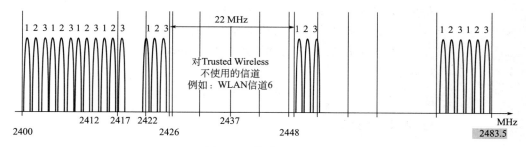

图 25-2　信道组的形成

分叉。通过所谓的"频带锁定"功能，可以使 Trusted Wireless 系统留出 WALN 系统的频带宽度，从而使得 Trusted Wireless 系统、蓝牙系统和 WALN 系统之间具有更好的共存性。

相对于其他 ISM 技术，其特点是 Trusted Wireless 组件的硬件配置，电子硬件使用特定组件（不包括单芯片技术）运行。通过这项措施可以显著提高接收灵敏度，尽管允许的最大发射功率为相对较低的 100mW，但其有效传输范围可能达到数公里。

25.2.3　数据传输

基本版本中，在由两个连接的 Trusted Wireless 设备组成的无线链路上可以传输两个数字信号（5~30V）和一个模拟传感器信号（4~20mA）。此外，射频链接信号和接收信号强度指示 RSSI 信号可用于连接诊断。射频链接通过 LED 指示灯显示出存在的连接，无线链路的质量通过 RSSI 显示。当设备第一次启动和校正天线时，该模拟信号可用于连续监测。

通过把最多 8 个扩展模块肩并肩集成到总线底座，扩展无线基站，最高配置下可以传输 33 个模拟信号和 66 个数字信号，还可以额外使用测量模块和计量模块记录监测频率和脉冲。单向传输系统工作的信道间隔为 100kHz，各有 63 条信道合并成一组。然后在这样组成的 9 个组中建立单向无线连接。双向传输系统的信道间隔为 500kHz，这里使用的是 7 个各由 22 条信道组成的组。

另一个 Trusted Wireless 设备组为串行接口数据透明传输而开发，无线电双向收发器（发射器和接收器）通过无线链路发出 RS232 或 RS485/RS422 接口数据。这种情况下，串行数据传输率达到 115.2~300Kbps。

Trusted Wireless 技术适合中到长距离无线传输。在允许的最大

功率下,使用合适的天线时,可达到以下传送距离:

900MHz 频段,在发射功率为 1W 时,典型值为 25km;

2.4GHz 频段,在发射功率为 10mW/100mW 时,典型值为 3km。

在不同的应用中,可能会低于或高于这些值。

25.2.4 结构

最简单的安装是点对点连接,设备成对提供(见图 25-3)。安装并调好天线,设备上电后,就自动建立了无线连接,不需要进行进一步调整。

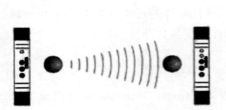

图 25-3 点对点连接　　　　图 25-4 点对多点连接

点对多点连接一样简单(见图 25-4),只需对设备进行适当的预先配置。

可以使用单向和双向系统进行配置,但要注意的是,点对多点连接只能单向运行。通过设置相同的设备跳频卡(Hopkey)可以任意连接到许多接收器,使用适当的模块进行扩展可以完成昂贵的广播任务。

通过一个中继器(见图 25-5)或多个中继器(见图 25-6)可以实现长距离无线数据传输,在传输路径中,设置相应跳频卡,使之建立连接,其他数据不能集成到中继站。

基于串行接口技术为运行基础的设备可以建立复杂网络,可以连接到最多具有 254 个从站或中继器从站的单主站系统(见图 25-7)。

中继器从站首先是一个从站,但是可同时作为中继器使用;网络的另一个特点是无线模块具有漫游功能。在无线连接中,每个模块都能与相邻的模块进行通信,当无线连接因信号衰减中断时,与另一个

第25章　其他无线技术的应用

图 25-5　单中继器线路

图 25-6　多中继器线路

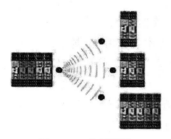

图 25-7　广播网络

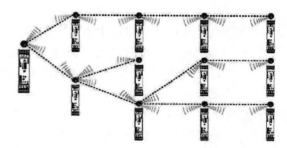

图 25-8　网状网络结构

相邻的设备建立连接，生成一条回到主站的新路径（网状网络，见图 25-8）。

25.2.5　建立连接

自动建立连接的条件是一条无线链路上设备具有相同的跳频卡（Hopkey，见图 25-9），它存储在如图 25-10 所示的设备硬件组件中的信息，含有使用的发射频率和跳频序列等。当安装一个额外的接收器/中继器到现有系统时，这些信息是必须的。

为了建立最佳的连接，使用定向天线时有必要进行适当的人工干预。通过观察 RSSI 信号，把天线调整到最高信号水平。

图 25-9　带有跳频卡的硬件组件

图 25-10　设备硬件组

315

25.2.6 安全

可以通过协议中指定的 ID 验证和应用 FHSS 方法防止未经授权的数据访问。为了保证数据的完整性，可以使用前向纠错（Forward Error Correction，FEC）恢复受损的传输线路信息，之后还要进行 16 位 CRC 校验（循环冗余码校验）。

25.2.7 工业应用装置

在封闭空间和开放空间内都可以使用 Trusted Wireless。由于有效范围较大，所以主要用于户外。在那些数据难以到达的地方，尤其在那些不能进行有线连接或只有花费很高才能使用数据电缆进行连接、接收和转发的地方，如污水处理站和自来水厂等厂区环境开阔的场合，可以使用 Trusted Wireless。

所有 Trusted Wireless 无线产品都适用于具有易发生爆炸的领域。它们符合 ATEX（爆燃性气体设备指令）第 2 区的要求。

除了导轨安装设备外（见图 25-11），也提供有用于开阔场地安装的室外设备（见图 25-12）。单向发射器和接收器具有适当的防风雨外壳，它们可以在低电压（85～250VAC 或 12～30VDC）下运行。

图 25-11　串行接口

图 25-12　户外安装

25.2.8 现场应用

贵州开磷集团矿肥公司消防高位水池监控信号需传送到控制室（见图 25-13），如采用有线方案，需开挖地沟、布线等，并且线缆如果损坏,很难查找到具体断线位置;现场环境有很多高压线缆,用普通有线信号线缆,信号极易受干扰。所以采用菲尼克斯电气公司双向无线 I/O 系统以替代传统有线布线方式,无需耗时、耗力、耗财的有线布线,无需组态编程,消防高位水池监控信号即可传送到控制室。

图 25-13　消防高位水池到控制室示意图

25.3　EPA 无线技术

25.3.1　EPA 标准

EPA 是 Ethernet for Plant Automation 的缩写,它是 Ethernet、TCP/IP 等商用计算机通信领域的主流技术直接应用于工业控制现场设备间的通信,并在此基础上建立的应用于工业现场设备间通信的开放网络平台,EPA 得到了"863"高科技研究与发展计划的支持。

2001 年 10 月起,标准起草工作组在国家"863"计划 CIMS 主题重点课题"基于高速以太网技术的现场总线控制设备"实施的同时,开始制定 EPA 标准,起草了我国第一个拥有自主知识产权的现场总线国家标准《用于工业测量与控制系统的 EPA 系统结构与通信规范》。2005 年 2 月,EPA 通信协议 Real time Ethernet EPA (Ethernet for Plant Automation) 顺利通过 IEC 各国家委员会的投票,正式成为 IEC/PAS62409 文件。2005 年 12 月,EPA 标准被国际电工委员会发布为现场总线标准 IEC61158-3-14/-4-14/-5-14/-6-14,以及实时以太网应用行规 IEC61784-2/CPF14(Common Profile

Family14，通用行规簇14），成为第一个由中国人自主制定的工业自动化国际标准，成功将以太网直接应用于现场总线，从而成功地将商用办公室网络——以太网进行了技术改造，使之完全适用于环境恶劣条件下的流程工业自动化仪器仪表之间的通信，实现了从管理层、控制层到现场设备层等各层次网络的"E（Ethemet）网到底"。

25.3.2 EPA 技术网络拓扑结构

EPA 网络拓扑结构如图 25-14 所示，它用逻辑隔离式微网段化技术形成了"总体分散、局部集中"的控制系统结构。EPA 网络由两个网段组成，即过程监控层 L2 网段和现场设备层 L1 网段。

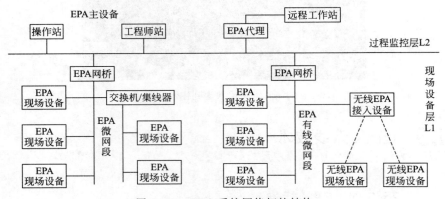

图 25-14 EPA 系统网络拓扑结构

现场设备层 L1 网段用于工业生产装置的各种现场设备（如变送器、执行机构、分析仪器等）之间以及现场设备与 L2 网段的连接；过程监控层 L2 网段主要用于控制室仪表、装置以及人机接口之间的连接。

无论是过程监控层 L2 网段还是现场设备层 L1 网段，均可以分为一个或几个微网段。一个微网段即为一个控制区域，用于连接几个 EPA 现场设备。在一个控制区域内，EPA 设备之间互相通信，实现特定的测量与控制功能。一个微网段通过一个 EPA 网桥与其他微网段相连。

一个微网段可以由以太网、无线局域网或蓝牙三种类型网络中的一种构成，也可以由其中的两种或三种类型的网络组合而成，但不同类型的网络之间需要通过相应的网关或无线接入设备连接。

EPA 标准推荐每个 L1 微网段使用一个 EPA 网桥。但在系统规模不大、整个系统为一个微网段时，可以不使用 EPA 网桥。

25.3.3　EPA 无线技术设备类型和网络类型

　　EPA 无线通信技术是定义在 IEEE802.11、IEEE802.15 基础上的。EPA 无线网络包括两种设备类型，即无线 EPA 接入设备和无线 EPA 现场设备。无线 EPA 接入设备是一个可选设备，由一个无线通信接口（如无线局域网通信接口或蓝牙通信接口）和一个以太网通信接口构成，用于连接无线网络与以太网；无线 EPA 现场设备具有至少一个无线通信接口（如无线局域网通信接口或蓝牙通信接口），并具有 EPA 通信实体，包含至少一个功能块实例。

　　EPA 无线网络包括两种类型，即无线局域网组成的微网段和蓝牙个人局域网组成的微网段。

第26章
流程行业无线通信技术展望

如果从2003~2004年流程行业无线通信技术开始试验的时间算起，在过去的十年里，流程行业无线通信技术已经取得长足的进步，流程行业三大国际无线通信技术标准已经制定，在流程行业无线应用已从试用到全面推广，如2012年10月30日爱默生过程管理在全球用户大会上宣布有1万套WirelessHART智能无线网络运行，其中在中国有1000套，已累计运行达10亿小时，ISA100.11a在支持多种通信协议、支持整个工厂的多种应用方面领先，而中国的WIA-PA则在应用行业的广泛性、无线现场设备的多样性和产品良好的性价比等方面取得不错的成绩。

未来流程行业无线通信技术的发展，还会在扩大应用范围、扩展到控制领域、多种无线通信技术标准的融合、系统架构的创新、引入无线行业领军厂家的技术和产品、建立各种流程行业无线通信标准测试实验室等方面努力，同时我们也认为WIA-PA的应用前景广阔。

26.1 扩大应用范围

到目前为止，流程行业无线通信技术的应用集中在石化、油气田、冶金、电力等少数几个行业，应用的规模虽然能看到数百个检测点的案例，但绝大多数局限于一个工序或一个车间数十点的规模上，一个大型企业全面使用流程行业无线通信技术的实例尚未见到。更多的是在局部应用，甚至是小范围试用。所以应用范围的推广这个担子还是比较重的，但有了前十年的基础，一定会有更多的行业、更多的用户使用流程行业无线通信技术。

在扩大应用范围这一点上，WIA-PA工业无线网络无疑是做得最好的，它不仅在流程行业的石化、油气田、冶金有较多应用实例而且还推广到船舶厂气体管网在线监测、实验室测试系统、智能楼宇系统、智能电网、智能变电站、输电线路智能监测、智能交通服务平台、电机能效监测系统、工厂环境中的人员定位、太阳能光伏发电站光伏汇流箱监测、农田环境监测系统，显示了对应用环境极强的适应力。

26.2 扩展到控制领域

　　虽然前面这十年的应用基本较少涉及 PID 控制回路的应用，但各种试验从未停止过。随着流程行业无线通信技术的发展、传输路径及传输设备全冗余的实现、刷新率的不断缩短、新的控制算法不断推出，再加上无线网络调度技术的完善以及更为优秀电池技术的出现，无线控制将会越来越多地应用到工业现场。特别是 ISA100 的 2、3 类控制应用场合，它对实时性要求不太苛刻，总数大约占 PID 控制回路 80%，非常有可能通过采用无线通信技术实现 PID 回路控制。类似本书 24.8 节中的实际运行结果表明：无线控制系统也能获得良好的控制性能。

　　以目前大多数无线仪表实际达到的刷新率 1s 为例来讨论这个问题，1s 的刷新率不应该是大多数有控制要求的 PID 控制回路不能实现的主要障碍。在教科书中，对计算机温度、液位、压力、流量控制系统采样周期所列出的参考值分别为 15~20s、6~8s、3~10s、1~5s，都没有超过 1s。在 20 世纪 80 年代、90 年代盛行的可编程序调节器，其早期推出的 V187MA、KMM 的采样周期均有 0.5s 的选择，而用于定量皮带秤的控制器的采样周期也有很多为 0.5~1s 的，如西门子公司 BW500 称重控制器的数据刷新率可在 0.3s、0.6s、0.9s 三挡选择。所以随着无线仪表的大量使用和控制回路的逐步投入，扩展到控制领域的目标一定能实现。

26.3 多种通信技术标准的融合

　　如果能在单一架构下管理多个无线网络的实时数据，或者说在单一架构下管理统一后的单一无线网络的实时数据，应该是过程行业用户一致的要求，所以我们说多种无线通信技术标准的融合是一个大趋势，它可以提供远程操作的更高可靠性和更低成本。三大无线国际标准合作的技术基础原本是存在的，因为 ISA100.11a、WirelessHART 和 WIA-PA 的底层协议都是 IEEE802.15.4，而提供芯片和通信协议栈的商家往往同时提供这几种技术的部件，而在 ISA100.11a 和 WirelessHART 和 SP100 小组内，还包括有很多相同的会员。

作为 ISA100 的核心成员单位的尼维斯公司一向以其管理和优化网状网络的软件而闻名，同时在利用 ISA100.11a、WirelessHART 和 6LoWPAN 开发基于标准的无线网状通信堆栈方面拥有丰富的知识和能力。尼维斯公司目前是我们所了解到的唯一的同时提供 ISA100.11a 和 WirelessHART 两种流程行业无线产品供应商，比如其无线节点和路由器用在 ISA100.11a 和 WirelessHART 的型号是相同的，使用户能够在单一的硬件上运行任何一种标准。如 VersaRouter910 路由器既支持 Nivis 的 ISA100.11a 标准，也支持 WirelessHART 标准，拥有在同一平台上运行的软件，VersaRouter910 是一个双启动硬件（Dual boot hardware），是集全功能于一身，专门为客户准备好提供的无线解决方案设计的工业级无线路由器（见图 26-1）。中科博微公司是可同时提供 WIA-PA、WirelessHART 两种流程行业无线产品供应商，比如其无线网关既有 WIA-PA 无线网络的 WIAPA-GW1498、WIAPA-GWS12002 种型号的网关，也有 WirelessHART 无线网络的 WHT-GW1250 无线网关。

ISA100.11a 和 WirelessHART 问世之初，在 ISA 名下成立过

图 26-1　尼维斯公司 VersaRouter910 路由器

ISA100.12 工作组，负责寻找将 WirelessHART 和 ISA100.11a 无线标准融合的技术途径。当时认定实现无线标准融合技术途径的唯一方法是发布提案申请，后有 3 个团队提出申请。但最终这些团队没有解决以下核心问题：网络规范的定义能够取代 ISA100.11a 和 WirelessHART 及提供 2 个现有网络的反向兼容。代表 ISA100.11a 和 WirelessHART 供应商的两个团队都不能接受修改自己基础网络的要求，因此无法达成任何妥协协议。其原因非技术方面，而是集中在营销效应方面。因此在 2013 年，ISA100.12 工作组已决定放弃在无线通信技术标准融合方面的努力。

ISA100.12 工作组中一小群最终用户曾建议的融合备选方案是供应商可提供同时对 ISA100.11a 和 WirelessHART 无线网络进行操作的产品，即上面提到的"双启动"产品的解决方案。

2010 年初，德国测量与控制标准委员会 NAMUR 发布 Press Release，开始提出单一（融合）工业无线标准（仅过程自动化领域）的要求，建议三个标准合并为一个 IEC 标准；2010 年八月在伦敦的 Heathrow（希思罗）机场召开了工作组第一次会议，工作组即以希思罗命名；2011 年 3 月底在瑞士的融合工作组会议形成备忘录决定成立技术工作组，重庆邮电大学是希思罗工作组的 5 名核心成员之一和技术工作组主要成员。技术工作组首先完成"三个标准的异同"资料的编辑，然后达成分三步开展工作的共识；第一步是实现三标准共存（见图 26-2）；第二步完成渐进式融合；第三步以以单一的 OSI/ISO 层过程仪表协议的现场设备、统一的接入点、统一的网关实现标准的最终融合。这里的现场设备、接入点、网关均以希思罗令名。

2012 年 12 月现场总线基金会（FF）宣布与国际自动化学会自动

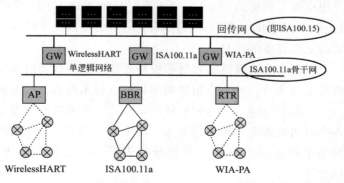

图 26-2　希思罗工作组融合工业无线标准的第一步

化标准委员会 ISA100 合作提出了一个通用的框架，允许多个工业通信协议通过共享无线集成架构在过程自动化系统中运行，使现场总线连接到远程的 I/O 和 ISA100.11a、WirelessHART、有线 H1 协议集成到单一的标准化环境中，这称为基金会的远程操作管理 ROM，这是通过第三方的开放融合，以便为用户提供更高的可靠性和更低成本的远程操作。这个框架保持了"基础设施"战略，而不是试图在无线设备水平方面竞争。

26.4 系统架构的创新

以霍尼韦尔公司 OneWireless 无线网络为例，系统架构在不断更新，较早的版本是 2009 年 4 月的 120 版，当时作为网关的是多功能节点；2011 年 9 月发布 200 版的新功能包括无线变送器无路由功能改为路由功能可选、增加了现场设备接入点 FDAP、增加了 HART 适配器等，2011 年 10 月又引入了 Cisco Aironet 1552S Outdoor AP 节点设备、Cisco WLAN 控制器；2013 年 4 月发布 210 版的新功能包括在线无线设备授权，以 ISA100 标准实现的网关统一客户端接口（GCI）和通过 CDA 通信实现与 Experion R410 集成；2013 年 7 月的 R220 版的新功能包括 WDM 冗余、Enraf 雷达液位计接口、使用 HART-IP 监控带 OneWireless 无线适配器的 HART 设备、使用性能改进等。

爱默生过程管理公司在 WirelessHART 网络中也推出了 Cisco AP 节点设备作为构成回传网络节点的接入点，菲尼克斯公司在 WirelessHART 网络中也推出了可与该公司多台 WirelessHART 网关组成骨干网络的 WLAN 接入点，且都通过 Wi-Fi 传送采集的所有信息，与此同时，WirelessHART 网络也可接收支持 802.11Wi-Fi 通信的无线设备的信息。

随着工业无线网络将过程控制延伸到工厂现场的各个角落，其应用越来越普及，单个应用实例的规模也越来越大，已突破一个工序或一个车间的范围。在这种形势下，流程行业无线网络设备的制造厂家不失时机地推出可覆盖整个工厂的全集成式多用途无线网络。这样的网络中既包括简单的无线现场仪表网络，也覆盖多种无线应用的场合。

值得用户关注的是，推出可覆盖整个工厂的全集成式多用途无线网络的流程行业无线网络设备的制造厂家不仅有 ISA100、WirelessHART 标准的主推厂商霍尼韦尔公司、艾默生过程管理公司，还有极力推动无线网络发展的自动化仪表厂商横河电机。

创新的系统架构主要体现在接入点设备作为主干网络节点，比如 OneWireless 先后推出的现场设备接入点 FDAP、Cisco Aironet 1552S Outdoor AP 节点，横河电机的 ISA100.11a 的 YFGW510 现场无线接入点，WirelessHART 推出的 781 远程链路、Cisco AP 节点设备和 WLAN 接入点，这些设备具有骨干路由器功能，可将众多的无线现场设备的信息采集后，尽快地传送到无线网关。这种将网关功能分离为接入点和现场无线管理站的架构，不仅扩大了网络的规模、提高了信息传送速度，还能更好地实现同时管理多个现场无线子网通信系统的要求。

26.5 引入新的频段

早期的霍尼韦尔公司、爱默生过程管理公司的无线产品都曾使用过 900kHz 的频段，后来都改用 2.4GHz 的 16 个信道。未来也许还会改变标准的物理层，使用一些新的频段，如 WirelessHART 就可能支持多达 64 个信道。

26.6 引入无线行业领军厂家的技术和产品

借助网络解决方案供应商的技术迅速提高产品档次，霍尼韦尔公司 2012 年直接采用支持标准的思科组态和拓扑结构性统一无线网络技术，这包括使用冗余交换机、冗余的无线局域网控制器以及多重网格接入点 MAP 和根接入点 RAP，实现一个强大的和高可用性的网络，如使用思科公司 Cisco Aironet1552S AP 节点设备构建 OneWireless 工业无线网络，同时还采用 Cisco WLAN 控制器用于管理 Cisco Aironet1552S AP 节点设备，在单一的架构下为 Wi-Fi 应用和 ISA100.11a 现场仪表提供无线覆盖，从而有效降低总体拥有成本。Cisco Aironet1552S AP 节点设备的功能与原有的多功能节点完全一样，但天线数量增加，速度更快，带宽更宽。爱默生过程管理公司早在 2007 年就已经同全球顶尖的网络通信供应商思科（Cisco）公司建立了合作伙伴关系，如在异构系统的无线通信方面双方就进行了合作，最近又引入了 Cisco AP 节点设备。

罗克韦尔自动化收购了 vMonitor，将划入罗克韦尔自动化控制产品和解决方案营运部门。vMonitor 是全球范围内数字油田实施及远程运营领域的先驱，早在 2005 年 1 月，它就在壳牌公司的支持下，进行了 Kanbode 8 口油井无线传感器网络的试验，为井口和上游应用提供了创新的监控解决方案，创造性地将最尖端的无线仪表和通信与可视化软件结合在一起，帮助客户制定更明智的决策并改善生产状况。vMonitor 的技术涵盖井口传感器与变送器、远程终端单元、网关和调制解调器的全无线产品组合，以及交钥匙监控系统和服务。这些产品覆盖范围广，适合从油气井、管道、泵站和升液站到炼油厂以及油库的各类应用。

26.7 建立各种流程行业无线通信标准测试实验室

机械工业仪器仪表综合技术经济研究所（ITEI）于 2012 年 6 月 1 日获得 HART 通信基金会（HCF）正式授权，建立 HART & WirelessHART 测试实验室，可向广大国内设备厂商提供 HART 和 WirelessHART 现场设备的测试服务，测试服务内容包括：HART FSK 物理层测试、令牌传递（Token-passing）数据链路层测试、WirelessHART TDMA-Mesh 数据链路层测试、应用层通用命令（Universal Command）测试和应用层常用命令（Common-Practice Command）测试。ITEI HART & WirelessHART 测试实验室的建立可帮助国内设备厂商提高自主研发的产品质量，也为国内用户使用 HART & WirelessHART 产品和系统提供可靠的质量保证。

WIA-PA 已搭建了实验室，但是否应该正式授权并令名。ISA100.11a 无线通信技术在国内也有良好的基础，也应该在中国建立相应的测试实验室。

26.8 WIA-PA 的前景广阔

WIA-PA 几乎是与国外产品同时起步的，目前已经有中科院沈阳自动化研究所与中科博微公司、川仪、北京天宇蓝翔科技发展有限公司、北京雅丹汉和石油技术开发有限公司、中科奥维公司、重庆伟岸测器制造股份有限公司、北京安控科技股份有限公司、上海自动化仪表股份公司等生产 WIA-PA 无线网络产品。中科院沈阳自动化研究所还与苏仪集团共建中科院工业无线物联网应用技术研产基地，以实现符合 WIA-PA 工业无线标准的 WIA-PA 无线仪表产业化。

在 Automation 网站编辑 Bill Lydon 先生发表的"关于 2012 年自动化和控制趋势的解读"一文中，Bill Lydon 先生说："WIA-PA 发展态势让 WirelessHART 与 ISA100 的阵营都很吃惊。在自动化与控制技术领域，中国是一个快速增长的区域，根据中国的市场容量，有人断言 WIA-PA 将只能在中国使用。我并不同意这样的观点，我坚信经过时间的检验，该标准很有可能会被广泛采用，届时也将有相应的产品从中国出口。同时，我认为 WIA-PA 将会在 900MHz 以及更低的范围内推出相应的解决方案，在通过墙壁以及其他障碍物的时候可以有更强的信号通过率。"

附录 名词解释

4～20mA
点对点或点对多点的电路,主要用于过程自动化现场将工业现场中仪器和传感器的信号传输到控制器。4～20mA 的模拟信号分别对应着一些过程变量的 0～100% 量程。作为一种电流回路信号,4～20mA 信号线也同时可以为传感器的信号收发器提供电源,并且比基于电压的信号线具有更强的抗干扰能力。

Adapter HART　HART 适配器
适配器是能将有线 HART 现场设备连接到无线网络并通信的网络设备,它允许现有 4～20mA 信号与数字无线信号同步工作。

Antenna　天线
是发射或接收系统的一部分,用于辐射或接收电磁波。

Antenna Gain　天线增益
由天线把功率集中在某一给定方向而获得的明显功率增益。

AP(Access Point)　接入点
接入点是一个包括硬件设备和计算机软件的无线网络设备,作为无线设备的用户通信集线器将无线设备接入有线局域网或 Internet,可提高无线安全性、扩大设备网络的范围。

Attenuation　衰减
它作为所穿越距离的函数,用来表示信号强度的降低程度。

Backbone network　骨干网
总线的另一种说法,连接节点的主干线。骨干网是网络基础设施的一部分,连接网络的各个部件,提供不同局域网或子网络之间信息交流的路径。

Backhaul　回传
描述无线网状网络的主要功能,他是在无线网状网络中,将从 Wi-Fi 客户端和无线现场设备来的数据传输到有线网络。

Bandwidth　带宽
以赫兹(Hz)计量的一段连续频谱的上下限频率之差。

BER(Bit Error Rate)　误码率
接收一个传输位出错的概率。

Bluetooth 蓝牙

蓝牙是一种无线 PAN 技术，主要应用是在 10m 范围内进行语音和数据连接。Bluetooth 标准的数据传输速率为 720Kbps，工作在 2.4GHz ISM，使用跳频扩谱技术。

Bridge 桥

是指两个网络之间的连接，例如用一个点到点的无线链路将两个有线网络连接起来。

Carrier frequency 载波频率

能够被另一信号（载有信息）调制或附加的连续频率，在调频中，载波频率也称中心频率（center frequency）。

Channel 信道

无线电频谱的特定部分，用于发送调制信号的无线电频率带宽。

Channel black listing 信道黑名单

屏蔽使用某信道的方法。

Channel hopping 跳信道

为避免干扰和衰减而定期地、随机地改变发送或接收频率。

Cluster 簇

在无线网络系统中，簇是将一组无线设备整合在一起，像使用一个单一系统一样来达到高可用性。每个簇由一个簇头和多个成员组成，簇成员负责目标监测和数据采集，簇头负责数据融合与事件报告。

Coexistence 共存

当某个系统与其他相同或不同的系统共存于某个环境中执行其任务的能力。

CRC（Cyclical Redundancy Check） 循环冗余校验

循环冗余校验是一定长度的数据块的校验，常常称总和校验。总和校验归纳并代表了输入数据块的内容及组织，通过重新计算 CRC，接收端可以检测到由随机错误或者恶意干扰导致的错误。

CSMA（Carrier Sense Multiple Access） 载波监听多路访问/冲突检测方法

是一种争用型的介质访问控制协议，他发送数据前先监听信道是否空闲，若空闲则立即发送数据，在发送数据时，边发送边继续监听，若监听到冲突，则立即停止发送数据，等待一段随机时间，再重新尝试。

DMZ（Demilitarized Zone） 隔离区

隔离区位于企业内部网络和外部网络之间的小网络区域内，在这个区域内可以放置一些必须公开的服务器设施，如企业 Web 服务器、FTP 服务器等。同时通过 DMZ 区，对攻击者又多设了一道关卡，能更有效地保护了内部网络。

Directional Antenna　定向天线

将发射功率集中在窄的波束内，以减小角度覆盖范围为代价，增加了传输的范围。

DSSS（Direct Sequence Spread Spectrum）　直接序列扩频

是一种数据编码技术，利用高速率的扩频序列在发射端扩展信号的频谱，而在接收端用相同的扩频码序列进行解扩，把展开的扩频信号还原成原来的信号。

Device ID　设备标识符

设备制造商被要求给每个设备分配一个唯一的编号，该编号包含有设备制造商标识符和设备类型标识符。

Device type　设备类型

这个属性的值是由制造商分配的。它的值指明了设备支持的命令和数据对象的集合。制造商被要求给每种类型的设备都分配一个唯一的值。

Decibel　分贝

用于测量天线增益的单元，分贝缩写为 dB。

Diffraction　衍射

一束光的偏差部分，是由光波本身的发散性决定的，在光束通过不透明的障碍物的边缘时发生。

Encryption　加密

数据加密的基本过程就是对原来为明文的文件或数据按某种算法进行处理，使其成为不可读的一段代码，通常称为"密文"，使其只能在输入相应的密钥之后才能显示出本来内容，通过这样的途径来达到保护数据不被非法人窃取、阅读的目的。

Ethernet　以太网

由 Xerox（施乐）公司于 1976 年开发的一个局域网规范。在 IEEE802.3 标准中进行了标准化，是目前使用的最流行的有线网络技术。

Fading　衰落

因传输媒介或路径的变化而引起的所接收到信号功率的时间变化。

FDM（Frequency Division Multiplexing）　频分复用

把总的频带划分为多个较窄的频带，每个频带构成一个独立的信道。

FDMA（Frequency Division Multiple Access）　频分多址

是数字通信中的一种技术，即不同的用户分配在时隙相同而频率不同的信道上。按照这种技术，把在频分多路传输系统中集中控制的频段根据要求分配给用户。同固定分配系统相比，频分多址使通道容量可根据要求动态地进行交换。

FHSS（Frequency Hopping Spread Spectrum） 跳频扩频

为了避免干扰，发送器改变发射信号的中心频率。信号频率的变化，或者说频率跳跃，总是按照某种随机的模式安排的，这种随机模式只有发送器和接收器才了解。如果令发送器的中心频率在 100 个不同频率间来回变化，那么所需要的带宽是原始发射带宽的 100 倍，正因为如此，信号的频谱扩散在比原始无线电波谱大 100 倍的频带上。

Firewall 防火墙

防火墙是一种控制网络外部干扰或者限制或者阻止特定类型的业务或者活动的软件。防火墙对网络安全至关重要，同时对防火墙进行配置时，必须保证操作正确，避免对认证过的网络业务进行不是故意的阻止。

Frequency 频率

信号振动的速率，单位是赫兹。

Frequency channel 频谱信道

在给定频率范围内频谱的划分。

Fresnel zone 菲涅尔区

菲涅尔区是在发射端和接受端的天线间连一条直线，以这条直线为轴心，以 R 为半径的一个类似管道的区域内，在两根天线之间形成的一个旋转椭球体。如果在菲涅尔区没有障碍物的阻挡，无线电波传输就近似自由空间传播的条件。

FSK（Frequency-shift keying） 频移键控

频移键控是利用载波的频率变化来传递数字信息，它是利用基带数字信号离散取值特点去键控载波频率以传递信息的一种数字调制技术。

Gateway 网关

一种网络设备。这种网络设备包含了至少一个上位机接口（如串行口或以太网口），并充当上位机和无线现场设备间通信的出入口。

HART（Highway Addressable Remote Transducer） 可寻址远程传感器高速通道的开放通信协议

1986 年推出的一种用于现场智能仪表和控制室设备之间的通信协议。

HART-IP 基于 IP 的 HART 协议

将 HART 协议扩展到包括整个无线网络通信以及 IP 网络的一项新技术，HART-IP 协议通过以太网和 Wi-Fi 可将大量无线现场设备、网关整合于一体，共享一个回传网络，建立现场数据与控制系统之间的桥梁。

Hop 跳

在不需要网络中其他节点参与的情况下，两个相邻节点间报文的直接传递。也用于表示改变信道的功能。

Hub 集线器
集线器是一种网络设备，集线器为其他设备提供中心接入点，与交换机不同，集线器向每个连接设备广播每个数据包，在网络中的所有设备共享可用的带宽。

IEEE
电气和电子工程师学会。

Infrastructure Mode 基础设施模式
基础设施模式是无线网络的一种运行方式，在这种模式下，设备之间的通信通过一个接入点进行，而不是设备之间直接进行。

IP Address IP 地址
IP 地址是识别 Internet 上某个设备的唯一数字，识别的唯一保证了其他设备可以与该设备进行通信。

ISA（International Society of Automation，Instrument Society of America）
国际自动化学会，原名美国仪器仪表学会。

ISM（Industrial Scientific Medical） 工业、科学及医学频段
是由国际通信联盟无线电通信局 ITU-R 定义的，此频段主要是开放给工业、科学及医学三个主要部门使用，属于无需授权许可，只需要遵守一定的发射功率（一般低于 1W），并且不要对其他频段造成干扰即可。ISM 频带位于 900MHz、2.4GHz 以及 5.8GHz，现在这些频带也是主要的无线网络物理层技术的使用频段。

Join 加入
网络设备被认证并允许加入网络的过程，当设备拥有网络密钥、网络管理器会话、普通（非加入）超帧和链路的时候，该设备才被认为已经加入网络。

Join Key 入网密钥
用来启动加入网络过程的安全密钥。

LAN（Local Area Network） 局域网
把小地理范围中的若干种数据通信设备连接起来的通信网，是服务于多种设备的一般意义下的本地网络。通常包括终端、微机和小型机。

Latency 延迟
报文从发送方穿过网络到达接收方所花费的时间。

LOS（Line of Sight） 视准线无障碍路径
在无线网络里，从一根天线到另一根的清晰的直视线。无线信号的最佳传输路径是发送方与接收方之间没有障碍物的直接路径，如发送方到接收方为视准线无障碍路径，接收方能得到最好的接收效果。在许多情况下，位于直视路径上或

靠近直视路径的障碍物都会引起信号的反射和丢失。对长距离的网络连接，LOS 检查可以确定一个天线是否被另一个天线"看到"。

MAP（Mesh Access Point） 网格接入点

网格接入点是 Mesh 网络的远程接入点，它作为无线现场设备网络和 Wi-Fi 网络的接入点，这是所有接入点的默认角色。网格接入点可以与相邻的网格接入点建立连接，每个网格接入点都可以发送和接收消息，并作为一个路由器为其相邻网格接入点转发消息。

Mesh networking 网状网络

Mesh 网状网络结构实际是一种分布式的网状结构，无中心控制节点，网络中的每个节点只通过其相邻节点以多跳的方式与其他节点进行通信，因此是一种自组织、自管理的智能网络。Mesh 网络也称为"多跳网络"，它是一个动态的可以不断扩展的网络架构，并能有效地在无线设备之间传输，从而解决了普通无线技术存在的可扩充能力低和传输可靠性差等问题。

Modbus protocol Modbus 协议

是由 Modicon（现为施耐德电气公司的一个品牌）在 1979 年发明的，是全球第一个真正用于工业现场的总线协议。通过此协议，控制器相互之间、控制器经由网络（例如以太网）和其他设备之间可以通信。

Modulation 调制

对波进行的一种特性化处理，该处理通过一个调制函数改变载波信号的某些特征。

Multipath 多路径

导致信号通过两条或多条路径到达接收天线的一种传播现象。

Neighbor 邻居

网络中的相邻节点，从邻居处可接收到接收信号电平（RSL）意味着至少在一个方向上通信是可能的。

Network 网络

通过某种类型的通信介质相连接在一起的一组节点。

Network device 网络设备

与网络有直接物理层连接的设备。网络设备包括现场设备、接入点、网关、适配器和手持设备等。

Network ID 网络标识符

一种标识符，用来标识连接在网络内的所有设备。

Network manager 网络管理器

负责配置网络、调度网络设备间通信、管理路由表、监测和报告网络健康状况的实体。

Node 节点

连接到网络可寻址的逻辑或物理设备。

Omni-directional Antenna 全向天线

一种在所有方向都均等辐射的天线（即天线发送或接收信号的强度在所有方向都相等）。全向天线在水平方向上波束宽度为360°，当需要在各个方向上进行发送、接收时要使用全向天线。

OPC（OLE for Process Control） 用于过程控制的OLE

OLE是对象连接与嵌入。OPC是一个工业标准，是为了使不同供应厂商的设备和应用程序之间的软件接口标准化，使其间的数据交换更加简单化，从而可以向用户提供不依靠于特定开发语言和开发环境的可以自由组合使用的过程控制软件组件产品。

PER（Packet Error Rate） 数据包错误率

数据包被发送但是没有被正确接收到的平均数（百分比）。

Protocol 协议

为在两个实体之间进行数据交换而制定的一组规则。

Provisioning Device Handheld 手持设备

手持设备被无线操作者用来与无线网络连接。这些设备可以移动，当它移动到一个位置的时候，就会建立与一个本地网络的连接，并与一个或更多的网络设备通信；当通信结束时，它会从网络中断开连接。典型的手持设备应用包括设备和网络的配置、校准、监视、诊断和维护，或其他涉及通信和网络管理的应用。手持设备包括个人数字助理（PDA），移动PC等。

RAP（Root Access Point） 根接入点

根接入点具有到有线网络或服务器的光纤、有线以太网或电缆连接器连接，作为到有线网络的"根"或"网关"，它必须在接入点配置时设定为根接入点。通信时，网格接入点通过网格接入点之间的路径或直接传送到根接入点。

Receiver sensitivity 接收灵敏度

接收灵敏度是在指定的BER下，接收设备能够可靠地解调最微弱信号的度量，用dBm表示。

Reflection 反射

当电磁波信号遇到相对于该信号的波长更长的表面时会发生反射，入射角等于反射角。

RF（Radio Frequency） 射频

在与电波传播相关的电磁频谱范围内的任何频率，当RF电流提供给天线时，电磁场产生并通过空间传播。

Router 路由器

路由就是知道选择哪条路径将数据从一端传送到另一端的功能。受节点能量和最大通信范围的限制，从源节点到目的节点之间往往不能直接进行数据交换，而需要以多跳的形式通过一些具有路由功能的中间设备进行数据的传输，这些中间设备称为路由器，它用于加强现场无线网络（通过添加额外通信路径）或扩展指定网状网络覆盖区域的无线现场设备。

RSSI（Received Signal Strength Indication） 接收信号强度指示

该值表示在接收端中接收到的信号强度，反映了当前区域的网络信号覆盖的强弱。

Scattering 散射

当无线电波遇到障碍物时，会发生改变方向、频率或偏振的现象。

Security Manager 安全管理器

一种应用程序，用于管理网络设备的安全资源和监控网络安全状态。

Slot 时隙

可用于相邻设备间通信的固定时间段。

Spectrum 频谱

频率的绝对范围。

Switch 交换机

交换机是一种网络设备，将数据包交换至目的地所在的子网。

TCP/IP（Transmission Control Protocol/Internet Protocol） 传输控制协议/Internet 协议

TCP/IP 已成为计算机网络事实上的标准，它由网络层的 IP 协议和传输层的 TCP 协议组成，TCP/IP 定义了电子设备如何连入 Internet 网，以及数据如何在它们之间传输。

TDMA（Time Division Multiple Access） 时分多址

一种数字传输技术，把时间分割成互不重叠的时段（帧），再将帧分割成互不重叠的时隙（信道）与用户具有一一对应关系，依据时隙区分来自不同地址的用户信号，从而完成多址连接。时分多址可提供无冲突的、确定性的通信。

Throughput 吞吐量

网络的有效数据传输速率。

Update rate 刷新率

无线现场设备检测测量值并向网关发送测量值的时间间隔，即在接收端接收到的信息更新一次所需要的时间。

附录　名词解释

Wi-Fi（Wireless Fidelity）　无线保真

在办公室和家庭中使用的短距离无线技术。该技术使用的是 2.4GHz 附近的频段，无线电波的覆盖范围广，传输速度非常快。

Wireless　无线

指借助于天线通过空气、真空或水进行的传播。

Wireless Infrastructure Node　无线基础节点

无线基础节点提供接入点、桥、中继器和无线应用 Mesh 网络。通过这些基础设施节点，使用无线现场设备网络的现场设备提供过程数据给骨干网基础设施，多个无线基础设施节点提供了一个自我形成和自我修复的 Mesh 网络。

WLAN（Wireless Local Area Network）　无线局域网

使用授权或者非授权频段，如 2.4GHz 及 5GHz ISM 频段为无线使用的计算机及其他局部区域的设备提供连接的无线网络，距离一般是 10～100m。

WMAN（Wireless Metropolitan Arca Network）　无线城域网

主要用于解决城域网的接入问题，覆盖范围为几千米到几十千米。

WPAN（Wireless Personal Area Network）　无线个域网

一种通信网络，将在个人操作空间之内的设备进行通信和相互连接。其特点是短距离、低功耗和低代价。

WWAN（Wireless Wide Arca Network）　无线广域网

使得笔记本电脑或者其他的设备装置在蜂窝网络覆盖范围内可以在任何地方连接到互联网。

ZigBee

基于 IEEE802.15.4 PHY 及 MAC 标准的无线网络技术，主要用于短距离、极低功耗和低速率的监视及控制应用场合。

参 考 文 献

[1] 王平,王泉,王恒,等.测量与控制用无线通信技术[M].北京:电子工业出版社,2008.
[2] Deji Chen, Mark Nixon, Aloysius Mok. WirelessHART:面向工业自动化的实时网状网络[M].王泉,王平,韩松译.北京:机械工业出版社,2012.
[3] 董健.物联网与短距离无线通信技术[M].北京:电子工业出版社,2012.
[4] 刘伟荣,何云.物联网与无线传感器网络[M].北京:电子工业出版社,2013.
[5] Hsiao-Hwa Chen, Mohsen Guizani.下一代无线系统与网络[M].张兴,吕召彪,秦焱,等译.北京:机械工业出版社,2008.
[6] 冯冬芹,王酉,谢磊.工业自动化网络[M].北京:中国电力出版社,2011.
[7] 宋俊德,战晓苏[M].无线通信与网络.北京:国防工业出版社,2008.
[8] Steve Rackley.无线网络技术原理与应用[M].吴怡,朱晓荣,宋铁成,等译.北京:电子工业出版社,2012.
[9] 郑军,张宝贤.无线传感器网络技术[M].北京:机械工业出版社,2012.
[10] 张瑞生,刘晓辉.无线局域网搭建与管理[M].北京:电子工业出版社,2011.
[11] 史蒂夫·梅思利.无线Mesh网络基础[M].王萍,李颖哲,黄飞译.西安:西安交通大学出版社.2012.
[12] 曾鹏,徐皑冬.第1章 背景与优势[J].仪表标准化与计量,2007(1):21-23.
[13] 曾鹏,徐皑冬.第2章 现有无线通信技术与工业无线通信需求分析[J].仪表标准化与计量,2007(1):23-25.
[14] 徐皑冬,曾鹏.第3章 研究与发展现状[J].仪表标准化与计量,2007(1):26-29.
[15] 梁炜,张晓玲.第14章 用于过程自动化的工业无线网络与通信规范[J].仪表标准化与计量,2009(2):30-36.
[16] 张琼,王红艳,白冰颖.第26章 工业无线网络WIA在化工领域的应用实例[J].仪表标准化与计量,2011(2):24-29.
[17] 赵雪峰,罗强,唐猛,等.第36讲 基于工业WIA技术的石化热电厂过程参数及生产设备监测系统[J].仪表标准化与计量,2012(6):23-27.
[18] 刘忠强,赵雪峰,李金英,等.第38讲 WIA工业无线仪表整体解决方案[J].仪表标准化与计量,2013(2):24-26.
[19] 冯东英,肖金超,邓燕.第41讲 基于WIA-PA的工业无线网络罐区满溢监控系统[J].仪表标准化与计量,2013(5):26-29.
[20] 徐伟杰,梁炜,凤超.WIA-PA网络关键技术的设计与实现[J].计算机应用研究,2011,28(6):2265-2270.
[21] 王平,王泉,王恒,等.工业无线技术ISA100.11a的现状与发展[J].中国仪器仪表,2009(10):59-63.
[22] 胡伯琪.工业无线(无线变送器)在镇海炼化8公里乙烯运输管线项目的应用[J].自动化博览,2009(7):47-51.
[23] 胡正钧,江天生.霍尼韦尔公司OneWireless工业无线方案:中石油西北销售公司西固油库工业无线解决方案[J].自动化博览,2010(6):48-50.
[24] Yasuyuki Nakamoto, Hiroyuki Saito, Koji Nagatomi. The Control System Integrated with Field Wireless Devices [J]. Yokogawa Technical Report English Edition, 2012, 55 (2):49-52.
[25] Shuji Yamamoto, Naoki Maeda, Makoto Takeuchi. World's First Wireless Field Instruments Based on ISA100.11a [J]. Yokogawa Technical Report English Edition, 2010, 53 (2) 75-78.
[26] Yoshio Yoshida, Masayuki Fukasawa, Naoyuki Fujimoto, et al. New Plant-wide Field Wireless System [J]. Yokogawa Technical Report English Edition, 2012, 55 (2):45-48.

参考文献

[27] Toshi Hasegawa. The Wireless Technology to Open the Field Digital Innovation [J]. Yokogawa Technical Report English Edition，2012，55（2）：41-44.

[28] Shoji Yamamoto，Toshiyuki Emori，Kiyoshi Takai. Field Wireless Solution Based on ISA100.11a to Innovate Instrumentation [J]. Yokogawa Technical Report English Edition，2010，53（2）：69-74.

[29] Chiaki Itoh. A History Of Wireless Communication and Yokogawa's Approach [J]. Yokogawa Technical Report English Edition，2012，55（2）：39-40.

[30] Kiyoshi Takai，Kivotaka Aikawa，Mai Hagimoto，et al. An Excellent Method to Lay Out ISA100.11a Field Wireless Devices [J]. Yokogawa Technical Report English Edition，2012，55（2）：73-76.

[31] David Burrell. 无线网络：现场测试的收益 [J]. Control EngineeringChina，2013（10）：51-52.

[32] 王世聪. 工业无线技术在化工装置上的应用 [J]. 仪表世界，2012（10）：37-39.

[33] 顾硕，卜鹏洲. 追踪霍尼韦西固油库改造项目 [J]. 自动化博览，2011（8）：12-13.

[34] 霍尼韦尔. OneWireless 无线解决方案在中国某罐区的应用 [J]. 用户期刊，2009（12）：6-7.

[35] 霍尼韦尔. 霍尼韦尔 OneWireless 工业无线技术在煤层气田的应用 [J]. 用户期刊，2010（12）：9-12.

[36] 马锁良. 中国石油天然气股份有限公司大连石化分公司在线腐蚀监测系统 [J]. 用户期刊，2012（3）：8-10.

[37] 霍尼韦尔. 霍尼韦尔公司 OneWireless 工业无线方案 [J]. 用户期刊，2012（6）：10-13.

[38] 梁秀璟. 工业无线，三足鼎立？[J]. 自动化博览 2010（3）：34-37.

[39] 郑水成，董爱娜. 无线网络及变送器的设计与应用 [J]. 石油化工自动化，2011，47（5）：58-63.

[40] 石践. 工业无线技术（无线变送器）在电厂的应用场合探讨及在贵州盘县电厂的可靠性测试 [J]. 自动化博览，2010（S1）：163-166.

[41] 魏剑萍. 无线温度仪表监测技术在油气长输管线上的应用 [J]. 石油化工自动化，2013，49（3）：51-54.

[42] 卓传金. 无线仪表技术在油田扩建项目中的应用 [J]. 自动化与仪表，2013（5），55-57.

[43] 张龙，吴勇志. 工业无线技术理论与应用（一）[J]. 自动化博览，2011（4）：56-62.

[44] 张龙，吴勇志. 工业无线技术理论与应用（二）[J]. 自动化博览，2011（6）：54-58.

[45] 张龙，吴勇志. 工业无线技术理论与应用（三）[J]. 自动化博览，2011（8）：62-67.

[46] 吴勇志，张龙. 工业无线技术理论与应用（四）[J]. 自动化博览，2011（10）：68-71.

[47] 张龙，吴勇志. 工业无线技术理论与应用（五）[J]. 自动化博览，2011（12）：52-57.

[48] 江天生. 一个无线平台支持多种应用和多种通信协议的现场仪表 [J]. 中国仪器仪表，2009（4）：44-48.

[49] 江天生. 霍尼韦尔公司工业无线解决方案的网络特点：支持多种无线应用和多种通信协议的现场仪表 [J]. 自动化博览，2010（2）：36-38.

[50] 宋慧欣. 工业无线，潜力无限 [J]. 自动化博览，2011（3）：32-35.

[51] Madanmohan Rao. 无限你的无线 [J]. Control Engineering ASIA. 2011（1-2）：6-9.

[52] 江天生. 霍尼韦尔公司针对工业无线应用的 OneWireless 解决方案 [J]. 用户期刊，2010（3）：6-9.

[53] Teny Blevins，Frank Seibert. WirelessHART 成功实现控制功能 [J]. 自动化信息，2011，9（9）：78-79.

[54] 爱默生过程管理. Closing the Loop on Wireless Control [J]. WiRELESS NOW 2010（2）：2-4.

[55] 中国仪器仪表行业协会. 中国工业无线技术与应用研讨会纪实（一）[J]. 世界仪表与自动化 2008，12（9）：12-14.

[56] Soroush Amidi. 工业无线国际标准介绍，重点剖析 ISA-100.11a（一）[J]. 自动化博览，2011（7）：56-57.

[57] 陈俊. 工业无线技术在流程工业中的应用探讨 [J]. 医药工业设计, 2010 (4): 38-42.
[58] Jim Montague. 无线技术走向主流 [J]. Control Engineering ASIA. 2014 (1-3): 42-44.
[59] 吴雪松. 艾默生智能无线技术在江苏金翔三期油库罐区计量系统中的应用 [J]. 自动化博览. 2011 (S1): 131-134.
[60] 刘建国, 刘枫. WIA-PA 网络通信资源设计 [J]. 工矿自动化. 2010 (10): 64-66.
[61] 王利君, 刘传龙, 刘洪亮. 工业无线仪表系统在乙烯工程的规模化应用 [J]. 石油化工自动化, 2014, 50 (2): 13-16.
[62] 吴锋. 智能无线仪表在大型乙烯项目罐区中的应用 [J]. 乙烯工业, 2013, 25 (2): 13-16.
[63] 熊洪波, 金志伟, 杨国华. 智能无线技术在有色冶金中的应用 [J]. 仪表世界, 2014 (6): 50-53.
[64] 方原柏. 工业无线通信是革命性技术 [J]. 计控信息报: 2011.05.10: 59-65.
[65] 方原柏. Wireless HART 无线系统工程设计探讨 [J]. 石油化工自动化, 2011, 47 (4): 10-13.
[66] 方原柏. 无线 HART 系统及其设计要点 [J]. 亚洲控制工程, 2011, (3-4): 23-25.
[67] 方原柏. 无线 HART 技术 [J]. 仪表世界, 2012 (4): 40-42.
[68] 方原柏. 工业无线网络工程设计探讨 [J]. 石油化工自动化, 2012, 48 (2): 6-10.
[69] 方原柏. 工业衡器产品的无线通信 [J]. 衡器, 2013 (9): 10-15.
[70] 方原柏. 流程行业无线技术应用发展综述 [J]. 自动化仪表, 2013, 34 (2): 1-6.
[71] 方原柏. WirelessHART 无线网络规划的现场调查 [J]. 仪表世界, 2013 (8): 20-22.
[72] 方原柏. WirelessHART 无线网络网关数量的计算 [J]. 仪表世界, 2012 (10): 50-52.
[73] 方原柏. 未来十年, 是工业无线通信技术走向成熟的十年 [J]. 自动化博览（自动化之未来十年）, 2013: 38-39.
[74] 方原柏. 从 2013 多国展看流程行业无线技术的发展 [J]. 亚洲控制工程, 2013, (9-10): 34-36.
[75] 方原柏. 怎样尝试使用工业无线通信技术 [J]. 仪表世界, 2012 (10): 44-47.
[76] 方原柏. 横河电机无线系统传输可靠性的现场试验 [J]. 仪表世界, 2014 (2): 32-35.
[77] 方原柏. WirelessHART 网络设计规则 [J]. 石油化工自动化, 2014, 50 (3): 1-4.
[78] marketing/Honeywell. Industrial Wireless Solutions [EB/OL]. 2011.11.28. https://www.Honeywell.com.
[79] 江天生. 霍尼韦尔 One Wireless 无线解决方案 [EB/OL]. https://www.Honeywell.com. 2011.11-28.
[80] David Newman. 如何发挥无线仪表的作用 [EB/OL]. http://www.ap.emersonprocess.com/API/... /Wireless _ instrument. h...
[81] 艾默生. 艾默生为智能无线监测和控制应用提供全冗余功能 [EB/OL]. http://www.gongkong.com/company/news/201210... 2010-04-09.
[82] 艾默生. 德国测量与控制标准委员会 NAMUR 验证了 WirelessHART 在过程工业中的应用 [EB/OL]. http://www.iianews.com/ca/01-ABC0000000000... 2009.11.23.
[83] 艾默生. 用于过程自动化的无线网络技术已经成熟 [EB/OL]. http://www.gongkong.com/company/news/201210... 2012.10.11.
[84] 艾默生. WirelessHART 成功实现控制功能 [EB/OL]. http://www.gongkong.com//article/ind... aspx?... 2011.09.03.
[85] Soroush. 控制工程调查报告 [EB/OL]. http://space.cechina.cn/soroush/2011.11.23.aspx.
[86] Honeywell. OneWireless Network Configuration Guide for Cisco Aironet 1552S AP. OW-CC0070 [EB/OL]. https://:www.Honeywell.com..2012.09.
[87] Emerson Process Management. Wireless Field Data Backhaul [EB/OL]. http://www.EmersonProcess.com/SmartWireless 2012.10.11.
[88] PEPPERL＋FUCHS. Technical White Paper -Planning and Deploying Networks. [EB/OL]. https://www.pepperl-fuchs.com/global/en. 2011.07.

[89] PEPPERL+FUCHS. Wireless Technology. Technology Guide［EB/OL］. https：//www. pepperl-fuchs. com/global/en. 2012. 12.

[90] Yokogawa. Test Report ［EB/OL］. https：//www. yokogawa. com/fld/wireless/fld-wireless-01en. htm Vol. 1，WLSF-10-002，2014. 3. 21.

[91] Yokogawa. Test Report ［EB/OL］. https：//www. yokogawa. com/fld/wireless/fld-wireless-01en. htm Vol. 5，WLSF-10-006，2014. 3. 21.

[92] Yokogawa. Test Report ［EB/OL］. https：//www. yokogawa. com/fld/wireless/fld-wireless-01en. htm Vol. 6，WLSF-10-007，2014. 3. 21.

[93] 霍尼韦尔. 霍尼韦尔 OneWireless 赢得申能上海临港燃气电厂无线项目［EB/OL］. https：//www. www. ybzhan. cn/tech_ne... 2012. 3. 2.

[94] 金艳. 现场总线发展一大重要趋势是集成融合［EB/OL］. https：//www. ca800. com/news/d_1nrusj6oaqt5i. html2013-04-10.

[95] cechina. 有线和无线——提供有价值的解决方案［EB/OL］. https：//www. cechina. cn/article. cechina. cn/... 03/10/20120503100108. htm-2012. 4. 24.

[96] HART Communication Foundation. Introduction Wireless［EB/OL］. https：//www. wenku. baidu.

[97] Emerson Process Management. IEC 62591 WirelesSHART® System Engineering Guide（Revision 3. 0）［EB/OL］. https：//www. yumpu. com/... /iec-62591-wirelesshartr-system-engineering-guide 2012. 5.

[98] Endress+Hauser. WirelessHART Solution for heavy crude oil extraction Wellhead Monitoring System，Pacific Rubiales Energy，Colombia［EB/OL］. https：//www. nl. endress. com/... /~process-automation-wireless-solutions... 2014. 04. 17.

[99] Emerson Process Management. 建立自组织网络的最佳方法、网络规划、安装和调试指南［EB/OL］. www2. emersonprocess. com/zh-CN/plantw... 2013. 7. 12.

[100] Emerson Process Management. Smart Wireless Field Network：Recommendations for Planning，Installation，and Commissioning［EB/OL］. www2. emersonprocess. com/... /00840-0400-4180. pdf.

[101] PEPPERL+FUCHS. Technical White Paper -Planning and Deploying Networks［EB/OL］. https：//www. pepperl-fuchs. dk/cgi-bin/db/doci. pl?... TDOCT-2550. 2011. 7.

[102] 艾默生. 用于过程自动化的无线网络技术已经成熟［EB/OL］. http：//www. gongkong. com/comp... 2012. 10-11.